我国基础设施投融资研究

◆彭清辉 著

湖南师范大学出版社

内容提要

基础设施投融资体制改革过程就是基础设施投融资模式的选择和确立过程。本书立足于政府的视角，研究何种投融资体制使基础设施投资最有效率，并在此投融资体制框架下，研究我国基础设施投资边界的确定、投融资模式的选择及该模式的运作方式，从而研究该模式及运作方式的具体应用，旨在为我国基础设施投融资的进一步改革提供借鉴。

通过对公共产品、基础设施和政府投资之间关系的比较分析，论证了政府在基础设施投融资中的重要性。而通过分析公共选择理论可知，政府在基础设施建设决策时存在偏离增进社会福利目标的倾向，如何确定政府在基础设施建设中的作用成为基础设施投融资体制的重要部分；项目区分理论和可销售理论主要从基础设施的经济属性和技术属性来确定民间和政府在基础设施投资的分工，但都存在一定的局限性。

根据我国投融资体制的特征，将我国投融资体制的变迁分为三个时期，利用生产函数，在对相关参数进行合理估计和测算的基础上，实证研究三个时期内我国基础设施的产出效率，发现 1995 年至目前这段时期内，我国基础设施的产出效率最高，可以得出我国现阶段的投融资体制是一种较为有效率的制度，也肯定了我国当前基础设施投融资体制改革方向，从而表明在该体制框架下选择和形成的基础设施投融资模式具有稳定性。

基础设施的投融资边界包括政府投资的范围边界和规模边界（包括存量规模边界和流量规模边界）。鉴于项目区分理论和可销售理论对政府和民间在基础设施投资分工分析存在局限性，提出综合考虑基础设施的经济属性、技术属性和社会属性，遵循公平与效率协调的原则来确定政府投资的范围边界，从而将基础设施分为体现社会公平的公益性项目、体现控制力的项目、风险分担性项目和前期开发型项目四类。通过测算发现，1982—2007 年间，我国经济基础设施存量正逐渐接近存量规模边界，而在 1986—2007 年间，我国经济基础设施每年的资本形成也正逐渐接近流量规模边界。

根据政府（或国家）在社会资源配置中的不同作用将国外发达国家基础设施投融资模式分为市场主导型投融资模式和政府主导型投融资模式。通过比较分析发现，尽管两种投融资模式存在一定的区别，但都存在一些相同的特征。如政府在基础设施投资中起着积极作用；政府在基础设施投资中的边界清晰，各级政府分工明确；严格控制各级地方政府基础设施的投资规模；积极创新新型投融资方式以引导民间资金进入基础设施领域。

在现行的投融资体制下，借鉴国外成熟的基础设施投融资模式，结合我国基础设施投融资实践，可以得出我国基础设施投融资模式。其主要特征为“政府主导、市场运作、政策支持、多元参与”。其中关键是“政府主导”，核心是“市场运作”。在此模式下形成政府主导下的负债型投融资和政府主导下的混合型投融资两种具体形式。

基础设施投融资平台是我国基础设施投融资模式的核心，也是我国基础设施投融资的运作主体。文章重点研究了基础设施投融资平台的构建、运行、风险特征和可持续性。平台构建的关键是使其达到市场认可的融资标准，包括企业法人制度建设、治理结构建设、企业信用建设和现金流建设。在平台运行方面着重研究运用金融工程分解与组合技术为项目融资方案设计和项目公司组建构建风险－收益分担机制。本部分的一个重要工作是构建了一个关于债务负担率、“赤字”率和 GDP（国内生产总值）增长率的地方政府债务控制系统并分析了该系统的均衡性，当控制 GDP 增长率大于零后，该系统能达到均衡，此时地方政府利用投融资平台负债筹集基础设施建设资金存在可持续性。

最后将本文提出的基础设施投融资模式及运行方式用于解决湖南省铁路建设的投融资问题。根据“政府主导、市场运作、政策支持、多元参与”要求和湖南铁路建设特点，认为设立两个基础设施投融资平台分别负责省内城际铁路和其他铁路投融资建设是合理的。同时指出应将湖南城际铁路有限公司定位为负责湖南省内城际铁路建设和投融资的二级平台，而不仅仅是一个项目公司，这样才有利于其运用新型的投融资方式。最后，对长株潭城际铁路项目提出了一个“BT + PPP”投融资解决方案，并对其运作进行了讨论。

目 录

第1章 绪 论

1.1 研究背景及意义

大量的理论和实证研究表明，一国基础设施对其经济的长期稳定增长起到非常重要的作用。基础设施在发展中国家尤为重要，据世界银行1994年测算表明，发展中国家基础设施存量增加一个百分点，人均GDP会增长一个百分点，因此世界银行1994年的发展报告认为基础设施对经济增长的作用是主要和实质性的，而且相对于其他投资来说，基础设施的这种作用越来越大[1]。我国是一个发展中的大国，基础设施投资对我国经济增长起着相当重要的作用，尽管不同实证研究得出基础设施投资对产出的影响程度不一样，但都表明我国基础设施投资对经济增长产生积极的推动作用。

中国将来的竞争是效益的竞争，因而不可能继续在低成本的经济环境中进行。在这种情况下，基础设施的重要性就会增加，因为基础设施是将来成本和效益的一个主要组成部分（莱斯特·C·梭罗，1997）[2]。改革开放以来，尤其是20世纪90年代以来中国在建设和改善物质基础设施上取得了显著成就，据姜轶嵩、朱喜（2006）测算[3]，以1985年的不变价格计算，到2002年基础设施存量为15967.82亿元，1985年到2002年，我国基础设施（指经济基础设施）投资占公共投资的比重平均为20%～60%，1993年以后该比重稳定在40%以上，基础设施投资占总投资的比重平均为15%～20%，1998年以后稳定在20%以上。

基础设施是我国当前经济发展和提高效益的关键，目前我国基础设施投资呈现以下特点：

第一，基础设施资金缺口依然巨大，缓解庞大的基础设施投资资金缺口成为我国基础设施投资的重点之一。据国家发改委投资研究所测算，作为经济基础设施主要组成部分的铁路运输，从2005年到2020年需投入资金2万亿元左右，年均投资1300亿元左右，与目前的资金来源相比，每年的资金缺口在500亿元左右，其投资资金供需缺口巨大①；城市基础设施投资在“十一五”将超过4.5万亿元②，城市投资供不应求的局面将长期存在。

第二，由注重基础设施投资数量逐步转向强调基础设施投资的效率。目前，从总量来看，我国每年的GDP已经超过日本成为全球第二大经济体，但是生产效率并没有实现根本性改变。因此，国家及时提出要转变生产方式，强调效率。基础设施作为政府投资的重要领域，也不能沿用以前只强调投资规模，而忽视效率的粗放式投资，而应在扩大投资规模的同时，注重提高基础设施（特别是经济基础设施）的投资效率，以降低基础设施的使用成本，从而提高全社会的生产效率。因此，如何提高我国基础设施投资的效率也是我国基础设施投融资研究面临的重要问题之一。

第三，现代金融创新对我国基础设施投融资体制产生了深刻的影响。20世纪90年代以来，我国中央政府和地方政府对基础设施项目介入的变化，中央项目的比例在1991年以前一直在50%以上，而到1999年仅占32.5%（魏新亚，2002）[5]，这表明中国对基础设施建设的投入开始转入以地方政府投入为主的阶段。按我国《预算法》规定，地方政府不能直接负债，地方政府为筹集庞大的基础设施资金，纷纷运用金融创新手段，如建立各级投融资平台，利用投融资平台在资本市场进行融资，出现了基础设施的投融资体制改革的“重庆模式”[6-7]。各种基础设施投资方式纷纷被创新出来[8-9]。北京市在国内轨道交通、高速公路等基础设施投融资市场化方面进行了积极探索，取得了较好的效果（具体措施见附录A）。上海市地铁建设通过组建项目公司（上海申通集团有限公司），以项目公司作为项目融资的主体，通过银行贷款、企业债券、BT方式、上市融资、融资租赁、信托等方式筹集建设资金768亿元。金融创新对我国基础设施投融资产生的影响主要表现在使投资主体多元化和资金来源多样化。地方政府对当地基础设施建设的积极性提高，但也隐含一定的风险[10]。

因此，在新时期，如何重新界定政府在基础设施投融资中的作用，各级政府

① 数据来源：国家发改委投资研究所．投资管理参考．2005年第14期．

② 数据来源：国家发改委投资研究所．投资管理参考．2005年第15期．

如何分工合作，如何整合各种新的投融资方式，政府资金和民间资金如何在各类基础设施投融资中有机结合，在筹集基础设施投资所需资金的同时，提高基础设施投资效率，已成为建设小康与和谐社会的重要内容。

1.2　文献综述

目前国内外对基础设施的研究主要集中在两个层面：第一个层面是运用实证方法研究基础设施对经济增长的作用，自 Aschauer（1989a，1989b，1989c）[11-13]发表一系列文章之后，经济学家开始对基础设施重视起来，形成一个新的研究热点（如国外的 Canning and Bennathan，2000；Justman，1995；Fay and Canning，1993；Duggal，1999；等等[14-17]。国内的张军等，2007；王任飞、王进杰，2006；踪家峰、李静，2006；郭庆旺、贾俊雪，2006；等等[18-21]），多数研究结果表明基础设施对经济增长有着重要的正向影响。第二个层面是对基础设施本身的研究，主要包括基础设施的界定、政府在基础设施投资中的作用和基础设施投资方式。

1.2.1　基础设施界定的文献综述

无论是发达国家还是发展中国家，基础设施是经济增长的前提条件是肯定的，但基础设施投资或资本对生产率、总产出的贡献有多大，国际上一直存在争论。其主要原因是不同的研究者所使用概念的内涵和外延不一致（范久利等，2004）[22]。因此，基础设施的界定对基础设施投融资的研究是十分重要的。

发展经济学家在其研究中最先对基础设施问题给予重视。罗森斯坦·罗丹（1943）[23]第一次提出“社会先行资本”概念，认为一个社会在一般的产业投资之前，应具备基础设施方面的积累。赫希曼（1953）提出了广义基础设施与狭义基础设施的标准，将基础设施的内涵扩大，认为法律、秩序也应包括在广义基础设施之内[24]。P·H·库特纳则认为基础设施（社会先行资本）的定义包括三方面含义：（1）首先是为工业生产服务；（2）这种服务是难以流动的；（3）基础设施投资的特点具有突出的规模经济性和持久的耐用性。日本学者南亮进（1991）研究基础设施时，称基础设施为社会间接资本，一般以通信和运输为代表。

世界银行于1994年提出的《1994年世界发展报告》中的“为发展提供基础设施”部分中对基础设施的含义进行了界定[25]。将基础设施定义为“永久性的工程构筑、设备、设施以及它们所提供的服务”，并认为“它们都不同程度地存在着规模经济，存在着使用者与非使用者之间的利益溢出性（spillovers from users to nonusers）”。具体包括：其一，公共设施，如电信、自来水、电力、卫生设施与排污，固体废弃物的收集与处理及管道煤气等；其二，公共工程，如大坝、公路、灌溉及排水用的渠道工程等；其三，其他交通部门，如城市交通，城市与城市间铁路、港口和水路以及机场等。一般认为以上范围的基础设施为经济基础设施，而之外的其他基础设施都为社会基础设施，如科研、医疗保健、文教等方面。

20世纪80年代以前国内对基础设施研究是零星、分散、浅显的。1980年以后基础设施问题的研究才逐渐被人们所重视。如钱家俊、毛立本（1981）最先提出“基础结构”(infrastructure）概念，即为目前狭义上的基础设施。樊纲（1990）认为经济性基础设施和基础工业应为“基础部门”，而经济性基础设施包括交通运输、邮电通信、电力等部门[26]。魏礼群（1993）则认为经济性基础设施主要包括交通运输、通信、水利和城市供排水、供气、供电等公用设施[27]。冯兰瑞（1993）对英文“infrastructure”即基础结构或基础设施的理解是：基础设施包含广义和狭义两种：狭义的基础设施是指交通运输、通信体系、能源等公共设施。广义基础设施还包括一些提供无形产品的部门，如教育、文化、科学、卫生等。此外，还有一些研究对其内涵进行了讨论（谭崇台，1989；王辰，1998）[28-29]，等等。

由此可见，从现有的文献来看，对基础设施的界定主要是从两个方面：一是将基础设施分为狭义基础设施和广义基础设施；二是将基础设施分为经济基础设施和社会基础设施。一般认为狭义基础设施对应于经济基础设施，广义基础设施对应于社会基础设施。但第二种分类逻辑上比较严密，在实践中应用比较方便，它从理论上澄清了各种概念。因此，如果研究政府在基础设施投资的边界和作用时，大部分研究对象是包括经济基础设施和社会基础设施；如果研究基础设施对经济发展的作用，研究对象大都是经济基础设施或其中的一部分。

1.2.2 政府在基础设施投资中作用的文献综述

亚当·斯密[30]于18世纪提出“建设并维持某些事业及公共工程”是国家三

项职能之一，其实质上就是指基础设施。因此迈克尔·泰勒（1987）认为如果没有国家，就不能为人们提供某些特定的公共物品[31]。詹姆斯·布坎南（1991）认为公共性更强的事务，如自愿公平交易规则的维护、外部性的内在化、公益物的供给等问题，市场制度虽然也能够部分地通过其特有的化私为公机制加以解决，但是它的解决总是不充分的，总有不尽如人意之处。斯蒂格利茨（1998）对政府的特点做了较好的总结："作为一个经济组织的政府和其他经济组织相比有很多不同之处；在这些不同之处中，政府有两大显著特征：第一，政府是一个对全体社会成员具有普遍性的组织；第二，政府拥有其他经济组织所不具备的强制力。"

美国麻省理工学院的前院长梭罗教授（1997）在谈到发展中国家基础设施问题时着重强调政府的作用，他指出"只有政府对基础设施的投资，才能将经济开发引向新领域"。世界银行1994年的年度报告指出，发展中国家"大约有90%的基础设施建设资金来自于政府，政府几乎承担了所有项目的风险，政府的财政负担很重"。

国内的学者则基本在国外研究框架的基础上，结合我国的实际来分析。如徐曙娜（2000）认为政府应从消费方式、生产方式和资金筹集三方面进行干预[32]；王俊豪（2002）认为基础设施产业应该由独家企业或极少数几家企业垄断经营[33]。

很多研究者都对政府在投资中的作用有相关论述，他们基本都认为：政府作为投资主体的优势在于政府常常不以利益最大化为单一目标，而是以福利最大化为目标，决策时，不仅要作成本收益分析，还必须要兼顾社会稳定和公平。同时，政府是具有强制性的组织，政府通过投资所建立和提供的公共设施及服务，其供给不是单一由市场决策，这就可以较为有效地解决市场失灵以及搭便车等问题。

1.2.3 基础设施投融资方式的文献综述

金融创新对基础设施投融资的影响最大，它改变了基础设施原有的投融资模式和方式。国内对研究主要集中于两个方面：一是采用何种方式使基础设施投融资主体多元化；二是运用何种金融创新使基础设施融资方式多样化。

使基础设施投融资主体多元化的研究主要是基于项目融资在基础设施建设中的运用。Peter K. Nevitt（1995）[34]将项目融资定义为"为一个特定经济实体所安排的融资，其贷款人在最初考虑安排贷款时，满足于使用该经济实体的现金流量和收益作为偿还贷款的资金来源，并且满足于使用该经济实体的资产作为贷款的安全保障”。

基础设施最常见的项目融资方式是 BOT（Build-Operate-Transfer）、PPP 等，1984 年土耳其总理土格脱·厄扎尔首先提出了 BOT 融资的概念，其出发点是将某些公共工程私营化，以解决政府的资金短缺问题。世界银行在《1994 年世界发展报告》中把 BOT 定义为：政府给予某些公司新项目建设的特许权时，通常采取这种方式。私人合伙人或某国际财团愿意自己融资建设某项基础设施，并在一定时期内经营该基础设施，然后将此基础设施移交给政府部门或其他公共机构。张欣，王丹忠（2002）对 BOT 模式在我国基础设施建设中的应用作了较早的研究[35]；王灏（2005）提出了 BOT 在我国基础设施建设中具体实施方式及政策建议[36]。邹昱昙（2009）分析了 PPP 模式在我国基础设施建设中存在的问题[37]；柯永建、王守清、陈炳泉（2009）发现在基础设施公私合营（PPP）项目中，私营部门充分肯定各种激励措施的有效性，其中税收减免措施得分最高，政府投资赞助得分最低[38]。

基础设施融资方式多样化的研究主要集中于资本市场，包括资产证券化、发行债券等。关于基础设施资产证券化的研究主要有：沈丽等（2001）指出 ABS（Asset-backed Securities）融资方式能使原本信用等级较低的项目进入国际高档债券市场，能大幅度降低项目融资成本[39]；马永喜（2002）则具体分析了 ABS 模式在我国基础设施项目融资中的应用[40]；戴晓凤等（2006）认为基础设施资产证券化模式选择是决定证券化技术解决城市开发建设融资瓶颈问题成败与否的关键[41]；张理平（2009）研究了我国基础设施资产证券化的交易机构[42]。此外，冯泽驹（2006）[43]、张传明等（2009）[44]也对我国基础设施资产证券化问题进行了研究。

陈元（2003）认为市政债券将是中国城建最具潜力的融资方式[45]。沈富荣等（2002），许揞、陈宇剑（2003），宋波、梁远（2003）建议在城市基础设施建设投融资中引入信托机制[46-48]；夏瑛（2006）提出将基础设施项目贷款证券化和信托机制相结合的观点[49]；宋耀、秦正云（2009）设计了基础设施信托业务的发展思路[50]；周强、姜向阳（2009）提出通过信托机制将保险资金引入基础设施建设中的思路[51]。此外，邓超、陈晓红（2003）指出集合委托贷款方式是我国实行严格的金融管制背景下出现的一种金融产品，是一种共赢的融资方式[52]。

黄如宝、王奋伟（2003）认为融资租赁在基础设施项目融资中有着广阔的应用前景[53]；邱绪建、陈峰（2003）探讨了经营权质押融资方式在基础设施建设及融资中的应用[54]；张启智、初海英（2006）分析了发达国家基础设施投资中先进的投资方式[55]。

综观上述文献可以发现，国内对投融资工具或方式的理论研究基本上沿袭了国外研究框架，有很多研究者都在尝试将国外先进的投融资方式与国内的实际情况结合起来。随着金融创新的不断推进，各种融资工具层出不穷。但是由于国内的资本市场有待发展和深化，金融工具也相对匮乏，许多国外的先进融资方式在国内还仅仅停留在理论阶段，而没有较多的国内实践支持。

1.2.4 我国基础设施投融资体制的文献综述

20世纪90年代以前，基础设施领域改革问题还是一个较为敏感的话题，但是，不可逆转的改革步伐将基础设施领域改革问题推向了前台，从而也出现了大量的研究。主要分为两大类：一类是对传统投融资体制的批判；另一类是对投融资体制改革的建议。

上海城市发展信息研究中心（2003）通过上海市城市基础设施投融资体制的专题分析，指出传统体制的失败源自对项目区分理论的忽视[56]；建设部课题组（2002）在《中国城市基础设施投融资体制改革研究报告》中指出，城市基础设施传统投融资体制的主要问题在于政府越位和市场缺位，认为深化城市基础设施投融资体制改革已成必然[57]；此外，胡家勇（2003）等也指出应开放基础设施领域产权，允许非国有资产进入[58]，等等。

从现有的研究文献来看，国外主要集中研究基础设施对经济增长的作用，国内或者研究投融资技术，或者研究投融资体制，尚未将基础设施投融资体制和投融资技术结合在一起进行综合研究。

1.3 研究方法

1.3.1 理论分析与实证分析相结合

本书对政府在基础设施投资中作用的研究中综合运用理论分析和实证分析。

一方面，结合各类基础设施的特征和发展中的社会主义大国的基本国情，从新的视角在理论上论证我国政府在不同类型基础设施中的作用。另一方面，实证研究我国投融资体制变迁的三段时期内，不同投融资体制下基础设施产出效率，比较哪种投融资体制下基础设施投资效率最高，并在此基础上测算出我国基础设施的规模边界。

1.3.2 比较分析法

本书运用比较分析法，对国外发达国家比较成熟的基础设施投融资模式的特征进行比较分析，以揭示不同基础设施投融资模式下政府作用、投融资主体、投融资方式等方面的不同点，以及共有的规律，为我国基础设施投融资模式的选择提供借鉴。

1.3.3 案例分析法

为将基础设施投融资模式及运作的研究结果进行具体运用，本书选择湖南近10年内重要基础设施建设项目——湖南铁路建设的投融资为案例，从微观层面研究投融资特征、投融资运作，并对投融资活动提供建议和具体设计方案。

1.4 研究目的及思路

基础设施投融资的效率问题、边界问题和投融资模式问题是现阶段我国基础设施投融资面临的主要问题。本文从政府的角度研究我国基础设施投融资模式的选择与运作，旨在提高我国基础设施建设的投融资效率。首先从理论上梳理基础设施、公共产品和政府投资三者之间的关系，对基础设施进行界定，以确定本文的研究对象；实证研究我国不同投融资体制下基础设施的投融资效率，以确定哪种投融资体制下基础设施的投融资效率较高，从而为基础设施投融资模式的选择提供制度基础；鉴于基础设施的政府投资边界既是一个理论问题，也是一个实践问题，因此，接着从理论上研究政府投资边界；在比较分析国外比较成熟的基础设施投融资模式基础上，研究我国基础设施投融资模式的内涵及运作；最后从微观层面案例分析湖南铁路建设的投融资模式及运作。具体研究路线见图 1－1。

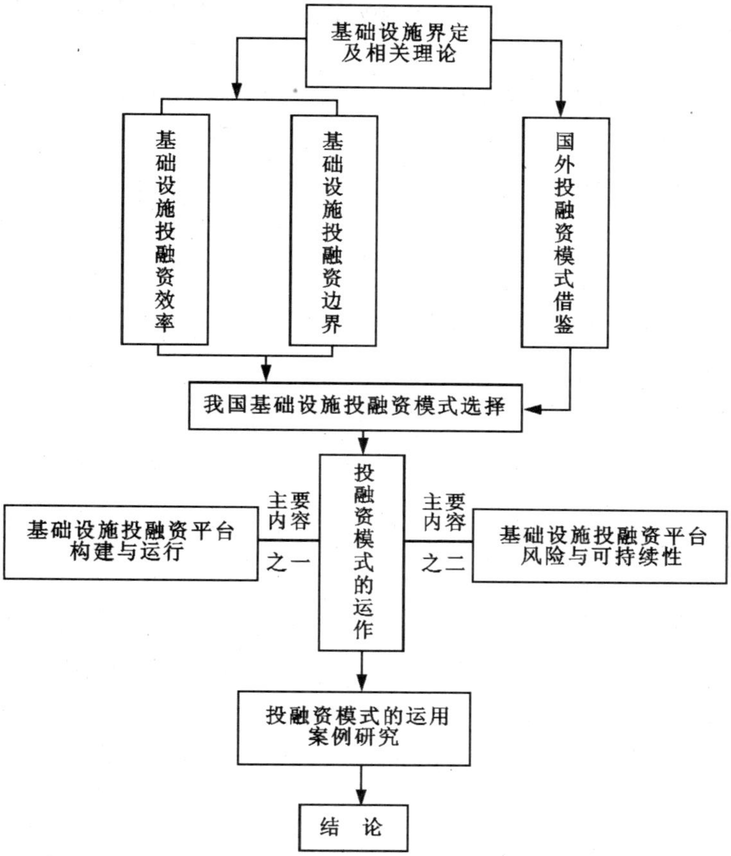

图1-1 技术路线图

1.5 本研究的创新点

本书以提高我国基础设施建设投融资效率为主要目标，研究我国基础设施投融资模式中的政府投资边界、运作方式等问题。在研究过程中于以下几方面取得了创新性成果。

（1）通过实证研究发现我国目前的投融资体制下基础设施的产出效率最高，即肯定我国现阶段的投融资体制是一种较为有效率的制度。实证结果显示，从

1995 年到当前这一时期，基础设施的产出效率为 0. 3805，均大于前两个时段。而且在实证中对资本存量的估计更为科学，一是选择 1952 年为基期，使基年资本存量估计误差对后续年份的影响减小；二是对基础设施和非基础设施分别估算不同的折旧率。

（2）在理论和实践上确立了政府基础设施投资边界。在理论上，提出政府投资范围边界的确定不仅要考虑基础设施的经济属性和技术属性，更要考虑基础设施的社会属性，公平与效率协调是确定政府投资范围边界的重要原则。在实践上，提出先应根据基础设施的社会属性，主要是该类基础设施建设目的分类，然后在各类项目中再结合其经济属性和技术属性来决定政府投资边界。

（3）提出了我国基础设施投融资模式。即在合理确定政府投资边界和各级政府合理分工的基础上，由政府或其授权的公共机构发起，用投资拨款等投资方式提供全部或部分资本金投入，广泛利用各市场经济主体的投资，进行市场化运作的多层次多元化投融资模式。

（4）构建了一个关于债务负担率、“赤字”率和 GDP 增长率的地方政府债务控制系统并分析了该系统的均衡性。当控制 GDP 增长率大于零后，该系统能达到均衡，此时地方政府利用投融资平台负债筹集基础设施建设资金存在可持续性。

第 2 章　基础设施内涵及其投融资相关理论

基础设施涉及的范围比较广泛，研究基础设施投融资问题，首先应该对基础设施进行合理的界定，以确定全书的研究对象，并对政府与基础设施投融资关系的理论问题进行梳理。因此本章首先比较基础设施、公共产品和政府投资三者之间的关系，然后介绍基础设施投融资的相关理论，最后对当前国内外基础设施一些主要的新型投融资方式进行比较分析。

2.1　基础设施的界定

由于基础设施或多或少地具有公共产品的特性，一直是政府投资的重要领域，因此，对基础设施的界定必须理清公共产品、基础设施及政府投资项目三者之间的相同和不同部分。

2.1.1　公共产品

Samuelson（1954）[59]对公共产品给出了经典定义：公共产品是集团中的所有成员均等消费的商品或服务，即每个人对公共产品的消费并不会导致其他任何人消费的减少，这实质上指出了公共产品具有消费的非竞争特性。Atkinson 和 Stiglitz（1980）[60]认为如果不可能对某种特定商品的使用收费，或者对其使用收费的耗费是极大的，则该商品就是公共产品，这意味着公共产品具有非排他性。布坎南在《民主财政论——财政制度和个人选择》中提出准公共产品概念，认为一个人可以得到的公共产品的数量并不一定是其他人都能同样得到，但如引入利益可分割性，一个人的消费就肯定要减少集团中其他人可以得到的量[61]。

综上所述，公共产品是具有消费效用的非排他性、非竞争性（非拥挤性）和不可分割性等特征的商品或服务。非排他性是公共产品的第一特性，公共产品的非排他性意味着消费者可能做一个“免费乘车者”，免费且平等地享用公共产品；非竞争性是公共产品的第二特性，公共产品消费的增加不引起生产成本的增加，即边际成本和拥挤成本为零；不可分割性指公共产品向特定群体共同提供，所有成员共同或联合消费。

根据不同公共产品在上述不同程度的差别可以分为纯公共产品和准公共产品。准公共产品的一个共同特点是他们具有“拥挤性”，即在准公共产品的消费中，当消费者数目从零增加到某一个相当大数量时，就显得十分拥挤，而在此范围内，消费具有非竞争性和非排他性，当超过拥挤点之后，增加消费者将减少全体消费者的效用。准公共产品还可分成拥挤型准公共产品和俱乐部型准公共产品。拥挤型准公共产品的消费具有非排他性，但当消费者的数目达到一定程度时便产生消费上的竞争性；俱乐部型准公共产品的使用可以通过收费而将不愿付费者排除在消费之外，一些自然垄断行业的产品就具有这种性质。相关产品分类标准及分类见图 2－1。

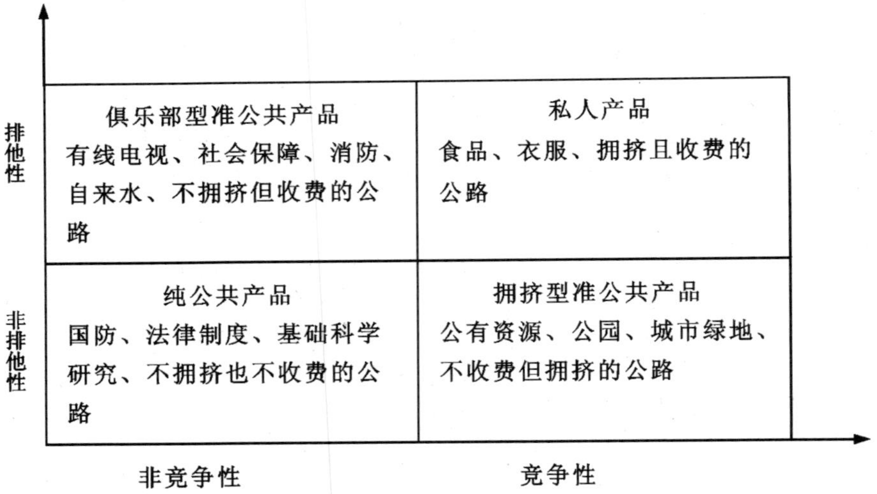

图 2－1　纯公共产品、准公共产品和私人产品的划分

资料来源：徐珑．中国公共投资问题研究．财政部财政科学研究所（博士论文），2004.

2.1.2　基础设施

在《韦氏词典》中，基础设施最早是指用于部队军事行动的基地、服务训练设施等构成的系统。“二战”后，西方一些发展经济学家开始使用“Social Overhead capital”（国内许多学者译为“社会先行资本”）来研究基础设施与其他部门和私人投资的相关关系。如罗森斯坦·罗丹指出“社会先行资本”包括运输、电力、通讯等基础工业，其构成社会经济的基础设施结构。艾伯特·赫希曼（1953）认为全社会资本包括直接生产资本和社会间接资本，而基础设施属于社会间接资本范畴，既包括公路、港口设备、水力发电等狭义基础设施，也包括法律、秩序、公共卫生、教育等广义基础设施。世界银行在《1994 年世界报告》中，界定了“经济基础设施”和“社会基础设施”两个概念的外延。

由此可见，对基础设施的认定大体可以包括两个方面：资本形成物（物质基础设施）和无形的基本制度。广义的基础设施涉及社会生活的各个方面，狭义的基础设施仅指经济基础设施。具体见图 2－2。

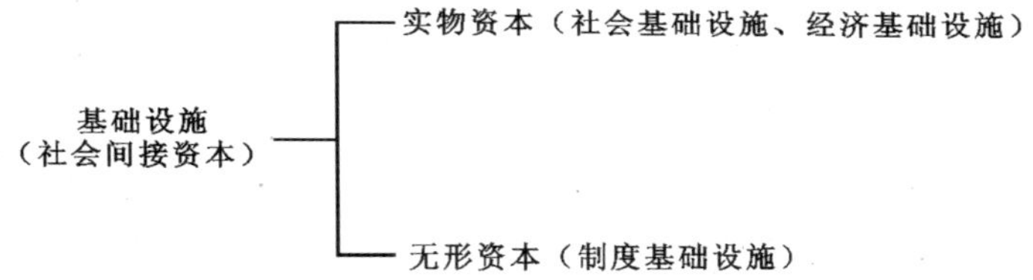

图 2－2　基础设施分类

罗森斯坦·罗丹提出的社会先行资本和艾伯特·赫希曼等人提出的狭义基础设施属于经济性基础设施，而世界银行给出的经济基础设施范围最为全面，也被经济学家广为接受。经济基础设施以外的其他基础设施包括社会性的基础设施和制度基础设施，属于广义基础设施范畴。社会基础设施主要是指向社会提供无形产品或服务的部门，包括科学研究、教育、文化、卫生保健和社会福利等部门，如艾伯特·赫希曼所提出的广义基础设施中的教育、公共卫生设施等都属于社会性的基础设施；制度基础设施是指那些保证经济和社会有效运行的竞争机制、产权界定机制、风险分担机制以及保证这些机制正常运作的法律体系、社会习俗、文化等统治、约束和协调人们行为的一系列正式制度和非正式制度，如艾伯特·赫希曼提出的广义基础设施中的法律和秩序等都属于制度基础设施。必须指出，物质基础设施（包括经济基础设施和社会基础设施）和制度基础设施所提供的服务对经济发展所起的作用同等重要。

2.1.3 政府投资项目

政府投资是由政府决策并由国有资金进行投资的行为或由代表政府的国有企业进行的投资活动。其投资主体是政府，产权属于国家，形成国有资产，构成国有经济。与民间投资相比，政府投资具有公共性、基础性、开发性、战略性、风险分担和追求社会效益等特点。具体来讲，政府投资是指政府（包括中央政府和地方各级政府部门）为全社会公民提供生产和组织供给公共产品而投入各种资源的活动，政府投资的目标在于为社会生产和组织提供公共产品。因此，政府投资项目主要是投资那些具有公益性、基础性的项目以及关系国计民生、对国民经济和社会发展有重大推动作用的项目。

政府投资项目在美国一般叫做“政府工程”（Government Project），而在日本和我国香港等国家和地区叫“公共工程”（Public Project）。根据政府投资的目的，政府投资项目可以分为政权建设投资项目（如国防、法律制度）、经济建设投资项目（如经济基础设施）和社会事业发展建设投资项目（如科教文卫等社会基础设施），见图2－3。

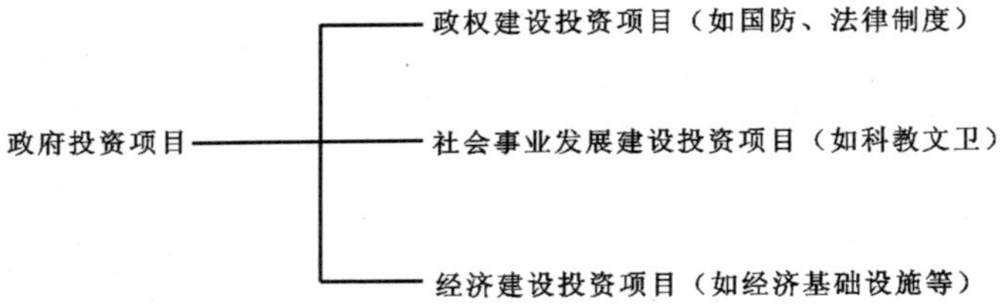

图2－3 政府投资项目分类

2.1.4 公共产品、基础设施及政府投资项目的比较

公共产品与基础设施两者之间的关系见图2－4。基础设施和公共产品的区别主要体现在它们所包含的内容上，它们所包含的内容存在着交叉，又有不同。从消费的非排他性和不可分割性来看，公共产品包括社会基础设施和制度基础设施，以及大部分经济基础设施。总之凡是具有外部正效应，单靠市场机制无法提供的产品都可称为公共产品。随着技术的进步，基础设施与公共产品相交的部分将减少，但不可能全部为零。这是因为技术的不断进步可以改变一些基础设施的特性，从而影响其供给方式。如技术进步使某些经济基础设施由非排他性变为排他性；另外，技术进步使消费不可分割、不能准确计量的经济基础设施变为消费

可分割、可以准确计量的私人品。

政府投资应集中于那些具有不可分性和规模效益性的项目，包括大部分公共产品（包括所有的纯公共产品和部分准公共产品）和部分经济基础设施须由政府投资。另外，对于经济发展有很大的带动和促进作用但私人没有能力或不愿投资的项目，如对一些新兴产业、主导产业和瓶颈产业的投资等，需要政府投资。因此，政府投资项目不仅包括部分基础设施和部分公共物品，还包括在一定时期内政府认为必须投资的非基础设施项目或非公共产品。本书研究的基础设施主要是指经济基础设施，也包括一些社会基础设施，但不包括制度基础设施。

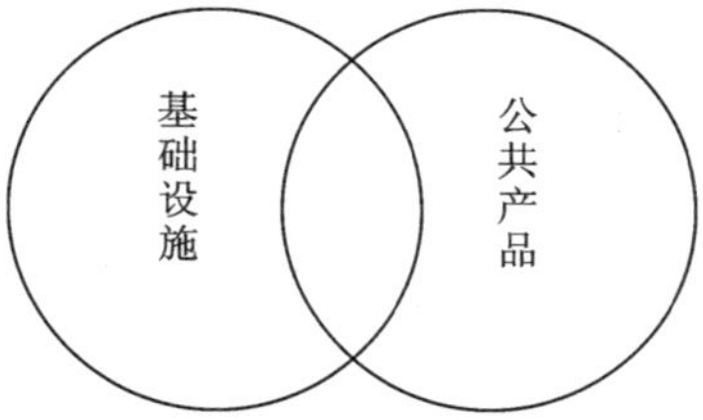

图 2－4　公共产品与基础设施关系图

2.2　基础设施投融资的相关理论

基础设施投融资主要涉及政府和市场的分工问题，即哪些项目由政府（或政府代理机构）投融资，哪些项目由市场主体投融资，以及如何投融资。与其相关的理论主要有公共选择理论中对基础设施投融资问题的讨论、项目区分理论、可销售理论和开发性金融等。

2.2.1　公共选择理论中的基础设施投融资问题

公共选择理论认为，在市场经济条件下，资源配置以实现社会福利的最大化为目标。但是公共产品具有非竞争性和非排他性，在消费的过程中，人们存在“搭便车”的问题，公共产品不能靠市场配置来提高效率。而政府的存在会减少人数众多时获取个人关于公共物品和外部性的偏好的信息所需的交易成本和谈判成本。因此，公共选择理论对基础设施投融资的观点主要有：

其一，政府应成为基础设施投融资的决策主体。基础设施具有初始投资巨大、自然垄断，而且消费上存在着不同程度的非竞争性和非排他性及对社会福利有重要影响等特点。根据公共选择理论对集体选择（政府选择）的理由分析，政府是提供基础设施及其服务的最有效的实体。

其二，政府在决策时又存在偏离增进社会福利目标的倾向。公共选择理论认为，政府及其机构也是经济人，追求自身利益最大化，如追求预算支出最大化、高薪、办公条件、特权、权力、恩惠，等等。如果基础设施领域采用“政府垄断经营”、“政企合一”等经营体制，将会影响公共产品与服务的供给及其效率。因此，须对政府在基础设施投资中的作用进行合理界定，而且在基础设施领域应尽可能采取市场化经营。

2.2.2 项目区分理论

项目区分理论首先由上海城市信息研究中心提出，就是把是否有收费机制（资金流入）作为区分条件，将基础设施项目区分为经营性、准经营性和非经营性项目，以此来确定项目投资主体的归属、具体运作模式、资金来源及项目权益的归属等。

（1）经营性基础设施项目。此类项目有收费机制，有资金流入，其投融资主体应该不作限制，国有企业、民营企业以及外资企业等都可以参加，并且投融资主体享有自主决策权，决策结果由投资方自己承担。政府只进行管制，如在服务价格、服务质量、数量等方面进行管制。这一类项目包括基础设施领域的一般竞争性项目，如电厂、发达地区的高速公路、桥梁等。

（2）准经营性基础设施项目。此类项目有收费机制和资金流入，具有潜在的利润，但同时带有部分公益性，单靠项目的现金流不能收回投资成本或收益相当低，如果完全采取市场化运作将很难吸引社会资本，从而形成资金缺口，因此，这些项目需要政府提供资助以维持营运。如自来水、煤气、地铁、生态环境维护系统和水资源系统等。

（3）非经营性基础设施项目。此类项目无收费机制、无资金流入，但有较高的社会效益和环境效益。这类项目须由政府通过财政进行直接投资，资金来源应以政府财政投入为主，并配以固定的税收或收费作为保障。这一类项目主要是指公益性投资项目。

基础设施项目经营性、准经营性和非经营性的区分并不是绝对不变的，而是在环境变动的情况下可以相互转化。从图 2－5 可以看出，在一定的条件下，一些经营性、准经营性和非经营性项目可以相互转化。

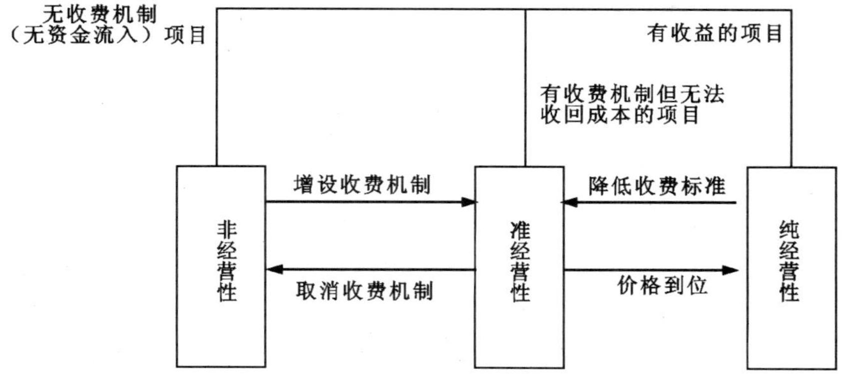

图 2－5　三类项目的关系图

资料来源：江绵康．上海城市发展研究论文集（第二辑），上海城市发展信息研究中心编，2000 年 5 月。

2.2.3　可销售性理论

可销售性理论是采用一些合适的指标，对城市基础设施的可销售性进行评价，根据各类基础设施可销售性的高低，政府和私人采用不同资金介入程度。该理论认为基础设施产品或者服务具有越高的可销售性，越可能吸引私人参与，而不同类型的基础设施产品或服务，应有不同的私人参与程度和方式。Kessides Christine（1993）采用六个指标对基础设施不同部门的可销售性做出评估[62]，其中，两个指标是反映产品或服务的竞争性和排他性，三个指标是反映产品或服务的规模经济、沉没成本和对协调性的要求，最后一个指标是反映生产的外部性。

世界银行（1994）根据以上思路，但采用以下五个方面的指标对城市基础设施的可销售性进行评价：竞争潜力、货物与服务的特征、以使用费弥补成本的潜力、公共服务义务和环境的外部因素，结果见表 2－1。

根据表 2－1 在上表中各类基础设施的可销售指数，结合各国的收入水平及其他因素，可以选择不同的投资者和经营者，具体包括商业化的公共机构、不受规章限制的私人部门、特许或租赁、受价格管制的私营部门、受市场管制的私营部门、当地社区和使用者自助等。

表 2－1　可销售性评估表

		竞争潜力	货物与服务的特征	以使用费弥补成本的潜力	公共服务义务（权益问题）	环境的外部因素	可销售性指数
电力天然气交通运输	热电	高	私人	高	极少	高	2.6
	输电	低	会员	高	极少	低	2.4
	配电	中	私人	高	很多	低	2.4
	天然气的生产和运输	高	私人	高	极少	低	3.0
	路基与车站	低	会员	高	中	中	2.0
	铁路运输与客运	高	私人	高	中	中	2.6
	城市公共汽车	高	私人	高	很多	中	2.4
	城市有轨交通	高	私人	中	中	中	2.4
	城市道路	低	共有财产	中	极少	低	1.8
水	城区管理网络	中	私人	高	很多	高	2.0
	非管道网络	高	私人	高	中	高	2.4
卫生设施废弃物	管道排污和处理	低	会员	中	极少	高	1.8
	公寓污水处理	中	会员	高	中	高	2.0
	现场处理	高	私人	高	中	高	2.4
	收集	高	私人	中	极少	低	2.8
	环境卫生处理	中	共有财产	中	极少	高	2.0

注：各类基础设施的可销售性从 1（最不易销售）到 3（最易销售）。

资料来源：《全球化过程中经营城市的策略》，节选自《世界银行 1999/2000 发展报告》第七章。

2.2.4　开发性金融理论

开发性金融的“开发性”来源于英文“Development”和“Financing”。开发性金融是为实现政府发展目标，弥补体制落后和市场失灵，增强竞争力的一种金融形式。开发性金融的主要功能有：第一，开发性金融的信息溢出作用。从事开发性金融的金融机构具有将政府的产业政策等政策意图向市场传达的中介职能，这样，社会金融机构可以通过观察开发性金融机构的行动来进行决策。开发性金融的信息溢出作用能在一定程度上解决信息不对称，对民间投资和商业银行具有诱导效应。第二，开发性金融介入基础设施投资领域能起到风险过滤的作用。表现为开发性金融能降低单个项目失败的风险，也能降低非系统性风险，同时开发性金融能覆盖周期性风险。

世界上著名的开发性金融机构有世界银行、亚洲开发银行、德国投资与开发有限公司、美国联邦国民抵押贷款协会和联邦住房贷款抵押公司以及韩国产业银行。我国的主要的开发性金融机构是 1994 年成立的国家开发银行，其主要任务是，根据中国社会主义初级阶段信用和市场缺损的国情特点，运用开发性金融来建设和培育市场、信用，同时通过市场方法建立长期稳定的资金来源，以筹集和引导社会资金，重点支持基础设施、基础产业、支柱产业和高新技术产业，以及政府急需发展的其他领域，并取得相应的回报。

2.3　基础设施投融资主要方式

2.3.1　基础设施传统的投融资方式

我国传统的基础设施投融资方式主要有：

（1）利用政府权力进行的投融资。政府及机构通过财政拨款、特种税费融资、政策性收费和专项基金等方式筹集资金，对基础设施建设和营运进行各种形式的投资。财政拨款包括中央和地方财政拨款，主要用于投资民航、铁路、电力、邮电等基础设施；特种税费是国家为了加快城市基础设施建设而开辟税费，主要是城市建设维护税与公用事业附加费；政策性收费主要有市政设施配套建设费、增容费、使用费等；专项基金是政府可根据基础设施的类别设立各自的专项基金，如邮电基金、通讯基金、铁路基金、电力基金等。

（2）国内债务融资。包括国内银行贷款、发行债券等。在基础设施的投融资中发挥主要作用的是政策性银行贷款，近几年，地方政府通过设立基础设施投融资平台进行商业性融资，使商业银行在基础设施投融资中发挥的作用也越来越大。债券包括企业债券和政府债券，企业债券分为两种，第一种称为公司债券，指严格按照《公司法》规范的有限责任公司、股份有限公司发行的公司债券，这类债券的最大特点是募集资金不必是针对特定的固定资产投资项目，如国内的基础设施投融资平台发行的债券；第二种主要是由大型基础设施建设项目法人发行，募集资金须用于该投资项目，信用基于发行人或投资项目稳定的现金收入流。政府债券包括中央政府发行的国债和地方政府发行的地方政府债券，我国从2009年开始允许地方政府有条件地发行债券。

（3）利用国外资金投资。包括国际金融机构与外国政府贷款、外国企业投资等。我国利用国际金融组织贷款主要是利用世界银行贷款和亚洲开发银行贷款，这些贷款具有利率较低、期限长的特点，外国政府贷款主要集中在基础设施、社会发展和环境保护等方面。外国企业投资主要是外国投资者收购基础设施企业的一部分股权或者基础设施存量资产。

（4）股权融资。包括IPO（首次公开募股）、“买壳”与“借壳”上市融资。通过IPO融资基础设施建设资金须先设立或股份制改造为股份有限责任公司，然后再申请上市融资，程序比较复杂、限制较多。而“买壳”与“借壳”可以通过再融资筹集资金投资到基础设施建设项目，相对比较容易，如川高速借壳招商股份。

2.3.2 新型基础设施投融资方式：项目融资

并非所有基础设施都具有纯粹公共物品的性质，即具有完全的非竞争性和非排他性，对于各类具体的基础性行业而言，并非整齐划一地满足前述的三大特点，甚至同一行业不同部门的公共性和自然垄断性也不一样。如交通运输业中铁路的自然垄断性就较公路强，而若将铁路划分为铁路线路和运营业，则前者的自然垄断性就较后者强。因而有选择地让私人资本进入基础设施行业符合市场机制的运行规律，凡不属于纯粹公共物品的领域，就可以通过市场来供给。私人部门进入基础设施领域，并不影响政府对它的控制。首先，只有政府才有资格和能力成为这一领域的主要承担者，即使私营企业进入这一领域，也不会改变国有经济的垄断地位，相反，这种进入还有利于消除一些不必要的人为垄断，促进这一领域国有企业的改革，提高经营效率。其次，即使私营企业对基础设施领域的某些企业控股，也不能达到对整个行业的控制或直接垄断，如私营企业在某一电站控股，在发电方面或许对该地区有一定的影响，但它在供电和配电方面不得不受所在国固有电网的调度，更不用说整个电力行业还在国家的控制之下。最后，国家对基础设施还具有许多的宏观调控手段，这不仅表现在资产控股方面，而且可以通过价格、税收、信贷等经济调控手段来管理和控制这些领域的企业。所以，20 世纪 70 年代后，各国政府开始寻求基础设施建设的新途径，积极吸引私营部门参与基础设施建设。

2.3.2.1　项目融资的界定

项目融资作为一种适合于基础设施建设的融资方式，已受到世界上许多国家的重视与运用，从目前情况看，各国对利用项目融资吸引私营部门参与基础设施建设的有关管理和实践不尽相同，但大体上可分为两类：一类是各种经济法律条件比较成熟，项目融资的运行比较规范，政策透明度高，项目竞争和管理有序，主要包括英国、美国、澳大利亚等发达国家；另一类是项目融资方式刚刚引入，对项目的管理尚不规范，不同项目之间的条件差异较大，政府在引进项目融资的同时需不断改进其相关法律、法规和配套措施，主要包括泰国、印度、印尼等发展中国家。在澳大利亚等发达国家，项目融资的应用已有几十年，而在发展中国家，项目融资的历史并不长，主要是在 20 世纪 90 年代初发展起来的。

项目融资（Project Financing）作为一个金融术语到目前为止还没有一个准确公认的定义，在国外经济学界也存在着不同的理解。法律专家维特（Vinter）在其《项目融资法律指南》（*Project Finance: A Legal Guide*）一书中指出：项目融资是对一项权利、自然资源或其他资产的开发或利用的融资，而且融资并不由任何形式的股本来提供，其偿还主要来自于项目产生的利润。英国 Clifford Chance 法律公司对项目融资的定义是："项目融资"是指代表广泛的、但具有一个共同特征的融资方式，其共同特征是：融资不是主要依赖项目发起人的信用或所涉及的有形资产。在项目融资中，提供优先债务的参与方的收益在相当大的程度上依赖于项目本身的效益，因此，他们将其自身利益与项目的可行性以及潜在不利因素对项目影响的敏感性紧密联系起来。

项目融资通常包括以下要素：第一，在一定程度上依赖于项目的资产和现金流量，贷款人对项目的发起人（在一些例子中即借款人）没有完全的追索权；第二，贷款人需要对项目的技术和经济效益、项目发起人和经营者的实力进行评估，并对正在建设或运营中的项目本身进行监控；第三，贷款和担保文件很复杂，并且经常需要对融资结构进行创新；第四，贷款人因承担项目风险（经常是政治风险）而要求较高的资金回报和费用。

斯科特·L·霍夫曼（Scott L. Hoffman）在其《国际项目融资的法律与实务》（*The Law and Business of International Project Finance*）一书中指出：项目融资是指

无追索权或有限追索权融资结构，在这种结构中，债务、股本和信用担保结合在一起，并集中在资本密集型的行业，贷款人提供贷款的依据是项目本身的收入和项目单位的资产，如作为债务担保的合同，而不是项目发起人的一般资产和信用。

美国财会标准手册认为，项目融资是指对需要大规模资金的项目采取的金融活动，借款人原则上将项目本身拥有的资金及其收益作为还款资金来源，而且将其项目资产作为抵押条件来处理。该项目单位主体的一般性信用能力通常不被作为重要因素来考虑。这是因为其项目主体要么是不具备其他资产的企业，要么对项目主体的所有者（母体企业）不能直接追究责任，两者必居其一。

由上可知，在国外经济学界，对于项目融资的理解大致有两种观点，一种认为项目融资仅指无追索或有限追索的融资，这就是所谓狭义项目融资定义，主要流行于北美洲地区；另一种认为一切为了建设一个新项目，收购一个现有项目或者对已有项目进行债务重组所进行的融资活动都可以被称为“项目融资”，这就是所谓广义的项目融资定义。

我国学者对项目融资的理解，也大致可分为狭义和广义两种。广义上项目融资是指为建设一个新项目、收购一个现有项目或对已有项目进行债务重组所进行的一切融资活动和方式，也就是“为了项目而融资”。即为了项目的开发建设所进行的任何融资活动都被称为“项目融资”。

狭义上理解项目融资，首先应正确理解“项目”与“融资”的关系，任何一个项目都需要资金来支持，但并非每个项目的资金筹集方式都是项目融资。实际上，只有很少一部分项目是采用项目融资这种特殊方式来筹集资金的。因此，狭义上，项目融资仅指借款人原则上将项目本身拥有的现金流量和项目资产作为还款来源而取得的资金，也就是“通过项目来融资”。即项目融资是在向一个具体的经济实体提供贷款时，贷款方首先查看该经济实体的现金流和收益，将其视为偿还债务的资金来源，并将该经济实体的资产视为这笔贷款的担保物，若对这两点感到满意，则贷款方同意贷款。

原国家计委与外汇管理局于 1997 年 8 月 13 日共同颁布的《境外进行项目融资管理暂行办法》中，将项目融资定义为：“以境内建设项目的名义在境外筹措外汇资金，并仅以项目自身预期收益和资产对外承担债务偿还责任的融资方式”。它具有以下性质：第一，债权人对于建设项目以外的资产和收入没有追索权。第二，境内机构不以建设项目以外的资产、权益和收入进行抵押、质押或偿债。第三，境内机构不提供任何形式的融资担保。

2.3.2.2　项目融资的基本模式

40 年来，项目融资在国际投资领域已经发展成为卓有成效的筹集大型工程项目建设资金的手段。把项目融资应用于城市建设领域是近年来投资界的重要创新。按运作形式的不同，城市建设项目融资主要有 BOT 融资、TOT 融资、资产证券化融资、以融资租赁为基础的项目融资、PFI 融资等形式。

（1）BOT 项目融资模式

BOT 是英文 Build－Operate－Transfer 的缩写，意思是建设－运营－转让。它是指私营机构参与国家项目（一般是基础设施或公共工程项目的开发和运营），政府机构与私营公司之间形成一种“伙伴关系”，以此在互惠互利、商业化、社会化的基础上分配与项目的计划和实施有关的资源、风险和利益。BOT 项目的融资方式具有与传统方式不同的融资结构和管理方法。BOT 项目融资的贷款人不是将资金贷给项目发起人的单位，而是贷给项目发起人组建成立的独立的项目公司，用项目建成后的运营收入偿还贷款，贷款人主要考虑的不是主办单位的资产、资信和财务状况等，而是项目本身是否具有稳定可靠的足以偿债和盈利的现金收入流量。也不需要国家银行、金融机构对贷款偿还进行担保，而是要求对项目建设、运营过程中可能发生的各种风险有相应的承担者。由于项目融资方式的这个特点，国际惯例通称为“无追索权”（Non-recourse 或“有限追索”Limited-recourse）的项目融资方式。就是说，股东们不再承担项目债务的责任，即使项目不成功，不能产生预期的效益，贷款者也不能向股东们无限追索偿还债务。“无追索权”和“有限追索权”的项目融资方式虽然都是以项目本身的收入来还贷和盈利，但其差别在于前者全无政府、金融机构的担保或支持，即融资者和贷款人对项目发起人或股东没有无限追索权。而“有限追索权”项目融资方式则除了要以项目公司资产（股本金）的物权担保作为借款人违约或项目失败的主要补偿外，往往还要求由项目受益人或第三方机构（有资信的信托、投资机构）提供有限的支持或担保。在多年的实践中，国际上通常广泛采用的大都是“有限追索权”的项目融资方式，其主要优点就在于对项目发起人或股东而言，这是一种有限追索权债务。这样，项目的风险一部分自然转嫁给了贷款人或融资者。

在 BOT 的基础上又衍生出其他一些项目融资模式，包括 BT（Build Transfer）、BLT（Build Lease Transfer）、BTO（Build-Transfer-Operate）、BOOT（Build Own Operate Transfer）、BOO（Build-Own-Operate）、BBO（Buy-Build-Operate）、

DB（Design-Build）、DBM（Design-Build-Maintain）、DBO（Design-Build-Operate）、EUL（Enhanced-Use-Leasing）、BDO（Build-Develop-Operate）等多种形式。图2-6是根据私人部门承担的责任大小列出了BOT的几种主要形式。

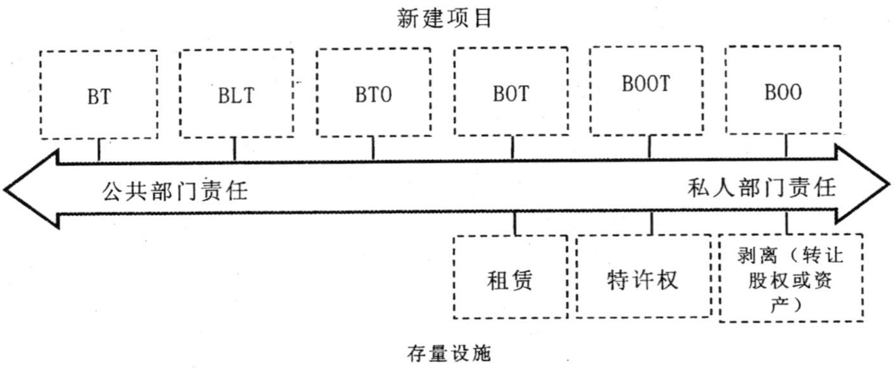

图2-6 BOT的具体表现形式

（2）TOT项目融资模式

所谓TOT融资方式，即移交（transfer）-经营（operate）-移交（transfer），指东道国将已经建成投产运营的基础设施项目移交给外方（投资者）进行运营。东道国凭借所移交的基础设施项目未来若干年内的收益（现金流量），一次性地从外方（投资者）那儿融通到一笔资金，再将这笔资金用于新的基础设施项目建设；当经营期届满，外方（投资者）再将项目移交回东道国手中。通过这种方式引进外资，使新项目及时启动，但又将外商与新建项目完全割裂开来，从T-O过程来看，更像一种贸易，其标的为一定期限内的现金流量。但从T-O-T整个过程来看，它是一种既不同于以资信为基础的传统融资方式，也在一定程度上有别于BOT方式的新融资方式。TOT融资方式有以下几个特点：其一，以已投产项目为基础；其二，外商与新建项目完全割裂开来，没有直接关系；其三，只转让投产项目经营权，不转让所有权；其四，无需偿还资金；其五，风险比较低。

（3）资产证券化项目融资模式

ABS是英文Asset-backed Securitization的缩写，译为资产支撑的证券化。这种模式以项目所拥有的资产为基础，以项目资产可以带来的预期收益为保证，通过在资本市场发行资产支持证券（Asset-backed Securities）融通资金。具体讲，资产证券化是指将缺乏流动性但能够产生可预见的稳定现金流的资产，通过一定的结构安排，对资产中风险与收益要素进行分离与重组，进而转换成为在金融市场上可以出售和流通的证券的过程。资产证券化是从已有的信用关系基础上发展起来的资产运作形式，基本上属于存量资产的证券化，又被称为“二级证券化”。其运作机制如图 2－7。

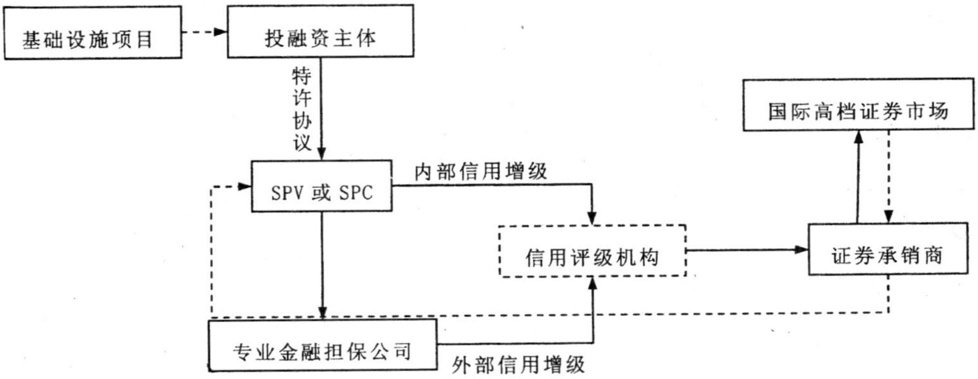

图 2－7　ABS 融资方式在基础设施建设中的运作机制

资产证券化运作的独到之处在于，通过信用增级计划，使得没有获得信用等级或信用等级较低的机构，照样可以进入高档投资证券市场，通过资产的证券化来筹集资金。因此，即使加入了一些前期分析、业务构造和信用增级成本，它仍然为融资业务提供了新的、成本更低的资本来源。而且当公司或项目靠其他形式的信用进行融资的机会很有限时，证券化就成为该公司的一个至关重要的融资来源。这是因为资产支持证券的评级仅取决于作为证券支持的资产的信用质量，而与发行这些证券的公司的财务状况或金融信用无关。因此，它属于有限追索的项目融资的范畴。

（4）以融资租赁为基础的项目融资模式

融资租赁是指出租人根据承租人的要求，向承租人选择、指定的供货商购买租赁物，承租人按约定的条件支付租金，取得租赁物的使用权。租赁期满后，承租人可采取续租或按残值留购出租物，或按约定向出租人交还租赁物。融资租赁，作为一种现代投融资方式，以其兼具融资和融物的独特功能，为基础设施建设融资提供了一个全新的思路。

融资租赁在基础设施运用中可以采取以下三种方式：直接融资租赁方式，该方式可以大幅度缓解基础建设资金压力；对于购置成本特别高的大型设备，如地铁隧道挖掘的专用机械设备，可以采用杠杆融资租赁方式，以分担资金风险、解决融资困难；凡有可预见的稳定收益的基础设施资产，可以采用售后回租方式进行融资。

采用融资租赁方式具有下述特点：一是可在资金不足的情况下引进设备；二是成本固定，可以避免通货膨胀的风险；三是引进资金速度快，方式灵活，充分发挥时间价值的经济效益；四是可享受税收上的优惠。

（5）PFI/PPP 项目融资模式

PFI（Privative Finance Initiative），即民间私人融资计划，是指由公共部门所从事的各类公共服务、社会资本筹措、建设营运等工作领域，引进民间企业的资金、技术、特有经营经验并且由民间主导进行高效率、高成果的社会资本筹措的经营手法，是传统 BOT 的优化。

PFI 是由民间企业加以整合来推动公共事业，而不是单指改变公共事业的资金调度方式。PFI 有三个优点：（1）政府不必直接承担风险或出具项目投资费用，提高了财政支出的效率，有利于促进“小而能”政府的实现。英国自 1980 年即已采取“小而能”政府的理念，以调整各方面的规定来推动民间参与公共事业。PFI 是其中的一环，目的是削减财政支出和提高效率。（2）有效整合社会资本，提高公共服务的水准。PFI 的推广降低了政府支出，使公共服务水准大幅度提高。通过对社会资本有效的整合，由公共部门向民间企业购入公共服务，发挥民间企业的创造性及特有经营经验，从而提高公共服务效率。（3）帮助民间企业开拓新的创业方向以繁荣经济。公共部门只负责社会资本整合的引导，凡是民间企业能提供的公共服务尽可能委托给民间企业来做。这样能够提高资源配置的效率，促进经济结构的优化。

PPP 是英文 Public-Private Partnership 的缩写，是于 20 世纪 90 年代开始兴起的新型融资方式，是政府和企业基于某个项目而形成的相互合作关系形式。通过这种合作形式，合作双方可以达到与预期单独行动相比更为有利的结果。在 PPP 框架下，由公共部门与私人部门发挥各自的优势来提供公共服务，共同分担风险、分享收益。PPP 没有确定的运作模式，它是公共部门与私人部门为提供公共服务而建立起来的一种长期合作伙伴关系，而伙伴关系的形式非常灵活广泛。PPP 可以包含介于完全由政府供给与完全由私人供给之间的所有形式，包括特许经营、设立合资企业、合同承包、管理者收购、管理合同、国有企业的股权转让或者对私人开发项目提供政府补贴等，不同形式下私人部门的参与程度与承担的风险程度各不相同。

（6）以“有偿供给”为基础的项目融资模式

在安排投融资时，以“有偿供给”为基础的项目融资是以让渡准公共产品与服务的未来有偿供给收入权益为信用基础的，即在这种融资安排中，债权人从项目中获得一个有偿供给收入的数量，并且以此作为项目融资的主要偿债资金来源。以“有偿供给”为基础的项目融资的运作过程是：投资者建立融资中介机构，并从项目公司购买准公共产品或服务的有偿供给量作为投融资基础；融资中介机构安排融资，同时按协议将资金注入项目公司；项目竣工投产后，其有偿供给收入除生产成本外将直接进入融资中介机构用于清偿债务。这种项目融资方式主要适用于天然气、煤气、自来水等项目的建设。

（7）以“设施使用协议”为载体的项目融资模式

以“设施使用协议”为载体的项目融资是将事先同项目设施使用者签署的使用协议作为融资载体来安排的项目融资，其信用保证主要来自于“设施使用协议”中使用者的无条件付费承诺和投资者的完工担保。这种融资方式的运作过程是：投资者先同各使用者签署“设施使用协议”，并获付费承诺；投资者组建项目公司，并由其具体负责项目的开发和经营；项目公司利用投资者手中的“设施使用协议”、工程公司的承建合同及由银行提供的工程履约担保作为信用支持骨架进行融资活动，其中包括以债券等方式吸引社会游资和机构投资者的资金。以“设施使用协议”为载体的项目融资方式一般适用于城市管道、空港、火车站等城市公共建设项目的开发。

（8）使用者付费项目融资模式（URM）

使用者付费模式（URM）是指政府通过招标的方式选定合适的基础设施项目民间投资主体，同时政府制定合理的收费制度并通过一定的技术手段将上述费用转移支付给项目的民间投资者，作为购买项目服务的资金。URM 与 BOT 相同的是，资金的平衡来自于项目的收费，但与 BOT 不同的是，此种模式中产品和服务的收费是在政府的中介下完成的。对于一些不适合私人直接进行收费、市场风险较大的基础设施项目如污染治理工程等，比较适合采用 URM 方式。

（9）捆绑组合型项目融资模式

捆绑组合型融资方式是一种通过若干个项目（无投资回报项目和有投资回报项目）的捆绑与组合，将投资负担和投资回报相结合，从而形成一些项目成为另一些项目的信用保证的投融资方式。采用这种方式的先决条件是两个或两个以上项目同属于一家项目公司，而且有投资回报的项目具有较高经济效益。这种投融资方式的操作形式可以是多种多样的。如市内道路建设同周边土地融资项目捆绑组合；污水处理设施建设同排污收费项目组合；另外一些小型公共建设项目还可以采用公与私相结合的形式，即私建公助或公建私助等。捆绑组合型融资方式适用于无投资回报但能产生较好社会和生态环境效益的城市公共建设项目，如城市道路、公园、垃圾和污水处理设施、防灾设施等。

此外，还有信托融资。信托融资一般是由投资者将资金交给信托投资公司，信托投资公司以自己的名义投资于基础设施建设项目，投资者从中分享投资收益。信托融资在基础设施领域具有独特的优势和良好的发展前景。如上海外环隧道资金信托计划中，委托上海爱建信托投资公司出售建设债券，筹集资金全部用于外环隧道项目公司的资本金。具体操作为，爱建信托公司先设立上海外环隧道项目公司，并将5.5亿元的信托资金注入项目公司，再向银行贷款11.88亿元，达到外环隧道项目建设所需的17.38亿元资金。

2.3.2.3　主要项目融资方式优劣分析

（1）BOT融资

采用BOT方式，基础设施项目在特许权规定的期限内将全权交由项目公司去建设和经营。而此时，政府对项目的影响力、控制力通常较弱；对于政府而言，相当于让渡了一定时期项目的产权。在这期间，就意味着失去了项目运营中产生的经济效益，同时也无法考虑基础设施的公益性，导致消费者剩余减少。BOT方式组织结构没有一个相互协调的机制，由于各参与方都会以各自的利益为重，以实现自身利益最大化为目标，这使得他们之间的利益冲突在所难免。从信息经济学原理角度看，由于协调机制的缺失，会导致参与各方之间的信息不对称。博弈双方在各自利益最大化的驱使下，最终达到“纳什均衡”，其中一方利益达到最大化是以牺牲其他参与方的利益为代价，其社会总收益不是最大，自然也无法实现“帕累托”最优。对于BOT项目，在项目转让到政府之前，政府对项目的控制难度相对加大，由于大量项目建设的风险转移到项目公司，这时项目公司往往要求有较高的投资回报率来补偿其所受的风险。如果在运营期中增关设卡，提高交易费用，以加速其成本回收及利润获取，而此时政府又无能为力，其结果往往与促进社会经济发展的目的产生矛盾。笔者认为，政府应尽快完善与BOT相配套的法律和政策，对项目公司进行必要的约束和引导，使BOT项目运作规范化、法律化。

（2）ABS融资

ABS 融资方式有其不完善的地方，表现为：在利用 ABS 方式进行基础设施项目融资时，虽然政府可以保持对项目建设和运营的控制，但却不能把国外的大型投资和管理公司先进的技术和管理经验发挥到项目的建设运营中来，这样就影响了东道国获取国外先进技术和管理经验来提高本国的建设和运营能力。虽然 ABS 方式能够把融资的风险分散到各个投资者身上，融资不受项目发起人本身资产状况的影响，但和 BOT 相比，在保证项目建设的质量和进度、运营效果方面，ABS 更多的取决于项目发起人的管理。

（3）融资租赁

由于项目资产的抵押及其他形式的信用保证在股本参加者与债务参加者之间的分配和优先顺序，以及税务、资产管理与转让等问题，造成组织这种融资模式所费的时间相对要长一些，法律结构及文件也相对复杂。若使用杠杆租赁方式，还得考虑项目所在国对杠杆租赁的使用范围和具体的税务政策规定。在我国，由于缺乏完善的法律制度和法律监管，也使这种项目融资模式面临很大的法律风险。

通过以上的分析比较，可以看到，三种融资方式在基础设施领域应用中都有其自身的优势与不足，也就决定了它们不同的适用范围。在具体应用时，由于项目在工业性质、投资结构等方面的差异，投资者对项目的信用支持、融资战略等方面的不同考虑，只能根据项目的实际情况，选择合适的融资模式。

第3章　我国投融资体制变迁中基础设施投资效率的实证研究

政府对基础设施投融资的影响主要通过制定投融资体制来实现，投融资体制是投融资主体、投融资方式、投融资调控等方面的管理制度的总称。主要包括投资主体的确定、投融资方式方法的选择、投融资领域各单位和经济实体之间关系的处理等。同时，基础设施投资也是阻止要素边际报酬递减的重要手段（Barro，1991）[63]。基础设施投资在一国（或地区）经济发展过程中占有重要地位，并且基础设施领域的产品大多具有公共物品的特性，具有较强的正外部性，也是政府投资的重点。因此，一定时期的投融资体制对基础设施投融资效率具有重要的影响。本章首先在梳理我国投融资体制变迁过程的基础上，根据变迁过程中投融资体制在投融资主体、投融资方式、投融资调控等方面的管理制度的特点，将我国投融资体制的变迁过程分为三个时期，并分析三个时期内投融资体制的特征，然后实证研究我国基础设施在三个时期的投融资效率，分析投融资体制对基础设施投资效率的影响，为我国基础设施投融资模式选择提供制度基础。

3.1　我国投融资体制的类型

从投融资体制对基础设施投融资效率影响的角度来看，我国投融资体制在三个阶段具有不同的特征，分别代表三种不同的投融资体制。

3.1.1　1953 年到改革初期的投融资体制

本阶段投融资体制是以计划经济为特征的传统投融资体制，其基本特征是投资主体单一，包括中央政府、集体所有制的城镇小企业、农村人民公社，以政府（包括中央政府和地方政府）为主导[64]。见表3－1，如在基本建设投资中，国家预算内投资占比一般在 80% 以上。尽管在一些时段对集权和分权进行了一些调整，如在 1958 年"大跃进"时期和 1970 年前后，为了"发挥中央和地方的两个积极性"，中央政府曾把一部分投资权限下放到省级政府，但很快就收回，而且这只是中央政府和地方政府的分权和集权，真正从事生产的企业、事业单位等不能独立进行投资。另外资金来源和投资方式单一，国有投资的绝大部分资金来源于中央政府的预算性资金，其中预算内资金占主要部分（见表 3 - 1），投资方式只有基本建设投资和少量的更新改造投资。在此投融资体制下，基础设施主要由政府直接投资。

表 3 - 1　1953—1982 年国家预算投资在基本建设投资中的比重

年份	基本建设投资（亿元）	国家预算内投资（亿元）	占比
1953	90.44	75.49	0.8347
1957	143.32	131.48	0.9174
1958	269.00	216.44	0.8046
1959	349.72	272.07	0.7779
1960	388.69	301.75	0.7763
1961	127.42	93.87	0.7367
1962	71.26	60.25	0.8455
1963	98.16	84.69	0.8628
1964	144.12	123.96	0.8601
1965	179.61	163.09	0.9080
1966	209.42	188.30	0.8992
1967	140.17	124.86	0.8908
1968	113.06	103.79	0.9180
1969	200.83	181.6	0.9042
1970	312.55	272.73	0.8726
1971	340.84	282.77	0.8296
1972	327.98	264.41	0.8062
1973	338.10	282.20	0.8347
1974	347.71	289.76	0.8333
1975	409.32	335.58	0.8198
1976	376.44	310.93	0.8260
1977	382.37	299.23	0.7826
1978	500.99	389.21	0.7769
1979	523.48	396.92	0.7582
1980	558.89	300.11	0.5370
1981	442.91	222.62	0.5026
1982	555.53	232.48	0.4185

数据来源：中国投资年鉴编辑委员会. 中国投资年鉴（2001）. 新华出版社，2001 年 12 月 .

此阶段确立的投融资体制对基础设施建设具有积极作用。新中国成立初期，经济发展水平落后，企业生产规模小，特别在一些自然垄断产业中存在着一大批小规模的生产经营企业。由于基础设施大都具有规模经济和自然垄断的特性（胡家勇，2003），基础设施领域的小规模经营，难以取得规模经济效益，通过国家投资和国有化，有利于发挥基础设施的规模效益，提高基础设施的投资效率。

3.1.2 改革开放初期到20世纪90年代中期

随着市场经济体制改革的展开，我国对投资体制也进行了一系列的改革，但总的来说，该时期投资体制的改革仍处于探索阶段[65]。这一时期投资体制的主要特征表现为：①从1984年开始全面实施的“拨改贷”政策，即基本建设投资全部由拨款改为贷款。由于贷款的银行是国有专业银行①，未能实行独立核算，基本建设投资实行“拨改贷”的实质还是政府投资，只是由原来的政府直接投资改为间接投资。②生产企业作为市场投资主体的地位逐步确立。③资金来源渠道逐步增加，如开始允许外资直接进入项目建设；开始发行国债，部分用于基本建设；征收国家能源重点建设基金等，用于能源等重点建设，等等。该阶段全社会固定资产投资的资金来源及构成见表3-2。

表3-2　投资来源及占比（1983—1994）　　（单位：亿元）

年份	投资总额	国家预算内资金		国内贷款		利用外资		自筹和其他资金	
		投资额	占比	投资额	占比	投资额	占比	投资额	占比*
1983	1430.06	339.71	0.2375	175.50	0.1227	66.55	0.0465	848.30	0.5932
1984	1832.87	421.00	0.2297	258.47	0.1410	70.66	0.0385	1082.74	0.5907
1985	2543.19	407.80	0.160	510.27	0.2006	91.48	0.0360	1533.64	0.6030
1986	3120.58	455.62	0.1460	658.46	0.2110	137.31	0.0440	1869.19	0.5990
1987	3791.70	496.64	0.1300	871.98	0.2230	181.97	0.0480	2241.11	0.5910
1988	4653.80	431.96	0.0928	977.84	0.2101	275.31	0.0591	2968.69	0.6379
1989	4410.39	366.05	0.0830	762.98	0.1730	291.08	0.0660	2990.28	0.6780
1990	4517.50	393.03	0.0870	885.45	0.1960	284.61	0.0630	2954.41	0.6540
1991	5594.49	380.43	0.0680	1314.73	0.2350	318.89	0.0570	3580.44	0.6400
1992	8080.10	347.46	0.0430	2214.03	0.274	468.66	0.0580	5049.95	0.6250
1993	13072.30	483.67	0.0370	3071.99	0.2350	954.28	0.0730	8562.36	0.6550
1994	17827.12	529.5	0.0297	3997.64	0.2242	1768.95	0.0992	11530.96	0.6468

注：*由于四舍五入的原因，各项投资来源占比之和可能不等于1。

数据来源：中国投资年鉴编辑委员会．中国投资年鉴（2001）．新华出版社，2001年12月．

---

① 1984年中国人民银行确定为中央银行，成立中国工商银行，主要承担各类存款和企业流动资金贷款；中国人民建设银行从财政部划出，主要承担基础设施建设贷款，兼有政策性银行职能。

此阶段的“拨改贷”政策，一般认为政府不直接投资，资金主要由国有专业银行提供，而专业银行不以追求利润最大化为目标，对资金使用效率缺乏有效监督和激励。另外，政府不直接投资，也没有投资监督的动力。因此，“拨改贷”时期投资效率较低。

3.1.3　20 世纪 90 年代到目前的投融资体制

建设社会主义市场经济体制改革总体目标的确定，为我国投资体制改革提供了方向，即建立与社会主义市场经济体制相适应的投融资体制[66]。“十五”计划开始时，国家明确提出了投融资改革方向，“投资主体自主决策，银行独立审贷，政府宏观调控，完善中介服务”。此阶段是新的投融资体制逐步确立的阶段。其主要特征为：第一，将投资项目分为公益性、基础性和竞争性三类。公益性项目由政府投资建设；基础性项目以政府为主，并广泛吸引企业和外资参与投资；竞争性项目由企业投资建设。第二，停止“拨改贷”办法，实行项目资本金制度。另外，由于中央政府与地方政府财政分权制度的确立，政府投资由原来的中央政府为主转变为地方政府为主。

该阶段是我国投资体制逐步完善和确立的时期，特别是投资项目的分类和政府投资领域的相对界定，为社会资本进入基础设施建设提供了条件，有利于基础设施投资主体的多样化，从而提高基础设施投资效率。

3.2　我国基础设施投资效率的实证模型

投资效率是衡量投入和产出的关系。在一般的关于投资的教科书中直接运用相关的指标来衡量一定时期投资的效益或效率，如国民经济投资效益系数、投资系数等。直接用指标来衡量投资效率的主要缺陷是这些指标主要反映投资的效益，间接反映投资的效率，而且没有考虑其他生产要素（如劳动）投入对产出的影响。张军（2002）[67]认为资本相对于产出增长的速度表现为资本的边际效率或者资本的边际生产率，因此可以用资本 - 产出比率的增长率来衡量投资效率。由于资本 - 产出比率仍未考虑其他生产要素对产出的影响，所以张军采用人均资本产出，这只是假定劳动与资本对产出的贡献一致。衡量投资与产出的关系必须综合考虑其他生产要素投入对产出的影响，经济学认为要素投入主要包括劳动、资本、技术和企业家才能。因此用柯布－道格拉斯总量生产函数中资本的弹性系数衡量一定时期投资效率是比较合理的选择，而几乎所有的现有研究都采用回归拟合的系数作为对投资效率的衡量指标。如果投资对 GDP 的拟合系数越大，投资的效率越高，反之则反。

从 Aschauer（1989a）、Barro（1990）单独研究基础设施资本对经济增长的影响开始，国外大量的学者采用不同的方法研究了基础设施资本的产出效率。较多的研究者运用 C－D 生产函数对该问题进行了实证研究，但研究结果相差比较大，较多研究认为基础设施对经济增长具有正的影响，但产出弹性差异较大，从 0. 04 到 0. 58 不等；而一些研究则表明基础设施对经济增长不显著。

近年来，国内研究基础设施对产出的影响也陆续出现一些重要成果。马栓友（2000）[68] 研究得出 1981—1998 年中国公共资本产出弹性为 0. 55；娄洪（2003）[69]通过实证研究得出 1978—1998 年中国基础设施资本的产出弹性为 0. 2347；范九利、白暴力、潘泉（2004）利用 1981—2001 年度数据，估计基础设施资本对经济增长的产出弹性为 0. 695；姜轶嵩、朱喜（2004）在张军（2002）估计总资本产出弹性约为 0. 5 的限制条件下，估计我国 1985—2002 年基础设施的产出弹性为 0. 13；王任飞、王进杰（2006）估计我国 1981—2000 年基础设施的产出弹性为 0. 2972。由此可见国内对基础设施产出弹性的估计结果也相差悬殊。其原因一是基础设施的构成不一致，如范九利、白暴力、潘泉（2004）基础设施包括交通运输仓储及邮电通信业资本、电力、煤气及水的生产和供应业资本、地质勘察和水利管理业、城市基础设施资本和国家机关、政党机关和社会团体资本等 5 部门的资本存量总和；姜轶嵩、朱喜（2004），王任飞、王进杰（2006）采用的是交通运输仓储及邮电通信业、电力、煤气及水的生产和供应业、地质勘察和水利管理业三个行业资本之和，即经济基础设施。另外重要的是基础设施资本存量和非基础设施资本存量估算方法的影响，虽然都是运用永续盘存法进行估算，但存在初始期资本存量的估算和折旧率的估算问题，而且由于数据来源问题，现有研究的期限都较短，初始期资本存量估算方法对以后的数据影响较大，这都会影响数据的可靠性。

本文与其他研究的不同之处在于，一是选择 1952 年为基期，研究 1952—2007 年中国基础设施资本的产出弹性。现有对我国总的物质资本存量估计所选用的基期有 1952 年或 1978 年两类，张军、吴桂英、张吉鹏（2004）[70]认为在永续盘存法的意义下，如果基年的选择越早，那么基年资本存量估计的误差对后续年份的影响就会越小。二是考虑到基础设施和非基础设施使用年限相差较大，分别运用不同的折旧率估算两类资本存量。

假定纳入基础设施存量变量的总量生产函数是如下形式的 C－D 生产函数：

$$Y_t = A_t K_t^{\alpha} L_t^{\beta} G_t^{\gamma} \tag{3.1}$$

其中，A_t 是全要素生产率，表明技术水平；Y_t 表示以不变价格计算的第 t 年的国内生产总值；G_t 表示以不变价格计算的第 t 年的基础设施资本存量；K_t 表示以不变价格计算的第 t 年的非基础设施资本存量；L_t 表示第 t 年的就业人口总量；α，β，γ 分别表示非基础设施资本、劳动力和基础设施资本对国内生产总值的产出弹性。

将生产函数（3.1）改写成对数线性形式，有

$$\ln Y_t = \ln A_t + \alpha \ln K_t + \beta \ln L_t + \gamma \ln G_t \tag{3.2}$$

假定总量生产函数对于所有生产要素（基础设施、非基础设施和就业人数）为不变规模报酬，这时，$\alpha+\beta+\gamma=1$，则式（3.1）可变为：

$$\ln(y_t) = \ln A_t + \alpha \ln(k_t) + \gamma \ln(g_t) \tag{3.3}$$

式中 $y_t = Y_t/L_t$，$k_t = K_t/L_t$，$g_t = G_t/L_t$。

假定总量函数对非基础设施和就业人数具有不变规模报酬，即 $\alpha+\beta=1$，则式（3.1）变为：

$$\ln(y_t) = \ln A_t + \alpha \ln(k_t) + \gamma \ln(G_t) \tag{3.4}$$

3.3　实证数据的估计

根据纳入了基础设施存量的柯布－道格拉斯函数，估计参数 α（非基础设施资本存量资本对国内生产总值的产出弹性）、β（劳动力对国内生产总值的产出弹性）和 γ（基础设施资本存量对国内生产总值的产出弹性）时，主要需要四个变量的数据，即 Y_t（每年实际 GDP）、L_t（每年就业人口总量）、K_t（每年非基础设施资本存量）和 G_t（每年基础设施资本存量），还有基期的确定。

3.3.1　实际 GDP 的估算

国内生产总值（GDP）指按市场价格计算的一个国家（或地区）所有常住

单位在一定时期内生产活动的最终成果。国内生产总值有三种表现形态，即价值形态、收入形态和产品形态。从价值形态看，它是一定区域内所有常住单位在一定时期内生产的全部货物和服务价值超过同期投入的全部非固定资产货物和服务价值的差额，即所有常住单位的增加值之和；从收入形态看，它是一定区域内所有常住单位在一定时期内创造并分配给该区域内常住单位和非常住单位的初次收入之和；从产品形态看，它是一定区域内所有常住单位在一定时期内最终使用的货物和服务价值减去货物和服务进口价值。在实际核算中，国内生产总值有三种计算方法，即生产法、收入法和支出法。三种方法分别从不同的方面反映国内生产总值及其构成。

汪同三和李军（1996）[71]在《对不同价格指数的比较分析》中介绍了一种计算 GNP（国民生产总值）减缩因子的方法，他们认为 GNP 减缩因子是名义 GNP 与实际 GNP 的比率。其计算公式如下：

$$D_t^0 = \frac{\text{NOMINALGNP}}{\text{REALGNP}} = \frac{\sum_i p_t^i q_t^i}{\sum_i p_0^i q_t^i} \tag{3.5}$$

这里 D_t^0 表示以 0 期为基期的 t 期 GNP 减缩因子，p_t^i、q_t^i 分别表示 t 时期的第 i 类产品（或劳务，以下同）的价格和数量，p_0^i 表示 0 期的第 i 类产品的价格。

由于 GDP 和 GNP 的价值形态存在换算关系，公式（3.5）同样适应计算 GDP 指数。计算方法如下：设 1978 年的指数为 100，如果 1979 年的 GDP 指数为 107.6，则按可比价计算，1979 年的 GDP 增加了 7.6%；当 1978 年的 GDP 为 3624.1 时，则按不变价计算，1979 年的 GDP 等于 3624.1 乘以 107.6，为 3899.53。

但《中国统计年鉴》上只能获得名义 GDP 以及可比价格 GDP 指数（上年 = 100）。本文先将历年可比价格 GDP 指数换算为以 1952 年为基期的不变价格 GDP 指数，然后乘以基期 GDP 就可得到历年以 1952 年价格为标准的实际 GDP。

3.3.2 历年资本存量的估算

国内资本存量的估算主要采用永续盘存法（张军扩，1991[72]；贺菊煌，1992[73]；王小鲁、樊纲，2000[74]；黄勇峰、任若恩等，2002[75]；王益煊、吴优，2003[76]；张军，2002；张军、章元，2003[77]；等等），本文也运用永续盘存法分别估算基础设施资本存量和非基础设施资本存量。

3.3.2.1 永续盘存法的基本原理

戈德史密斯（1951）提出了永续盘存法（Perpetual Inventory Method，PIM），永续盘存法的优点在于，采用该方法计算资本存量能够充分利用较长时间内连续的、相对可靠的投资统计资料，并可以任意选用某一存量资料较为齐全的年份作为基期，然后往后逐年递推，因此得到广泛的应用。目前，OECD 国家广泛采用这一方法作为估算资本存量的基本方法。

永续盘存法可以用下式表示：

$$TK_t = TK_{t-1}(1-\delta) + I_t \tag{3.6}$$

其中 t 指第 t 年。该式涉及四个变量：第 t 年投资 I_t 的选取；投资品价格指数的构造，以折算到不变价格；折旧率 δ 的确定；基年资本存量 K 的确定。此外还要考虑数据缺失的处理。

永续盘存法的具体步骤如下：

第一，选择一个基期，然后通过一定的假定或者普查，估算出基期的全社会物质资本存量；

第二，将按当年价格计算的某一产业部门各年投资额分别换算成按可比价格计算的各年投资额；

第三，按每年投资额中各类资产的投资构成，并以测算出的各类资产平均使用年限为依据，测算出类资产每年资本报废的价值，并予以汇总；

第四，从历年投资额中扣除报废总值，得出各年资本的实际增量；

第五，根据上年资本存量加本年资本增量存量推算出历年资本存量的数据。

3.3.2.2　当年投资的选取与投资品价格指数的构造

已有研究对当年投资的选取主要分为三种，第一种方式，如张军扩（1991），Chow（1993）[78]，贺菊煌（1992），张军（2002），张军、章元（2003）等等，他们的研究都采用“积累”（accumulation）的概念及其相应的统计口径。第二种方式，如王小鲁等（2000）则是采用全社会固定资本投资。第三种方式采用资本形成总额或者固定资本形成总额。一般来说，第三种投资选取的方法比较合理，由于各类统计年鉴上只公布了历年资本形成总额或固定资本形成总额，未能公布历年分类投资的资本形成总额，不能得出基础设施和非基础设施历年资本形成额，因此本文采用第二种方法即当年的投资额。

从历年的《中国统计年鉴》中只能查到 1993 年及以后的投资品价格指数，且只有 1991 年之后的时间序列数据。对于 1952 年到 1977 年间，有些研究借用 Chow（1993）估计的积累隐含平减指数（the implicit deflator for accumulation），另外有些研究则不考虑1952—1977年间的价格变动因素；对于1978年之后的数据估计，Hu and Khan（1997）[79]以及宋海岩等（2003）[80]用全国建筑材料价格指数来代替，而Jefferson等.（1996）[81]则采用建筑安装平减指数和设备安装购置平减指数的加权平均值进行估算，另外，Young（2003）[82]通过构造一个隐含的固定资本形成指数进行估算，黄永峰等（2002）直接利用零售物价指数替代。

由于《中国国内生产总值核算历史资料（1952—2004）》一书中没有对固定资本形成总额及其指数之间的关系给予说明。张军等（2004）根据《中国国内生产总值核算历史资料1952—2004）》提供的不变价格衡量的固定资本形成总额指数值，提出了一个固定资本形成总额指数的计算公式。以1985年的固定资本形成指数为例：

$$\text{1985的固定资本形成总额指数(1952年=1)} = \frac{\dfrac{\text{1985年的固定资本形成总额(当年价格)}}{\text{1985年的投资隐含平减指数(1952年=1)}}}{\text{1952年的固定资本形成总额(当年价格)}} \quad (3.7)$$

$$\text{1985年的固定资本形成总额指数(上一年=1)} = \frac{\dfrac{\text{1985年的固定资本形成总额(当年价格)}}{\text{1985年的投资隐含平减指数(上一年=1)}}}{\text{1984年的固定资本形成总额(当年价格)}} \quad (3.8)$$

单豪杰在（2008）[83]沿用了张军等（2004）的估计方法，并利用最新的数据，经过估算得出了1952—2006年的投资隐含平减指数。本文采用这些数据作为1952—2006年历年基础设施和非基础设施投资的价格指数，并运用公式（3.7）和（3.8），采用单豪杰（2008）估算的其他相关数据得出2007年的投资平减指数。

3.3.2.3 折旧率δ的确定

由于基础设施和非基础设施的使用年限有着相当大的差别，应该分别估算基础设施和非基础设施的折旧率。王益煊、吴优（2003）根据1994年财政部公布的中国国有经济主要行业各类固定资产使用年限的规定，估算得出了行业分资产种类固定资产使用年限（主要数据见表3-3）。

由表3-3可估算出基础设施（包括电力、煤气及水的生产和供应业，地质勘察业、水利管理业，交通运输、仓储及邮电通信业三个行业）中非住宅建筑的平均使用年限为45年、机器设备购置的平均使用年限为18年、其他为20年。非基础设施中非住宅建筑的平均使用年限为35年、机器设备购置的平均使用年限为 10 年、其他为 20 年。

表 3－3　行业分资产种类固定资产使用年限表　　（单位：年）

行业	非住宅建筑	机器设备购置	其他
农、林、牧、渔业	35	10	20
采掘业	35	11	20
制造业	30	12	20
电力、煤气及水的生产和供应业	50	20	20
建筑业	35	10	20
地质勘察业、水利管理业	50	18	20
交通运输、仓储及邮电通信业	30	12	20
批发和零售贸易、餐饮业	30	10	20
房地产业	35	10	20
社会服务业	35	8	20
卫生、体育和社会福利业	35	8	20
教育、文化艺术及广播电影电视业	35	8	20
科学研究和综合技术服务业	35	8	20
金融、保险业	35	8	20
国家机关、党政机关和社会团体	35	8	20
其他行业	35	8	20

数据来源：王益煊，吴优．中国国有经济固定资本存量初步测算［J］．统计研究，2003，(5)：40－45.

考虑到数据的可获得性，假定资本品的相对效率按照几何方式递减，用公式表示如下：

$$d_\tau = (1-\delta)^\tau,\ \tau = 0,\ 1,\ \cdots \tag{3.9}$$

其中，d_τ 代表旧资本品相对于新资本品的边际生产效率，即相对效率；δ 代表折旧率或者重置率；τ 代表时期。

在几何效率递减模式下，黄永峰等人（2002）参考李京文等（1993）利用残值率和寿命期来估计相对效率的方法，来对相对效率进行大致的估计。我国法定残值率 3%～5%，这意味着在寿命期终了时，相对效率为新资本品的 3%～5%。张军等（2004）参考黄永峰等人（2002）的研究，采用我国法定残值率代

替资本品相对效率 d_τ，其值为 3% ~5%，数据处理时用中间值 4% ，它表示资本品在寿命终了时，相对效率为新资本品的 4%。我们也选择 d_τ 为 4%，利用公式（3.9）可以计算出基础设施和非基础设施中各构成项目的折旧率，见表 3 - 4。

表 3 - 4 基础设施和非基础设施中各构成项目的折旧率

	非住宅建筑	机器设备购置	其他
基础设施	0.0690	0.1637	0.1487
非基础设施	0.0879	0.2752	0.1487

张军等（2004）通过计算 1952—2000 年各年建筑安装工程、设备工器具购置和其他费用三个部分比重的算术平均数和几何平均数，发现两个平均数值非常接近，认为这一比例在该段时期内处于比较稳定状态，计算结果为：建筑安装工程 63%，设备工器具购置 29%，其他费用 8%。利用表 3 - 3 中的数据，就可以计算出基础设施资本的加权平均折旧率为 10.29%，非基础设施资本的加权平均折旧率为 14.71%。这与张军等（2004）估算的全部资本折旧率为 9.6%，白重恩等（2007）[84]估算的全部资本 1978—2005 年折旧率在 10.47% ~12.06%之间，单豪杰（2007）估算的 10.96%等，都比较接近。

3.3.2.4 历年基础设施和非基础设施资本存量的估算

关于基础设施资本包含的内容许多学者有不同的看法。范九利等（2004）不仅将城市市政公用设施，电力、煤气及水的生产和供应业，地质勘探和水利业，交通运输仓储和邮电通信业等国民经济部门固定资产投资形成的资本作为基础设施资本，而且将国家机关、党政机关和社会团体等的固定资产投资形成的资本作为基础设施资本。姜轶嵩、朱喜（2004），王任飞、王进杰（2006），张军等（2007）等参考世界银行（1994）的定义，并结合数据的可得性，选取电力、煤气及水的生产和供应行业，交通运输仓储及邮电业，水利、环境和公共设施等三类。范九利等（2004）[85]选取的是一种广义基础设施，包括经济基础设施和社会基础设施，而王任飞、王进杰（2006）等选取的是经济基础设施。本文选择经济基础设施，但与上述研究不同的是，分别估算基础设施资本存量和非基础设施资本存量。

对初始资本存量的估计，国际研究中通用的方法为 Hall and Jones（1999）的方法，其在研究中采用 1960 年的投资比上 1960—1970 年各国投资增长的几何平均数加上折旧率后的比值为 1960 年的初始资本存量。Young（2000）用 1952 年实际投资额比上折旧率加上 1952—1957 年实际投资年平均增长率，来估算中国 1952 年固定资本存量。范九利等（2004）则采用样本期实际投资的年平均增长率加折旧率。单豪杰（2007）采用 1953 年的实际资本形成额比上平均折旧率与 1953—1957 年间投资增长率的平均值之和。本文采用 1953 年基础设施实际投资额比基础设施资本折旧率（10.29%）加上 1953—1965 年基础设施实际投资的平均增长率（21.2753%），得出 1953 年基础设施资本存量为 64.28873 亿元①；采用 1953 年非基础设施实际投资额比非基础设施资本折旧率（14.71%）加上 1953—1965 年非基础设施实际投资的平均增长率（17.4587%），得出 1953 年非基础设施资本存量为 220.8998 亿元。历年基础设施和非基础设施资本存量见附录 C。

3.3.2.5 实证所需数据的描述

实证的样本区间为 1952—2007，原始数据主要来源于：《中国国内生产总值核算历史资料：1952—2004》[86]、《中国固定资产投资统计数典》（1950—2000）[87]以及《中国统计年鉴》（1990—2007）[88]。表 3-5 给出了进行实证所需的数据，其中，就业人数采用《中国统计年鉴》（各年）上的按城乡就业人员数合计指标衡量我国历年的就业人口总量，基础设施存量和非基础设施存量估算采用永续盘存法获得②。

表 3-5 实证所需数据（1952—2007） （单位：亿元）

年 份	实际 GDP（1952 年价格）	从业人员数（万人）	基础设施资本（1952 年价格）	非基础设施资本（1952 年价格）
1952	679.00	20729.0		
1953	784.92	21337.4	68.29	220.90
1954	817.8908	21945.8	82.21	264.96

① 由于 1966—1974 年基础设施投资数据缺失，故采用 1953—1965 年基础设施实际投资的年均增长率来估算基期基础设施资本存量，非基础设施基期初始资本存量估算方法也相类似。

② 与姜轶嵩、朱喜（2004），范九利、白暴力、潘泉（2004），娄洪（2003）等不同的是本文对基础设施和非基础设施分别采用不同的折旧率进行估算。本文首先利用财政部 1994 年公布的财务制度中对国有经济主要行业的各类固定资产使用年限的规定，加上王益煊、吴优（2003）的估算，确定基础设施和非基础设施的平均使用年限。然后采用黄勇峰、任若恩等（2002）估算折旧率的方法分别估算基础设施中建筑安装工程、设备工器具购置和其他费用的折旧率。最后利用张军、吴桂英、张吉鹏（2004）统计出的建筑安装工程占 63%、设备工器具购置占 29%、其他费用 8%，计算基础设施和非基础设施的平均折旧率。

年 份	实际 GDP（1952 年价格）	从业人员数（万人）	基础设施资本（1952 年价格）	非基础设施资本（1952 年价格）
1955	873. 507	22554. 2	105. 25	301. 25
1956	1004. 53	23162. 6	141. 65	374. 90
1957	1055. 76	23771. 0	173. 36	432. 71
1958	1280. 64	24198. 8	243. 01	580. 46
1959	1393. 34	24626. 6	330. 42	739. 51
1960	1389. 16	25054. 4	421. 47	906. 39
1961	1009. 92	25482. 2	413. 15	870. 75
1962	953. 36	25910. 0	387. 17	795. 66
1963	1050. 61	26830. 0	369. 94	747. 74
1964	1242. 87	27750. 0	367. 69	739. 19
1965	1454. 15	28670. 0	386. 79	749. 61
1966	1609. 75	29822. 4	421. 93	817. 71
1967	1517. 99	30974. 8	438. 93	850. 66
1968	1455. 76	32127. 2	451. 78	875. 55
1969	1701. 78	33279. 6	484. 50	938. 97
1970	2031. 92	34432. 0	540. 08	1046. 67
1971	2174. 16	35179. 2	599. 82	1162. 45
1972	2256. 78	35926. 4	565. 18	1271. 67
1973	2435. 06	36673. 6	714. 89	1385. 46
1974	2491. 07	37420. 8	783. 27	1517. 90
1975	2707. 79	38168. 0	832. 31	1582. 73
1976	2664. 47	38829. 33	871. 10	1605. 72
1977	2866. 97	39490. 67	899. 04	1634. 31
1978	3202. 40	40152. 0	970. 17	1726. 29
1979	3445. 79	41256. 5	1023. 20	1827. 73
1980	3714. 55	42361. 0	1050. 02	1954. 01
1981	3907. 71	43863. 4	1029. 47	1981. 73

年 份	实际 GDP（1952 年价格）	从业人员数（万人）	基础设施资本（1952 年价格）	非基础设施资本（1952 年价格）
1982	4263.31	45365.8	1034.044	2075.72
1983	4728.01	46868.2	1066.73	2147.92
1984	5446.67	48370.6	1131.12	2277.10
1985	6181.97	49873.0	1204.22	2592.00
1986	6725.99	51328.0	1276.56	2879.25
1987	7506.20	52783.0	1364.71	3175.44
1988	8354.40	54334.0	1456.48	3441.97
1989	8696.93	55329.0	1504.53	3614.42
1990	9027.41	64749.0	1580.86	3767.62
1991	9857.94	65491.0	1693.05	3985.97
1992	11257.76	66152.0	1827.92	4406.12
1993	12777.56	66808.0	1988.58	5023.04
1994	14387.54	67455.0	2245.23	5865.97
1995	15898.23	68065.0	2621.08	6613.13
1996	17424.46	68950.0	3086.51	7386.71
1997	18957.81	69820.0	3664.97	8213.42
1998	20436.52	70637.0	4352.99	9315.84
1999	21989.69	71394.0	5075.16	10313.81
2000	23836.83	72085.0	6060.79	11060.49
2001	25815.28	73025.0	6734.98	10968.33
2001	28164.47	73740.0	7608.35	11137.65
2003	30980.92	74432.0	9006.32	15150.03
2004	34109.99	75200.0	10587.10	19342.31
2005	37657.43	75825.0	12468.16	24971.30
2006	42025.70	76400.0	14711.76	31809.08
2007	47026.75	76990.0	16284.73	36225.34

说明：(1) 本文选择国民经济行业分类中的电力、煤气及水的生产和供应业，水利管理业，交通运输、仓储和邮电通信业三个行业作为基础设施行业。

(2) 由于数据缺失，缺乏 1966—1974 年基础设施和非基础设施投资额，采用张军 (2003) 估计出的该时期固定资本存量年度增长率作为基础设施资本存量和非基础设施资本存量的增长率。这样，对 1953—1982 年样本区间的估计有影响，但对其他区间的估计并无影响。

由表 3－5 可以算出 1952—2007 年人均 GDP、人均基础设施资本存量和人均非基础设施资本存量的关系图，见图 3－1。从中可以看出，人均 GDP 在 20 世纪 80 年代末 90 年代初呈快速增长的态势，人均非基础设施资本存量在 2000 年以后呈快速增长，而人均基础设施资本存量的增长表现得比较平稳。

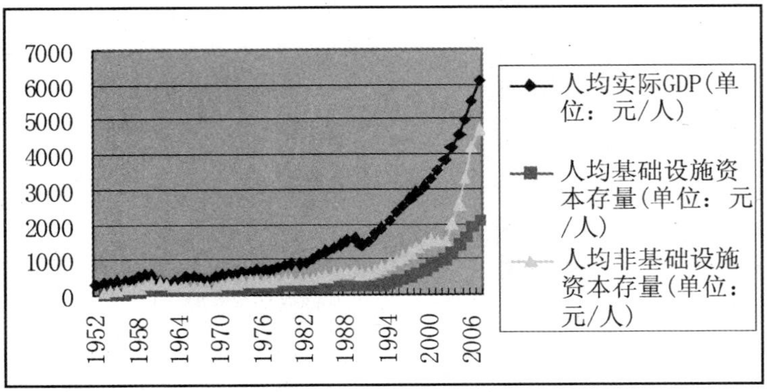

图 3－1 人均 GDP、人均基础设施资本存量和人均非基础设施资本存量变动

3.4 实证结果

3.4.1 全样本区间基础设施资本产出效率的实证结果

由于时间趋势在进行初步回归中并不显著，因此最终方程中不包含该项。与范九利、白暴力、潘泉（2004），王任飞、王进杰（2006）的实证结果相类似，实证结果不支持规模报酬不变的假设，这与娄洪（2003）不一致。规模报酬递增情况下的回归结果见表 3－6。由此可以得出 1953—2007 年的回归方程，见式(3.10)。

$$Y_t = 0.718348 L_t^{0.417214} K_t^{0.582786} G_t^{0.238377} \tag{3.10}$$

根据以上回归结果，我国 1953—2007 年间基础设施资本的产出弹性 γ 为 0.2384，非基础设施资本的产出弹性 α 为 0.5828，劳动的产出弹性 β 为 0.4172。本文估算的基础设施资本的产出弹性与王任飞、王进杰（2006）估算出的 0.2972、娄洪（2003）估算出的 0.2460 差不多，比姜轶嵩、朱喜（2004）估算出的0.13高近0.1，比马栓友（2000）估算出的0.55，范九利、白暴力、潘泉（2004）估算出的0.695低得多。

表3－6　规模报酬递增情况下的回归结果（1953—2007）

解释变量	回归系数	标准差	t 统计量	收尾概率 p
KL	0.582786	0.217783	2.675992	0.0099
G	0.238377	0.142311	1.67504	0.0999
C	0.718348	0.182055	3.94578	0.0002
R－squared	0.930654	Mean dependent var		3.029855
Adjusted R-squared	0.927987	S.D. dependent var		0.361706
S.E. of regression	0.097065	Akaike info criterion		－1.773878
Sum squared resid	0.48992	Schwarz criterion		－1.664387
Log likelihood	51.78165	F-statistic		348.9319
Durbin-Watson stat	1.803853	Prob（F-statistic）		0.000000

由于本文采用基础设施的统计口径与王任飞、王进杰（2006）的一致，为进行比较，我们剔除改革开放以前时间段的数据，选择与王任飞、王进杰（2006）相近时间段的样本进行实证，实证结果见表3－7，基础设施资本在1982—2007年间的产出效率为0.2894，与王任飞、王进杰（2006）的0.2972相当接近。这说明本文对实证数据的估算是合理的，因此，本文估算的结果也应该是比较合理。这样，我们可以得出在1953—2007年间，基础设施投资对经济增长具有显著的效应，即基础设施资本每增加1％，可以使总产出增长0.2384％。

表3－7　规模报酬递增情况下的回归结果（1982—2007）

解释变量	回归系数	标准差	t 统计量	收尾概率 p
KL	0.289681	0.110979	2.610240	0.0160
G	0.289390	0.128656	2.249326	0.0348
C	1.507200	0.277004	5.441072	0.0000
R-square	d0.996071	Mean dependent var		3.355447
Adjusted R-squared	0.995536	S.D. dependent var		0.240254
S.E. of regression	0.016053	Akaike info criterion		－5.285219
Sum squared resid	0.005669	Schwarz criterion		－5.091666
Log likelihood	72.70785	F-statistic		1859.279
Durbin-Watson stat	1.517456	Prob（F-statistic）		0.000000

注：该阶段实证结果中，非基础设施资本的产出效率与王任飞、王进杰（2006）的相差较大，由于从王任飞、王进杰（2006）文中不能看出其估算的过程，因此无法比较，本文将通过后面的分阶段实证和对结果进行分析，将会得出部分解释。

3.4.2 不同区间基础设施资本产出效率的实证结果

在我国投融资体制的演变过程中，经历了三种不同的投资体制，投资体制是政府管理投资活动所采取的基本制度和主要方式、方法，基础设施投资一直是政府投资活动的重点，投资体制对基础设施投资效率有相当大的影响，这也为我们考察不同投资体制对基础设施投资效率的影响提供了方便。根据第一节的论述，我国第一种投资体制始于建国初期，止于改革开放初期，即1952—1982年；第二种投资体制始于改革开放初期，止于20世纪90年代中期，即1983—1994年；第三种投资体制从十四届三中全会确立建立社会主义市场经济体制到目前，样本期为1995—2007年。由于第一阶段的数据存在缺失及统计标准的差异，第一阶段的实证结果并不理想，但我们已经得出全样本期间的实证结果。因此，只要我们能得出其他两个阶段的实证结果，同样可以分析三个阶段对应的三种投资体制对基础设施投资效率的影响。

1983—1994年的实证结果不支持规模报酬不变的假设，支持规模报酬递增的假设。实证结果见表3-8（A）。在此期间基础设施资本的产出率为0.2116，这比王任飞、王进杰（2006）利用1983—2000年间数据进行实证的结果（0.2972）稍低，比较接近娄洪（2003）利用1978—1998年间数据的估算结果（0.2460），而本文该时段的样本区间为1983—1994年，时间段与娄洪（2003）相近，结果也比较接近，而与王任飞、王进杰（2006）的时间段差异较大，实证结果的差异也稍大，这说明本阶段的实证结果比较理想。

表3-8（A） 规模报酬递增情况下的回归结果（1983—1994）

解释变量	回归系数	标准差	t统计量	收尾概率p
KL	0.899633	0.132747	6.777053	0.0001
G	0.211595	0.105685	2.002117	0.0763
C	-0.010418	0.119988	-0.086825	0.9327
R-squared	0.987771	Mean dependent var		3.163803
Adjusted R-squared	0.985054	S. D. dependent var		0.092086
S. E. of regression	0.011258	Akaike info criterion		-5.923175
Sum squared resid	0.001141S	chwarz criterion		-5.801949
Log likelihood	38.53905	F-statistic		363.4884
Durbin-Watson stat	1.776143	Prob（F-statistic）		0.000000

1995—2007年间的实证结果也同样支持规模报酬递增的假设，而不支持规模

报酬不变的假设。实证结果见表3-8（B）。在此期间基础设施资本的产出率为0.3805，这与Aschauer（1989a）估算出的基础设施资本产出弹性为0.39相当接近，由于本文所采用基础设施的统计口径与Aschauer（1989a）所采用的核心基础设施（包括高速公路、机场、运输、水电等）十分相似。因此，该阶段的实证结果也较为合理。

表3-8（B）　规模报酬递增情况下的回归结果（1995—2007）

解释变量	回归系数	标准差	t统计量	收尾概率p
KL	0.155787	0.041064	3.793814	0.0035
G	0.380537	0.035697	10.66005	0.0000
C	1.596537	0.040173	39.74175	0.0000
R-squared	0.995856	Mean dependent var		3.561767
Adjusted R-squared	0.995027	S. D. dependent var		0.132101
S. E. of regression	0.009315	Akaike info criterion		-6.315114
Sum squared resid	0.000868	Schwarz criterion		-6.184741
Log likelihood	44.04824	F-statistic		1201.580
Durbin-Watson stat	1.789763	Prob（F-statistic）		0.000000

3.5　对实证结果的比较分析

假设第一阶段的资本产出水平为全部样本期间的平均水平①，则三种体制对应的三个时间段的资本产出水平见表3-9。可以看出基础设施资本和非基础设施资本产出效率的变动不一样，非基础设施资本的产出效率呈先增后减的趋势，而基础设施资本的产出效率则呈先减后增的趋势，见图3-2。

表3-9　三个时间段资本产出效率比较

	1952—1982*	1983—1994	1995—2007
基础设施	0.2384	0.2116	0.3805
非基础设施	0.5828	0.8996	0.1558

注*：假设1952—1982年间资本产出水平达到全样本期间的平均产出水平。

① 这种假设不影响比较分析的结果。

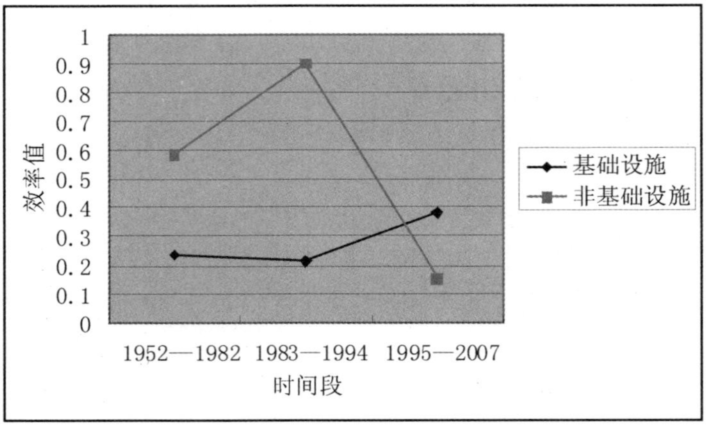

图 3-2 三个时间段资本产出效率比较图

如第一节分析所言，第一阶段的投资体制对我国当时基础设施现状具有合理性，因为绝大部分基础设施具有规模经济效应，建国前的中国基础设施经营企业普遍规模小，不能发挥规模效应，通过国家投资和国有化，使基础设施产业集中度加大，能充分发挥基础设施的规模效应。因此，在第一阶段的投资体制下，我国基础设施资本对产出呈现显著的正向效应。这与英国在 20 世纪 40 年代末 50 年代初对具有垄断性基础设施产业实行国有化的背景相类似。20 世纪 50 年代以前，英国的电力、煤气和自来水等产业中企业规模相当小，如仅英格兰、威尔士两个地区，电力产业中就有 565 个企业从事发电、输配电等经营活动；而在煤气和自来水产业中，企业个数都在 1000 家以上（王骏豪，2002）。为发挥规模效应，必须实行产业集中，但如只通过市场机制让企业进行自愿合作，是一个漫长的过程，因此需要借助中央政府的权力，进行强制性合并。英国的具有垄断性基础设施产业实行国有化后的一段时间内确实提高了经济效率。因此，我国第一阶段以政府投资为主的投资体制对基础设施产出效率具有正向效应，特别是第一阶段的前期对基础设施资本的产出效率应该有比较明显的改善。

第二阶段对应的基础设施资本产出效率较低，为 0.2116，低于全样本期间平均水平的 0.2384，但该期间内非基础设施资本的产出效率特别高，为 0.8996，比其他两个时间段都高，呈现基础设施资本产出效率和非基础设施资本产出效率严重背离的现象。非基础设施资本产出效率特高的主要原因是该时段正是我国改革开放后经济处于高速发展的阶段。从图 3-3 可以看出，除 1989—1991 这个特殊时期外，第二阶段所有年份的 GDP 增长速度都高于均值，而从 1995 年开始到

2001 年，GDP 增长速度逐渐接近均值，并持续低于均值。而且张军（2002）通过计算得出：如果将 1989—1991 这个特殊的时段排除在外，在 1994 年前，资本 - 产出比率的增长率基本上为负，而到 1994 年以后，资本 - 产出比率开始有显著而持续的上升趋势。由于张军（2002）所计算的资本 - 产出比率其实是资本效果系数的倒数①，因此，我们可以倒推，1994 年以前的资本效果系数的增长率为正，而 1994 年以后的资本效果系数的增长率为负，说明改革开放初期到 1994 年间投资效率是逐年增长，而 1994 年以后，投资效率是逐年下降的。张军（2002）认为改革后的中国经济在 80 年代经历了"增量改革"所创造的资源配置效率的总体性改善之后，似乎开始表现出"粗放"增长的特征：相对于产出的增长，资本的形成加快了。

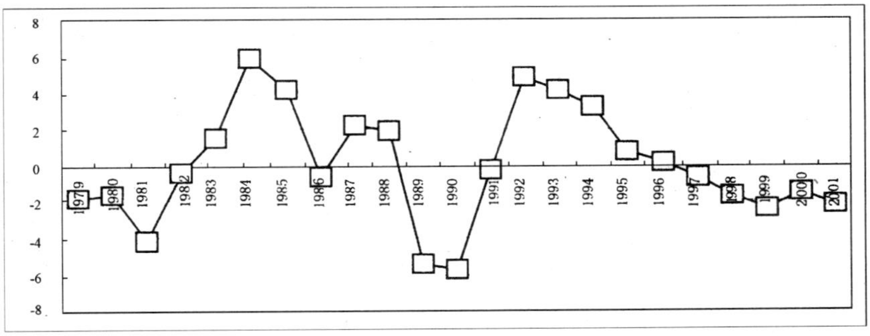

图 3 - 3　中国的 GDP 增长率（1979—2001，离差值）

数据来源：张军．资本形成、工业化与经济增长：中国的转轨特征．经济研究，2002，(6)：3 - 13.

为进一步证实第二阶段非基础设施资本产出效率比其他两阶段高，我们依据 C - D 生产函数，分别对 1953—1982，1995—2007，1955—2007 三个时间段全部资本的产出效率进行了实证，发现 1953—1982 年间全部资本的产出效率为 0. 5064，1995—2007 年间全部资本的产出效率为 0. 5777，而 1955—2007 年间全部资本的产出效率为 0. 7839。这也可以说明第二阶段非基础设施资本的产出效率比第三阶段要高。

为什么第二阶段基础设施资本的产出效率较低？由于在此阶段，一是原来高度集中投资体制导致效率低下的弊端在基础设施领域开始显现，而且基础设施领

① 张军（2002）将资本 - 产出比率定义为资本比 GDP，而反映资本产出效率的指标之一的资本效果系数定义为 GDP 比资本，因此，两者之间是倒数关系。

域改革严重滞后；二是投资体制正处于探索阶段，改革还存在以下问题：①缺少一个整体的战略部署，有些措施缺乏认真的论证，推出后又取消，如从“拨改贷”到“贷改投”，国家六大投资公司的建立和取消，等等。②国家投资缺乏有效的监督体系和严格的约束机制，等等。从而使政府投资的效益不佳。沈山州(2003)[89]通过实证发现在该时段国家拨款投资的效率下降，而国内贷款投资的效率上升。由于在此阶段，基础设施投资基本上还是国家拨款，这可能是该时段基础设施资本产出效率降低的原因。

第三阶段基础设施资本的产出效率最高，这与第一节的分析相吻合。而且这一阶段的最大特征是中央政府与地方政府的财政分权，李一花、骆永民（2009）利用1998—2005年的省级面板数据进行实证研究发现，我国的财政分权显著影响了基础设施的建设，且基础设施建设对经济增长的贡献十分显著[90]。

3.6 本章小结

通过实证分析可以得出以下结论：

（1）投资体制对基础设施投资的产出效率具有实质性的影响。通过实证发现高度集中的投资体制对建国初期一段时间内基础设施投资效率的提高具有正向效应，但随着基础设施资本的逐渐集中，全部由政府投资和经营的弊端开始显现，效率开始降低。而建立与市场经济体制相适应的投资主体多元化、能有效界定政府投资边界的投资体制，可以提高基础设施资本的产出效率。

（2）总体来看，我国非基础设施呈现资本产出效率递减的趋势，而基础设施则呈现资本产出效率递增的态势，这也验证了Barro（1990）基础设施投资是阻止要素边际报酬递减的重要手段的论断，因此基础设施投资是保证我国经济可持续性发展的重要手段。

（3）通过实证检验发现，第一个阶段对应的基础设施产出效率值为0.2384，第二阶段为0.2116，第三阶段为0.3805，可以得出我国目前的投融资体制下基础设施的产出效率最高，即我国现阶段的投资体制是一种较为有效率的制度，从而也肯定了我国当前投融资体制改革方向。表明在该体制框架下选择和形成的基础设施投融资模式也具有稳定性。

第 4 章　我国基础设施投融资边界研究

合理界定政府投资范围和投资规模是投资管理体制改革的重要内容。对基础设施投资常常是政府公共投资的主要领域，随着社会经济发展对基础设施的需求越来越大，发展中国家政府对基础设施的公共投资已显不足，引入私人资本进入基础设施领域不仅可以解决发展中国家基础设施建设的资金缺口，更能提高基础设施的投融资效率。从经济属性来看，社会物品可以分为公共物品、准公共物品（或俱乐部物品）和私人物品。政府投资公共物品的生产可以解决“市场失灵”问题，私人投资私人物品的生产，通过市场机制可以解决效率问题。但基础设施领域产品大都兼有公共物品和私人物品的经济属性，这决定了政府公共资本和私人资本在基础设施建设中存在一个分工问题，即在基础设施投资中存在政府投资的范围边界。当政府投资的范围确定后，接下来应确定投资的规模边界。本章首先结合基础设施的社会属性和经济属性研究政府在基础设施建设中投资的范围边界，然后研究基础设施投资的规模边界（包括基础设施存量边界和流量边界）。

4.1　我国基础设施建设中政府投资范围边界

从经济属性来看，基础设施一般既具有 Samuelson（1954）的公共物品特性，又具有私人物品特性，同时从社会属性来看，基础设施又具有较强的正外部性。政府投资和私人投资面临着效率与公平的权衡，即政府和私人存在一个范围边界。

4.1.1　基础设施投资边界的相关研究及评述

由于基础设施大都属于公共产品范畴，政府基础设施投资边界常常与政府公共产品供给边界的讨论联系在一起。Samuelson（1954）认为，由于公共产品具有消费的非排他性和非竞争性，私人供给存在效率或福利损失，由此必须由政府供给。由于社会环境的变化和技术的进步，基础设施所具有的公共产品的排他性和非竞争性也在发生变化，基础设施等公共品供给的边界也会发生变迁（樊丽明、石绍宾，2006）[91]。从理论上来看，大部分研究以消费的非竞争性和非排他性来判断某类基础设施产品或服务是属于公共物品还是其他物品，并以效率标准来决定由政府提供还是由私人提供。如冯云廷、张素芬（2000）[92]把公共设施供给的有效边界转化为对效率的一种衡量，认为该效率包括市场效率、资源配置效率和制度效率，从而确定民间机构对公共设施的投资边界：在给定的市场状态下，民间机构应投资于比公共机构投资更有效率的公共设施领域，当然这也决定了政府的投资边界。于国安（2005）[93]认为公共产品的政府提供边界取决于产品或服务的公共物品属性强弱和在组织生产与供应过程中交易成本的大小，等等。

政府在基础设施中的投资边界主要是指哪些类型基础设施由政府直接投资，哪些类型基础设施由政府部分投资，哪些类型基础设施由政府间接投资。因此，基础设施投资边界常常和基础设施分类联系在一起。这样出现了基础设施项目区分理论和基础设施可销售评估理论。项目区分理论以项目是否具有现金流及现金流的大小将基础设施分为经营性项目、准经营性项目和非经营性项目三类，政府投资在这三类项目中各有不同的边界。由于项目区分理论（徐菊仙等，2000）[94]对基础设施项目的区分较少考虑项目的风险状况，而风险大又是基础设施项目的重要特征。李胜（2004）[95]将基础设施项目的风险因素纳入项目区分理论中，通过对项目风险进行评估，以项目的收益和风险为尺度，构建基础设施项目区分矩阵，根据项目收益和风险的不同组合来确定社会投资和政府投资的边界范围。世界银行根据对各类基础设施属性计算出的可销售性指数值提出了制度选择方案，这些选择方案也决定了政府在基础设施投资中的边界。

以上的研究只抓住了 Samuelson（1954）理论中关于公共品论述的效率问题，而忽视了其关于公共品论述的福利问题，因此，仅考虑基础设施的经济属性和技术属性。这样就会得出一个结论：基础设施投资能够由私人资本提供就尽可能由私人资本提供。由于技术的进步，排他性和收费机制大都可以由政府通过相关的制度安排来实现，当政府公权力受到较小约束，只要政府愿意，几乎绝大多数基础设施项目都可以安排成排他性或可以成为收费项目。如美国可以将伊拉克战争的一些防务性工作交给“黑水公司”完成。其实，由于基础设施具有较强的正外部性，因此，基础设施还具有社会属性。为确定政府基础设施投资边界而对基础设施分类，不仅要考虑基础设施的技术经济属性，更要考虑社会属性。同时鉴于基础设施对社会经济的影响，政府在决定是否对某类基础设施进行投资时，不仅要考虑经济效率，更要考虑该投资对社会公平、公益等社会福利的影响。

4. 1. 2　我国政府基础设施投资边界的影响因素

基础设施的社会属性决定了政府投资基础设施的边界首先应取决于政府投资的目的。一般来说政府的最终目标是社会福利最大化。社会福利不仅是一个效率问题，而是一个在社会经济稳定基础上的效率与公平的和谐统一。政府投资基础设施是实现社会福利最大化的主要途径之一。市场虽然能解决资源配置的效率问题，但不能解决经济稳定和社会公平问题。因此在确定政府投资基础设施的边界时应优先考虑以下两方面：一是该国经济周期所处的阶段，在市场经济体制下，经济周期是市场内生形成的，为调节经济总量失衡，政府采用扩张性财政政策和产业政策常常会扩大政府的投资边界；二是政府对公平与效率的权衡，一般认为市场是有效率的，但市场竞争会导致收入差距，从而影响公平，强调公平，常常会影响效率。对基础设施投资是政府公共开支的重要领域。在一定时期内，政府强调效率将会缩小投资边界，强调公平就会扩大投资边界。

我国是社会主义初级阶段的发展中大国，在向市场经济转轨过程中，政府投资基础设施不仅是为解决基础设施领域产品供给的“市场缺陷”问题，而且还具有以下基础设施社会属性的特点：①由于我国基础设施尚不能满足社会经济发展对其的需求，政府对基础设施投资还是进行资本积累、调控经济运作、实现经济目标的主要手段之一。②二元经济是我国现阶段经济发展的主要特征，地区差异和城乡差异是当前社会经济发展中最为突出的问题。影响欠发达地区和农村经济发展的主要原因是基础设施落后。政府为改善经济发展的地区差异，推出了西部大开发政策，为缩小城乡差异提出了社会主义新农村建设。在这两项政策实施中，最核心的工作是欠发达地区和农村的基础设施建设。因此政府已将基础设施投资作为保持区域均衡发展和城乡经济一体化的重要政策因素。③一般来说，发展中国家为追求经济发展速度，在一定时期内常常需要牺牲部分公平而强调效率。但我国是社会主义国家，发展经济的目的是提高公众的生活水平，政府在决定对基础设施投资边界时应适当考虑对效率和公平的影响，尽量做到效率与公平的统一，而且随着我国经济发展和政府财力增强，政府在外部性较强的基础设施中的作用不会削弱，也不会仅局限于组织与规划方面（朱丽杰，2004）[96]。

另外，由于财政体制改革，财政从中央向地方分权，地方政府逐步获得地方基础设施的投资决策权，同时地方政府官员为追求政绩，地方政府投资的项目越来越多。由于基础设施水平不仅是地方政府政绩的一个标志，而且是地方政府“招商引资”的重要招牌。地方政府的一个理性选择就是尽量扩大基础设施的建设规模，但地方政府有限的财政收入决定了其基础设施投资的财政边界，当不能从上级政府取得财政支持时，将会尽可能地通过建立相应的“制度安排”来吸引私人投资，这样会扩大私人投资的边界。但对于一些外部性较强的基础设施，如公路、桥梁等，在实践中可能带来新的问题。如以前深圳市的公路建设主要遵照国家“贷款修路、收费偿还”的政策进行，使深圳在迅速建成了四通八达的公路网的同时，也带来了收费站过多、影响公路通行效率、影响投资环境的问题。如北京五环路项目，其投资人首发公司向银行借贷 116.3 亿元，并享有 30 年的道路经营权。由于实际收费情况与预计的相差甚远，需要 200 年才能还清贷款，最后 100 多亿的建设资金可能由政府财政承担①。

4.1.3 我国基础设施的分类与政府投资边界的决定

由此可见，对某类基础设施建设，在确定是否由政府投资或政府投资的比例时，首先应根据基础设施的社会属性，主要是该类基础设施建设目的分类，然后在各类项目中再结合其经济属性和技术属性来决定政府投资边界。

（1）体现社会公平的公益性项目。该类项目的主要特点为其提供的产品或服务是供社会公众“免费”使用的，而且从公平的角度来看，这些产品必须是“免费”提供的，否则，政府的公共性就会消失或减弱。主要包括社会基础设施，有些经济基础设施从经济技术属性来讲能够实现收费机制，但从社会公平角度来看，应该“免费”提供，即使收费，其目的是为解决“拥挤”问题，收费获得的资金不能归私人资本，而应归各级政府。如城市桥梁、隧道，城市公园，连接两座城镇之间唯一的道路等。对这些项目的投资不能只使用效率来简单进行比较，而应主要考虑其对社会公益性和公平性的影响，因此对需要“免费”提供产品或服务的基础设施建设，都应由政府直接投资。

（2）体现控制力的基础设施项目。这类基础设施所提供的产品或服务对市场

① 资料来源：国家发展和改革委员会投资司、国家发展和改革委员会投资研究所、国家统计局投资统计司. 中国投资报告（2005）. 中国计划出版社，2005：133。

物价总水平有重要影响，是直接决定社会福利的基本要素。因此，这些基础设施所在的部门是关系到国家经济命脉的部门，如全国性或跨地区线网、管网、路网、渠网，场站等。国家需要对这类基础设施部门进行有效控制，其控制力主要是通过国家独资、绝对控股和相对控股来体现。对一些全国性网络或跨地区网络、大江大河的治理项目等基础设施，国有资本应该在该类基础设施领域中占有质的优势，甚至量的优势，需要政府直接投资兴建或投资比例占绝对优势。其余的一些关系到国计民生的基础设施项目都可以让私人资本参与，政府可以采取相对控股方式，但必须保持政府对该类基础设施运作的控制力。

（3）风险分担性基础设施投资项目。这类基础设施项目从经济属性来看完全可以民营化，但投资规模大，投资回收期限长，具有较大的投资风险，如独立的中小型基础设施项目。政府为引导私人资本进入，需通过直接、间接参与或其他安排，分担部分风险。

（4）前期开发型基础设施项目。区域的前期开发是政府的主要投资目标，基础设施建设是区域前期开发的主要内容。我国当前的西部大开发和新农村建设就涉及欠发达地区和农村的前期开发问题。由于是前期开发型基础设施项目，在确定政府的投资边界时与前三类基础设施不同。欠发达地区前期开发型基础设施项目中的公益性项目和部分体现国家控制力项目以政府直接投资为主，而且由于地方政府财力有限，主要由中央政府投资。一些经济技术属性可以部分或全部民营化的基础设施项目，如部分体现国家控制力的基础设施项目和风险分担性项目，由于经济启动初期，区域经济发展水平不高，消费者数量达不到规模经济的要求，或者消费者的承担能力不高，私人资本不愿意进入，需要由政府直接投资，主要是地方政府投资，经过一定时期后再民营化。新农村建设与以往历次农村经济改革的最大进步在于其目标是通过提高农村生产力水平来为农民生活水平提高提供一个长效机制，而农村基础设施是决定农村生产力水平的重要因素。无收费机制的农村公益性基础设施主要应由地方政府直接投资，一些受益范围有限的基础设施，如乡村公路、水渠等，可采取地方政府投资和村民集资相结合的方式；有收费机制的基础设施项目，地方政府可部分投资，其余可吸收私人资本，但基础设施提供的物品或服务价格的确定必须以营运成本为依据，使私人资本获得长期的较为稳定的回报。

除以上四类基础设施外的其他基础设施都可以向私人资本开放，政府只须扮演总体规划者、有效管治者和合作支持者等的角色。

4.2 我国基础设施投融资规模的存量边界

基础设施投资对私人投资的影响主要表现在两个方面：一方面，基础设施正的外部性，能提高私人生产要素的生产力，对经济增长产生积极的影响。Aschauer（1989a）采用C－D生产函数，使用美国1945—1985年时间序列数据和横截面数据研究生产率和政府支出形成资本（不包括国防支出）的关系后，指出美国1970—1985年全要素生产率下降的主要原因是基础设施投资增速降低。并且，Aschauer（1990）[97]利用Aschauer（1989a、1989b）的研究成果进行模拟，即如果将美国的基础设施投资提高到最佳水平，1970—1988年间美国私人资本的回报率将提高，见表4－1，1970—1988年间，美国私人资本平均回报率为7.9%，而模拟结果为9.6%，说明基础设施可以通过增加私人部门以及公共支出提高私人资本投资回报率带动投资增长。

表4－1　美国私人资本的实际回报率与模拟回报率　（单位:%）

	1970—1974	1975—1979	1980—1984	1985—1988	1970—1988
实际值	8.7	8.5	6.7	7.8	7.9
模拟值	10.7	9.9	8.4	9.6	9.6

资料来源：Aschauer. Public Investment and Private Sector Growth：The Economic Benefits of Reducing America's "Third Deficit". Economic Policy Institute. 1730 Rhode Island Ave., NW, Suite 200, Washington, DC 20036, 1990.

另一方面，当总投资规模一定时，基础设施投资会对私人资本投资产生"挤出"效应①，对经济增长产生不利的影响。当两种效应趋于一致时，基础设施规模达到最高点（即临界点），此时经济增长速度达到最大，见图4－1。所以，基础设施规模边界是指在一定时期内均衡经济增长所需要的最优基础设施的规模，包括基础设施资本存量的最优规模和流量（即每年投资规模）的最优规模。本节研究基础设施投资规模的存量边界，下一节研究基础设施投资规模的流量边界。

---

① 由于政府投资基础设施的资金主要来源于征税，税收的增加会减少私人投资，即对私人投资产生"挤出"。

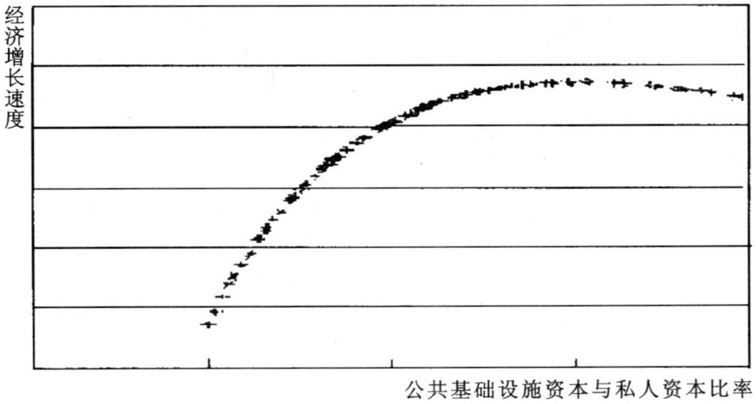

图 4－1　经济增长和公共基础设施资本比率

资料来源：Aschauer, The Relationship between Public Capital and Economic Growth, The Jerome Levy Economics Institute of Bard College, 1998.

Aschauer（1998）[98]通过对美国 48 个州 1970—1990 年 21 年的数据进行的经验研究，得出最优公共资本比率应该是私人资本的 61%，如果以核心基础设施资本衡量，最优比率应该是在 45% 左右。而 Karras（1997）建立了一个相对简单的模型，该模型认为当私人资本边际产出和公共基础设施资本的边际产出相等时，公共基础设施资本规模达到最优[99]。但是 Karras（1997）模型假定生产函数满足 Cobb-Douglas 技术，即产出对所有生产要素的规模报酬不变。而从第三章的实证结果可知，我国基础设施资本存量、非基础设施资本存量和劳动与产出的关系不满足规模报酬不变的假定，而满足规模报酬递增的假定，因此，我们不能运用 Karras（1997）的方法来检验我国基础设施存量资本是否达到最优（即资本存量的规模边界）。

Oscar 和 Carmen（2002）[100]基于 Karras（1997）模型也建立了一个最优基础设施资本存量模型，但放松了 Karras 模型中的关于生产要素不变规模报酬假设。

首先假设存在如下形式的总量生产函数：

$$Y_t = A_t F(K_t, G_t, L_t) \tag{4.1}$$

式（4.1）中，总产出为 Y_t，非基础设施资本为 K_t、基础设施资本为 G_t，劳动为 L_t；A_t 表示技术水平。假定函数 $F(\cdot)$为二阶连续可微，其中 $F_x = \frac{\partial F}{\partial X_t} > 0$，$F_{XX} = \frac{\partial^2 F}{\partial X_t^2} < 0 (X = K, G, L)$。这里并不特别限定三种投入要素具体的规模报酬

情况，它是规模报酬递增、规模报酬不变、或规模报酬递减，取决于式（4.2）中 z 是相应地大于、等于或者小于 1。

将式(4.1) 采用人均形式,有

$$y_t = L_t^{z-1} A_t f(k_t, g_t) \tag{4.2}$$

式(4.2) 中 $x = \frac{X}{L}$ 表示人均形式(其中的 $X = Y, K, G$),具有 $f_x = \frac{\partial f}{\partial x_t} > 0$,且 $f_{xx} = \frac{\partial^2 f}{\partial x_t^2} < 0$ （$x = k, g$）。

总产出要么用于投资,要么用于消费,因此,单位资本的变化为:

$$\dot{k} = L_t^{z-1} f(k_t, g_t) - c_t - (\delta + n)k_t - \tau_t \tag{4.3}$$

式(4.3) 中,n 为人口增长速度,c 为人均消费,τ 是人均税率,δ 为私人资本的折旧率。政府的基础设施投资是通过税收来融资(即自融资),假定政府预算保持平衡。则政府部门面临的预算约束为①:

$$\dot{g} = \tau_t - (\delta + n)g_t \tag{4.4}$$

在式(4.4) 中,假定政府公共基础设施资本的折旧率与私人资本的折旧率相同。

另一方面,典型的家庭问题是在家庭预算约束下最大化由人均消费 c_t 产生的效用 $u(c_t)$ 的贴现现金流:

$$u = \int_0^\infty u(c_t) e^{-\rho t} dt \tag{4.5}$$

式(4.5) 中,ρ 为时间偏好率,$u_c = \frac{du}{dc_t} > 0$,且 $k_0, g_0 > 0$。

为解决最优化问题,需建立汉密尔顿方程(Hamiltonian):

$$H_t = u(c_t)e^{-\rho t} + \lambda_1(L_t^{z-1}A_t f(k_t, g_t) - c_t - (\delta + n)k_t - \tau_t) + \lambda_2(\tau_t - (\delta + n)g_t) \tag{4.6}$$

上式应该满足最优化的一阶条件为:

$$\frac{\partial H_t}{\partial c_t} = e^{-\rho t} u_c - \lambda_1 = 0$$

$$\frac{\partial H_t}{\partial \tau_t} = -\lambda_1 + \lambda_2 = 0$$

$$\frac{\partial H_t}{\partial k_t} = \lambda_1 L_t^{z-1} A_t f_k - \lambda_1(\delta + n) = -\dot{\lambda}_1$$

---

① 政府除通过税收融资外,还可以进行负债融资,但这并不影响最后的分析结果。

$$\frac{\partial H_t}{\partial g_t} = \lambda_1 L_t^{z-1} A_t f_g - \lambda_2(\delta + n) = \dot{\lambda}_2$$

利用前三个条件有，

$$-\frac{\dot{u}_c}{u_c} = [L_t^{z-1} A_t f_k - (\delta + n)] - \rho \tag{4.7}$$

从后三个条件有，

$$L_t^{z-1} A_t f_k = L_t^{z-1} A_t f_g \tag{4.8}$$

这里，$L_t^{z-1} A_t f_k$ 是私人资本的边际产出，$L_t^{z-1} A_t f_g$ 是公共基础设施资本的边际产出。

式（4.8）则表明基础设施资本存量达到最优规模的条件是私人资本的边际产出等于基础设施资本的边际产出，如果基础设施资本的边际产出高于私人资本的边际产出，政府应想办法增加基础设施资本。这与 Karras（1997）导出的条件是一致的，但这里并没有假定投入要素服从规模报酬不变。因此，我们可以利用该条件，结合第三章的实证结果来判断我国基础设施资本存量是否处于最优水平。

从第三章的实证结果可知，1982—2007 年间，我国基础设施资本的产出弹性 γ 为 0.2894，非基础设施资本的产出弹性 α 为 0.2897。我们可以利用式（4.9）和（4.10）分别计算基础设施资本和非基础设施资本每年或样本期间平均边际产出。然后比较两者的大小，以此来判断是处于供给不足、供给过度，还是最优状态。计算结果见表 4-2。

表 4-2　MPK 与 MPG 比较（1982—2007）

年份	MPK	MPG	差额	年份	MPK	MPG	差额
1982	0.5950	1.1931	0.5982	1995	0.6964	1.7553	1.0589
1983	0.6376	1.2827	0.6450	1996	0.6833	1.6337	0.9504
1984	0.6929	1.3935	0.7006	1997	0.6686	1.4969	0.8283
1985	0.6909	1.4856	0.7947	1998	0.6355	1.3586	0.7232
1986	0.6767	1.5247	0.8480	1999	0.6176	1.2539	0.6363
1987	0.6848	1.5917	0.9069	2000	0.6243	1.1382	0.5139
1988	0.7031	1.6600	0.9568	2001	0.6818	1.1092	0.4274
1989	0.6970	1.6728	0.9758	2002	0.7325	1.0713	0.3387
1990	0.6941	1.6525	0.9584	2003	0.5924	0.9955	0.4031
1991	0.7164	1.6850	0.9686	2004	0.5109	0.9324	0.4215
1992	0.7401	1.7823	1.0421	2005	0.4368	0.8740	0.4372
1993	0.7369	1.8595	1.1226	2006	0.3827	0.8267	0.4439
1994	0.7105	1.8542	1.1437	2007	0.3761	0.8357	0.4596
		1982—2007			0.6390	1.3815	0.7424

$$\mathrm{MPK} = \alpha \frac{Y}{K} \tag{4.9}$$

$$\mathrm{MPG} = \gamma \frac{Y}{G} \tag{4.10}$$

从表4－2中可以看出，在1982—2007年间基础设施资本的边际产出一直大于非基础设施资本的边际产出，此期间内，非基础设施资本边际产出的平均值为0.639039，基础设施资本边际产出的平均值为1.381498，两者的差额为0.742459，即基础设施资本的平均边际产出是非基础设施资本平均边际产出的两倍多。说明在此期间内基础设施资本一直未能达到最优边界，基础设施服务供给不足。但从图4－2可知，MPG呈现先增后减的趋势，MPK则比较平稳，而两者的差额呈现逐渐缩小的态势，说明我国经济基础设施资本存量规模与非基础设施资本存量规模的构成正向最优比率接近。

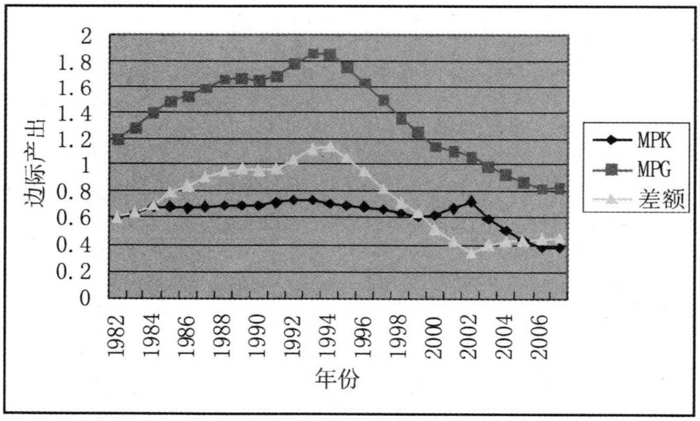

图4－2　MPG与MPK变化趋势图（1982—2007）

4.3　我国基础设施投资规模的流量边界

Barro（1990）提出公共服务可以阻止边际报酬递减，产生内生增长，假定公共投资的流量而非公共资本的存量直接纳入宏观经济生产函数中。通过建立一个对所有资本报酬不变的内生增长模型，得出最大化产出增长率时的自融资比率

（即税率比）[①]。其推导如下。

在一个封闭的经济中，一个代表性的无限寿命家庭最大化效用由式（4.5）给出。式中 $u(c)$ 由下式给出：

$$u(c)=\frac{c^{1-\theta}-1}{1-\theta} \tag{4.11}$$

为方便，取消下标，式中 $\theta>0$，即固定的边际效用弹性为 $-\theta$。

每个家庭的生产函数为：

$$y=f(k) \tag{4.12}$$

式中 y 为人均产出，k 为人均资本，每个人都给定不变的工作时间，即不存在劳动 - 闲暇的选择。

通过求解代表性家庭最大化效用，可得出任一时点上消费的增长率。

$$\frac{\dot{c}}{c}=\frac{1}{\theta}*(f'-\rho) \tag{4.13}$$

式中 f' 是资本的边际产出。采用 Rebelo 的线性生产技术，即 AK 模型，有：

$$y=Ak \tag{4.14}$$

式中，$A>0$，是固定的资本净边际产出。

将 $f'=A$ 代入式（4.13），有：

$$r=\frac{\dot{c}}{c}=\frac{1}{\theta}*(A-\rho) \tag{4.15}$$

r 为单位资本增长率。满足边界条件为：

$$A>\rho>A(1-\theta) \tag{4.16}$$

在这个模型中，经济将处于一种稳定增长状态，即给定变量 c、k，产出 y 以 r 增长率增长。给定初始资本存量 $k(0)$，其他所有的变量也被确定，由于净投资等于 rk，则初始消费水平为：

$$c(0)=k(0)*(A-r) \tag{4.17}$$

将公共服务纳入分析，在规模报酬不变条件下，生产函数变为：

$$y=\Phi(k,\ \bar{g})=k*\Phi\left(\frac{\bar{g}}{k}\right) \tag{4.18}$$

式中，$\Phi'>0$，$\Phi''<0$，k 为人均私人资本，$\bar{g}$ 为一定时期内（一般为一年）政府通过购买而提供给单个生产者的公共服务数量（即公共资本流量），假定生

① 即假定政府平衡预算，公共支出通过对产出以税率为正的比例税来融资。

产函数满足 Cobb-Douglas 技术，有：

$$\frac{y}{k}=\Phi\left(\frac{\bar{g}}{k}\right)=A*\left(\frac{\bar{g}}{k}\right)^{\gamma} \tag{4.19}$$

这里，$0<\gamma<1$。

假定政府的公共支出通过对产出征收比例税来融资，即

$$\bar{g}=T=\tau y=\tau*k*\Phi\left(\frac{\bar{g}}{k}\right) \tag{4.20}$$

这里，T 是政府收入，τ 是税率。式（4.20）表示政府的公共支出受政府的预算平衡约束，即政府通过融资来解决公共支出。从式（4.18）可以求出私人资本的边际产出。

$$\frac{\partial y}{\partial k}=\Phi\left(\frac{\bar{g}}{k}\right)*\left(1-\Phi'*\frac{\bar{g}}{y}\right)=\Phi\left(\frac{\bar{g}}{k}\right)*(1-\eta) \tag{4.21}$$

式中，η 是对于给定的 k 值，y 对 $\bar{g}$ 的弹性，且 $0<\eta<1$。

将$(1-\tau)*\frac{\partial y}{\partial k}$代入式（4.13），得出消费的增长路径。

$$r=\frac{\dot{c}}{c}=\frac{1}{\theta}*\left[(1-\tau)*\Phi\left(\frac{\bar{g}}{k}\right)*(1-\eta)-\rho\right] \tag{4.22}$$

从式（4.22）中可以看出，政府通过 τ（或$\frac{\bar{g}}{y}$）从两个方面影响增长率 r，一方面，$1-\tau$ 表示税收对 r 具有负效应，即提高 τ 将降低 r，降低 τ 将提高 r；另一方面，政府通过征税筹集资金进行公共支出（即$\frac{\bar{g}}{y}$），从而通过函数 $\Phi\left(\frac{\bar{g}}{k}\right)$对 r 产生争相效应，即提高 τ，会提高$\frac{\bar{g}}{y}$，从而增加$\frac{\partial y}{\partial k}$，这将提高 r。因此存在一个最优的 τ，使 r 最大。由于 $\tau=\frac{\bar{g}}{y}$、$\frac{\bar{g}}{k}=\left(\frac{\bar{g}}{y}\right)*\Phi\left(\frac{\bar{g}}{k}\right)$、$\eta=\gamma$，当 η 不变时，有：

$$\frac{\mathrm{d}r}{\mathrm{d}\left(\frac{\bar{g}}{y}\right)}=\frac{1}{\theta}*\Phi\left(\frac{\bar{g}}{k}\right)*(\Phi'-1) \tag{4.23}$$

r 有最大值的一阶条件是式（4.23）等于零，即 $\Phi'=0$，由于 $\gamma=\eta=\Phi'*\left(\frac{\bar{g}}{y}\right)$，故有：

$$\tau^{*}=\gamma=\frac{\bar{g}}{y} \tag{4.24}$$

式中 τ^* 为使增长率最大（即 r^*）的最优税率，τ^* 就是公共基础设施资本流量的最优边界（用比率 $\frac{\bar{g}}{y}$ 表示），当 $\tau<\tau^*$ 或 $\tau>\tau^*$，r 都低于 r^*。娄洪（2003）也利用 Barro（1990）的将公共资本流量纳入的生产函数，在 Ramsey 的最优增长框架内研究最优税率 τ 与增长率 r 的关系，也得出了同样的结论。

如果生产函数不满足 Cobb – Douglas 技术，最优税率满足的条件为：$\tau^*=\frac{\bar{g}}{y}<\gamma$。

因此，如果生产函数满足 Cobb – Douglas 技术，则由式（4.24）可知，只要估算出式（4.19）中 $\bar{g}$ 的产出弹性 γ，就可得出每年最优的公共基础设施资本流量，即

$$\bar{g}^*=\tau^* * y=\gamma * y \tag{4.25}$$

由于式（4.19）满足对 k，$\bar{g}$ 规模报酬不变的条件，令 $\gamma=1-\alpha$，则式（4.19）变为：

$$\frac{y}{k}=A\left(\frac{\bar{g}}{k}\right)^{1-\alpha} \tag{4.26}$$

对式（4.26）两边取对数并整理，可得：

$$\ln\left(\frac{y}{\bar{g}}\right)=\ln A+\alpha\ln\left(\frac{k}{\bar{g}}\right) \tag{4.27}$$

式（4.27）就是对 α 进行估算的回归方程。由于从 1985 年开始统计口径基本上保持一致，考虑到时滞，本估算的样本区间为 1986—2007，人均 GDP 和人均非基础设施资本存量数据均来源于表 3 – 5，由于 $\bar{g}$ 是指政府购买且能投入到私人生产中的人均金额，直接采用当年基础设施实际投资的人均金额不够准确，应该采用当年人均基础设施固定资产形成额，其数据来源于表 3 – 4 和表 3 – 5。估算所需数据见表 4 – 3。

表 4 – 3　实证所需数据（1986—2007）

年份	人均实际基础设施流量（元/人）	人均实际 GDP（元/人）	人均非基础设施实际资本存量（元/人）
1986	38.236	1310.393	560.950
1987	41.586	1422.087	601.602
1988	42.735	1537.601	633.483

年份	人均实际基础设施流量（元/人）	人均实际 GDP（元/人）	人均非基础设施实际资本存量（元/人）
1989	35.773	1571.858	653.259
1990	35.699	1394.217	581.880
1991	41.969	1505.235	608.629
1992	46.724	1701.803	666.059
1993	52.202	1912.58	751.861
1994	68.428	2132.909	869.613
1995	89.123	2335.742	971.590
1996	106.619	2527.115	1071.313
1997	128.338	2715.240	1176.371
1998	150.791	2893.175	1318.833
1999	163.893	3080.048	1444.633
2000	209.178	3306.767	1534.368
2001	177.726	3535.129	1501.997
2002	212.422	3819.430	1510.383
2003	293.001	4162.312	2035.419
2004	333.448	4535.903	2572.115
2005	391.753	4966.361	3293.281
2006	461.594	5500.746	4163.492
2007	400.937	6108.164	4705.200

注：基期均为 1952 年。

实证结果满足 Cobb-Douglas 技术，即产出对所有的生产要素规模报酬不变，估算结果见表 4-4，$\alpha = 0.9192$，则 $\gamma = 1 - \alpha = 1 - 0.9192 = 0.0808$。所以 1986—2007 年间每年最优基础设施资本流量及实际资本流量见表 4-5。

从表 4-5 可知，在 1986—2007 年间，除了 2006 年外，其他各年均没有达到最优的资本流量水平，2005 年接近最优水平，虽然 2006 年超过最优水平，但超过边界也不是最优，只有接近才能是最优，所以 2005 年基础设施资本形成额在所有年份中是最优的，即对经济增长发挥了最为理想的作用。再从图 4-3 中可以看出，每年基础设施最优资本流量（即资本流量的边界值）呈稳步增长态势，说明 GDP 是逐年较为稳定地增长，但基础设施实际资本流量则呈不规则变化，从两者的差额来看，开始两者差距逐年拉大，接着逐年靠近，如果不考虑 2007 年，则说明我国经济基础设施每年资本形成额正逐年向最优方向接近。这与前面的基础设施资本存量规模分析的结果相一致。而且根据刘阳、秦凤鸣（2009）的测算[101]，在实际人均 GDP 和工业化水平每年增加 8% 和 0. 5% 的场景下，“十一五”期间，平均年投资需求为 3587. 3 亿元，这与上述测算出 2005—2007 年间的平均最优投资规模相近。

表 4 - 4　估算结果（1986—2007）

解释变量	回归系数	标准差	t 统计量	收尾概率 p
KL	0. 5493	0. 2850	1. 9274	0. 0690
G	0. 9192	0. 1599	5. 7494	0. 0000
C	1. 1025	0. 1153	9. 5640	0. 0000
R-squared	0. 979120	Mean dependent var		3. 414545
Adjusted R-squared	0. 976922	S. D. dependent var		0. 211030
S. E. of regression	0. 032059	Sum squared resid		0. 019527
Durbin-Watson stat	1. 271133			

表 4 - 5　当年最优资本流量与当年实际资本流量的比较　（单位：亿元）

年份	当年最优资本流量	当年实际资本流量	差额	年份	当年最优资本流量	当年实际资本流量	差额
1986	543. 4597	196. 2574	-347. 202	1997	1531. 791	896. 0567	-635. 734
1987	606. 5010	219. 5035	-386. 997	1998	1651. 271	1065. 142	-586. 129
1988	675. 0356	232. 1963	-442. 839	1999	1776. 767	1170. 102	-606. 666
1989	702. 7121	197. 9266	-504. 786	2000	1926. 016	1507. 860	-418. 156
1990	729. 4151	231. 1452	-498. 270	2001	2085. 875	1297. 842	-788. 033
1991	796. 5213	274. 8564	-521. 665	2002	2275. 689	1566. 402	-709. 287
1992	909. 6273	309. 0873	-600. 540	2003	2503. 258	2180. 867	-322. 392
1993	1032. 4270	348. 7517	-683. 675	2004	2756. 088	2507. 530	-248. 558
1994	1162. 513	461. 581	-700. 932	2005	3042. 721	2970. 471	-72. 2499
1995	1284. 577	606. 6138	-677. 963	2006	3395. 676	3526. 575	130. 8992
1996	1407. 896	735. 1412	-672. 755	2007	3799. 762	3086. 812	-712. 950
1986—2007 平均					1663. 436	116. 124	-500. 313

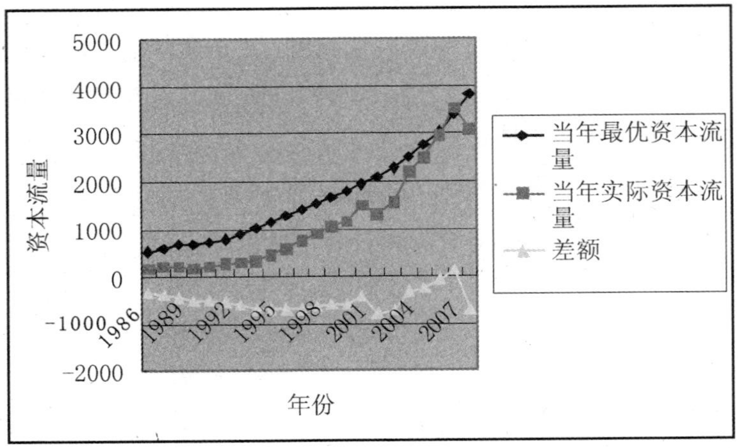

图4－3 最优资本流量与实际资本流量趋势及比较（1986—2007）

4.4 本章小结

基础设施投资边界应主要包括政府投资基础设施的范围边界和基础设施投资的规模边界。由于基础设施通常具有较强的正外部性，社会属性是基础设施的本质属性，政府投资的范围边界的确定不仅要考虑基础设施的经济属性和技术骨干属性，更要考虑基础设施的社会属性，公平与效率协调是确定政府投资范围边界的重要原则。现有的关于政府基础设施投资边界的研究只考虑基础设施的技术经济属性，忽视社会属性，从而较多地关注基础设施投资的效率问题，而较少考虑福利问题。因此，首先应根据基础设施的社会属性，主要是该类基础设施建设的目的分类，然后在各类项目中再结合其经济属性和技术属性来决定政府投资边界。我国基础设施可分为体现社会公平的公益性项目、体现控制力的基础设施项目、风险分担性基础设施投资项目和前期开发型基础设施项目四类。

在生产函数中，基础设施存量资本和非基础设施存量资本对产出存在相应的贡献度，由于基础设施资本不直接参与生产，只为非基础设施资本生产提供服务，相对于既定的非基础设施资本存量，则经济基础设施资本存量存在最优规模，其条件为两者的边际产出达到一致。通过测算发现，1982—2007年间，我国经济基础设施资本存量规模与非基础设施资本存量规模的构成正向最优比率接近。

基础设施投资也存在一个最优的流量规模，即基础设施投资规模的流量边界，通过测算发现，1986—2007 年间，我国基础设施每年资本形成额正逐年向最优方向接近，如果考虑 2008—2009 年间，中央政府 4 万亿元的投资及地方政府的配套投资，可以做出一个基本判断，近两年我国对经济基础设施投资已超过最优流量规模。

第5章 国外基础设施投融资模式比较与借鉴

我国经济体制改革的最终目标是建立社会主义市场经济体制，国外发达国家市场经济条件下形成的基础设施投融资模式对我国基础设施投融资模式的选择具有借鉴意义，因此，在确定我国基础设施投融资模式之前应该对国外比较成熟的基础设施投融资模式进行比较分析，以得出不同投融资模式的经验。由于基础设施常常是一国重要的社会经济部门，是政府发挥作用的重要领域，政府对基础设施的干预成为政府影响经济的重要手段之一。因此基础设施投融资模式主要受一国的经济体制模式影响。世界经济合作与发展组织在1991年研究报告《转轨到市场经济中》，将市场经济分为三种模式。第一种为消费导向型市场经济体制模式，又称自由市场经济体制，以美国为代表；第二种为行政管理导向市场经济体制模式，以日本、法国为代表；第三种为社会市场经济体制模式，以德国为代表。第一种市场经济体制模式特别强调市场在资源配置中的作用，第二、三种市场经济体制模式在强调市场作用的同时突出政府（或国家）在社会资源配置中的主导作用。所以国外基础设施投融资模式分为市场主导型投融资模式和政府主导型投融资模式。基础设施投融资模式包括基础设施投融资主体、投资方式（或融资渠道）、政府在基础设施投融资和管理中的作用等方面。基础设施投融资主体是指具有筹资能力、独立进行投资决策承担投资风险，并能对投资完成体享有所有权和占有权、使用权以及投资收益的经济体，通常分为政府投资主体和民间投资主体（包括个人、企业和外国投资者）；投资方式主要指直接投资和间接投资；融资方式多种多样，主要分为政府融资、企业融资和项目融资三大类；政府在基础设施投融资和管理中的作用和前面三个要素相关联，一般来说，政府在基础设施投融资中的参与程度决定了政府在基础设施建设和管理中的作用。本章主要研究国外两种基础设施投融资模式在上述四个方面的特征，并进行比较，为我国基础设施投融资模式的选择和完善提供借鉴。

5.1　市场主导型投融资模式

美国是这一模式的典型代表。美国市场经济是消费者导向型市场经济，又称"自由主义"的市场经济。美国有着长期的自由主义传统，它十分强调市场力量对促进经济发展的作用。政府在国民经济发展过程的行为和作用一般弱于德国、法国、日本等国政府，其主导思想是充分鼓励自由竞争，认为只要私营企业能够做好的事，政府都不介入。美国的自由市场经济体制模式具有两个主要特征。一是私有制为基础，私营企业是经济活动的主体，政府很少直接拥有和经营企业，如 1994 年私营企业产业在全国国民收入中所占的比重高达 80%；二是不采用计划等直接手段调控经济，主要依靠财政政策和货币政策对国民经济进行间接调控，政府实行有限制的宏观调控，政府干预经济的目的是维护自由竞争的市场经济体制。

在自由市场经济体制模式下，美国政府支出占 GDP 的比重在经合（经济贸易合作）组织成员国中最小，见表 5－1。这一方面证明了美国是自由市场经济的典型；另一方面也反映了美国政府投资占比重较小。这说明了美国政府对基础设施投资比重较小①，而且有逐步萎缩的趋势。

表 5－1　部分经合组织成员国财政总支出占国民生产总值的百分比（%）

国家	澳大利亚	英国	比利时	加拿大	德国	美国	法国	日本
1970	—	37	42	34	38	31	39	19
1975	31	44	51	38	48	33	43	27
1980	32	43	59	39	48	32	46	32
1985	37	44	62	45	47	33	52	32
1990	35	40	55	46	45	33	50	32
1994	38	43	55	48	49	34	55	35

资料来源：毛寿龙．有限政府的经济分析．上海三联书店，2000 年．

① 据统计，美国国内私人投资占总投资之比从 1959 年的 73% 上升到 2002 年的 83%，上升了 10%；而政府投资从 1959 年的 27% 下降到 2002 年的 17%（数据来源：Department of Commerce，Bureau of Economic Analysis），即目前美国总投资的 80% 以上是私人投资，所以美国政府在基础设施投资方面投资比重比较小。

5.1.1 以放松管制为特征的基础设施产业改革

从建国到20世纪20年代末30年代初经济危机期间，美国政府基本上实行自由放任的经济政策，即强调自由竞争，保护私有制，促进市场有序运作。政府主要通过法律手段来弥补市场不足。但在经济运行中，私有制和市场竞争所带来的经济周期性波动、经济结构不协调和社会不公平三大弊端越来越明显。为克服市场失灵问题，美国政府不像英、法、德采取在某些产业（如自然垄断基础产业）建立国有企业，而是制定相应的法律法规，从外部来管制相关产业的发展，并成立相应的自然垄断基础设施管制机构。如在20世纪30年代至70年代，相继成立了联邦海运委员会、联邦电讯委员会、邮资委员会、民航委员会、联邦公路局、联邦航空局、联邦铁路局等。

由于美国基础设施长期由私人垄断资本以家族或公司制企业经营，加上政府对这些行业实行管制，在一定程度上限制了竞争，降低了经营效率。自1978年开始，对交通运输业进行一系列的制度性变革，鼓励并保护私人企业进入基础设施领域，通过最大限度的竞争，以实现基础设施产业资源的最佳配置。1978—1982年，美国政府对航空、铁路等运输业放松管制，并撤销了民用航空局，通信市场和有线电视的市场准入限制也被取消。从1978年起部分放松了对天然气的管制，到1989年对天然气管制完全撤销。这样，民间资本控制的基础设施企业基本上可以自主定价。目前，美国的电信、航空、能源、交通运输等基础设施服务的供给已全面向私人开放。

美国基础设施改革的基本特征是放松管制，放松管制有两个层次。一是完全撤销被管制的基础设施产业的各种投资、价格、进入、服务等方面的限制；另一个层次是部分取消管制，即有些方面限制性规定被取消，而有些规定继续保留（王广起，2006）[102]。

美国放松管制的目的、内容和推进手段在一定程度上体现了美国政府在基础设施领域倾向于扮演“市场增进”的角色，即以市场为主，政府只是起辅助作用，美国基础设施改革取得了较大的成效。见表5-2。

表5-2　美国对基础设施领域减少管制而由竞争带来的收益

部门	规章制度减少程度	因减少规章制度每年估计增加的收益（1990年，10亿美元）
航空	全部取消	13.7~19.7
铁路	部分取消	10.4~12.9
电信	大量取消	0.7~1.6
天然气	部分取消	为消费者带来巨大收益

注：竞争带来的收益包括生产者、消费者、产业及产业工人的净收益。

资料来源：世界银行.1994年世界发展报告：为发展提供基础设施.北京：中国财政出版社，1994：57.

5.1.2　美国市场主导型基础设施投融资模式的特点

美国的自由市场经济体制决定其经济运作强调市场为主，同时运用产业规制来弥补市场失灵，而基础设施领域改革也只是通过取消或放松规制的方式来实现，并在基础设施领域选择以民营为主，因而在基础设施领域形成了以市场为主导的投融资模式，并在投融资主体、投资方式、融资方式及政府作用等方面形成了自己的特色。

5.1.2.1　投融资主体以私人为主和政府参与少数基础设施项目的投资

由于美国的市场机制发达，市场体系较为完善，民间资本实力雄厚，民间资本参与基础设施的领域较为广泛，参与程度也很高。因此，美国的基础设施，特别是城市公用基础设施很大程度上是由民间资本投入，通过市场竞争的方式建成的，基础设施服务也主要由民间提供。如即使在美国基础设施改革初期的1981年，通过政府预算提供的公共物品只占全部公共产品的49.6%，由民营生产提供的占50.4%①。而政府投资主要投向国防与行政管理、研究与开发、教育与培训、公路建设等典型的公共产品上，对铁路、通信、电力、供水等经济性基础设施投资较少。如尽管近20年以来美国联邦政府投资高速公路占全部基础设施投资的比重一直保持在40%以上，但私人参与公路融资的比例仍高达30%以上。另外，如美国铁路建设中有联邦政府、地方政府参与，但却是以私人投资为主，铁路国营只占25%②。

① 数据来源：理查·A·穆斯格雷夫，皮吉·穆斯格雷夫.美国财政理论与实践.北京：中国财政经济出版社，1987：19.

② 资料来源：张伟.城市基础设施投融资研究.北京：高等教育出版社，2005：161-162.

在政府基础设施投资中，州和地方政府是投资的主角，从表5－3中可以看出，近20年来联邦政府基础设施投资只占25%左右，地方政府基础设施投资占比一直保持75%左右。联邦政府主要对全国性和主要的基础设施项目投资，投资领域有高速公路、公共运输、铁路、航空、水路运输、水资源和污水处理等，见表5－4和图5－1。可以看出，高速公路投资占投资主要部分，20世纪50年代末到60年代末接近60%，近20年一直保持45%以上；公共运输投资在1977年以前占比很小，1997年以后则一直保持在10% 左右；对航空投资则保持稳定的趋势，其投资比例近20年来基本保持在20%左右；对水资源投资呈逐年下降的趋势，到近几年，只占10%左右；污水处理的投资呈现先升后降的趋势，目前占比只有5%左右。此外铁路和水路运输占比相当低。此外，州和各级地方政府投资分工比较明确，州政府负责州内的公路、州管的福利和文化设施等建设；市政府负责城市内的交通、供水、污水处理、消防和社会治安等的建设；县政府负责其属的学校和福利设施的建设①。在各级政府投资项目中，经济性基础设施很有限。

表5－3　美国联邦、州政府历年基础设施投资额及比例（百万美元、2006年价）

年份	总额	联邦政府		州和地方政府	
		总额	比例（%）	总额	比例（%）
1956	105，628	15，998	15.15	89，630	84.85
1957	113，215	18，718	16.53	94，503	83.47
1958	120，683	24，032	19.91	96，651	80.09
1959	133，742	36，972	27.65	96，769	72.35
1960	131，273	40，100	30.55	91，173	69.45
1961	136，779	38，531	28.17	98，247	71.83
1962	138，190	39，047	28.26	99，143	71.74
1963	146，238	41，600	28.45	104，638	71.55
1964	149，125	45，746	30.68	103，379	69.32
1965	153，831	48，767	31.70	105，064	68.30
1966	156，140	47，603	30.49	108，537	69.51
1967	157，852	46，653	29.55	111，199	70.45
1968	157，794	46，439	29.43	111，355	70.57
1969	159，029	44，767	28.15	114，262	71.85
1970	156，969	43，437	27.67	113，532	72.33

① 资料来源：余池明，张海荣．城市基础设施投融资．北京：中国计划出版社，2004：199－200.

年份	总额	联邦政府		州和地方政府	
		总额	比例（%）	总额	比例（%）
1971	164，791	47，591	28.88	117，200	71.12
1972	168，620	47，071	27.92	121，549	72.08
1973	163，206	48，415	29.66	114，791	70.34
1974	158，743	48，785	30.73	109，958	69.27
1975	170，699	52，877	30.98	117，822	69.02
1976	173，644	62，419	35.95	111，225	64.05
1977	173，609	66，496	38.30	107，113	61.70
1978	177，147	64，658	36.50	112，489	63.50
1979	189，598	68，504	36.13	121，094	63.87
1980	196，318	74，060	37.73	122，258	62.28
1981	194，547	70，478	36.23	124，070	63.77
1982	185，053	59，417	32.11	125，636	67.89
1983	187，699	56，140	30.06	131，559	69.94
1984	192，071	58，292	30.35	133，779	69.65
1985	202，740	60，744	29.96	141，996	70.04
1986	213，993	61，951	28.95	152，042	71.05
1987	220，775	55，150	24.98	165，624	75.02
1988	228，880	56，514	24.69	172，366	75.31
1989	233，906	55，562	23.75	178，344	76.25
1990	239，220	56，728	23.71	182，491	76.29
1991	237，175	57，159	24.10	180，016	75.90
1992	243，268	60，049	24.68	183，219	75.32
1993	245，042	59，871	24.43	185，171	75.57
1994	253，712	62，384	24.59	191，328	75.41
1995	258，517	62，859	24.32	195，658	75.68
1996	260，850	61，779	23.68	199，071	76.32
1997	268，005	62，118	23.18	205，887	76.82
1998	274，113	62，910	22.95	211，203	77.05
1999	283，936	65，339	23.01	218，597	76.99
2000	290，518	68，180	23.47	222，338	76.53
2001	305，811	77，956	25.49	227，855	74.51
2002	317，570	81，146	25.55	236，424	74.45
2003	319，110	77，934	24.42	241，176	75.58
2004	312，217	73，517	23.55	238，700	76.45
2005		73，646			
2006		76，334			

数据来源：Congressional Budget Office.

表 5－4　1956—2004 年按类别分联邦基础设施投资表（百万美元、2006 年价）

	高速公路	公共运输	铁路	航空	水路运输	水资源	污水处理	总额
1956	7，307	0	66	1，499	730	6，396	0	15，998
1957	9，006	0	79	1，758	630	7，222	18	18，713
1958	13，708	0	104	2，411	705	6，933	171	24，032
1959	23，107	0	89	3，757	710	8，993	317	36，972
1960	25，639	0	73	4，249	819	8，975	346	40，100
1961	22，280	0	71	5，226	838	9，746	371	38，531
1962	23，212	7	179	5，721	641	8，944	344	39，057
1963	24，655	30	81	5，831	691	9，896	416	41，600
1964	29，001	46	97	5，779	793	9，513	518	45，746
1965	31，157	90	183	6，045	892	9，865	534	48，767
1966	29，355	147	158	5，908	960	10，472	596	47，603
1967	27，985	307	242	6，209	1，180	10，029	702	46，653
1968	27，996	449	155	6，091	1，260	9，207	1，281	46，439
1969	26，152	902	153	6，456	1，146	8，470	1，489	44，767
1970	25，591	699	145	6，854	1，012	7，376	1，761	43，437
1971	25，598	1，103	533	8，145	923	7，986	3，303	47，591
1972	24，366	1，538	648	8，215	1，011	8，385	2，908	47，071
1973	23，072	2，201	755	8，862	1，074	9，031	3，419	48，415
1974	19，952	2，432	919	8，395	1，208	8，283	7，597	48，785
1975	19，085	4，094	3，182	8，109	1，042	8，764	8，601	52，877
1976	23，880	5，314	4，738	8，045	1，065	8，645	10，732	62，419
1977	21，389	6，681	5，532	8，264	1，153	9，429	14，048	66，496
1978	20，033	6，847	5，408	9，256	1，164	9，642	12，308	64，658
1979	21，867	7，350	5，386	8，909	1，303	10，087	13，601	68，504
1980	25，023	8，599	5，743	8，977	1，428	10，051	14，240	74，060
1981	22，475	9，260	8，086	8，378	1，390	8，997	11，892	70，478
1982	18，393	8，739	4，423	7，274	1，516	8，106	10，966	59，417
1983	19，597	8，010	2，685	7，986	1，916	7，751	8，195	56，140
1984	22，045	7，776	3，020	8，604	1，908	7，883	7，056	58，292
1985	25，752	6，734	2，007	9，219	1，808	7，720	7，504	60，744
1986	27，527	6，491	1，657	9，707	1，714	7，380	7，475	61，951

	高速公路	公共运输	铁路	航空	水路运输	水资源	污水处理	总额
1987	23，785	6，152	1，484	9，919	1，634	6，777	5，400	55，150
1988	25，340	5，900	1，041	10，288	1，686	7，020	5，239	56，514
1989	23，631	6，186	1，051	11，204	1，573	7，204	4，712	55，562
1990	23，993	6，302	910	11，816	1，639	7，181	4，886	56，728
1991	23，727	6，248	1，253	12，772	1，560	6，782	4，817	57，159
1992	24，710	5，740	1，417	14，284	1，565	7，574	4，759	60，049
1993	25，833	5，421	1，231	14，854	1，471	6，932	4，130	59，871
1994	28，768	5，579	1，216	14，531	1，609	6，981	3，700	62，384
1995	28，673	6，405	1，458	13，907	1，429	7，178	3，809	62，859
1996	28，709	6，135	1，379	13，762	1，401	6，931	3，463	61，779
1997	29，318	6，264	1，514	13，467	1，377	6，554	3，624	62，118
1998	28，252	5，882	1，440	13，935	2，169	6，701	4，530	62，910
1999	31，110	5，792	576	13，685	2，253	7，151	4，773	65，339
2000	32，715	6，989	956	13，051	2，378	7，026	5，066	68，180
2001	34，，895	9，115	912	15，021	3，036	9，327	5，649	77，956
2002	37，774	9，612	1，537	16，533	3，091	7，157	5，443	81，146
2003	36，460	9，213	1，390	16，187	2，667	7，199	4，818	77，934
2004	34，831	9，215	1，653	14，597	2，465	6，005	4，751	73，517
2005	34，133	9，073	1，515	15，337	3，093	6，461	4，035	73，646
2006	35，131	8，833	1，500	15，106	3，018	8，779	3，967	76，334

数据来源：Congressional Budget Office.

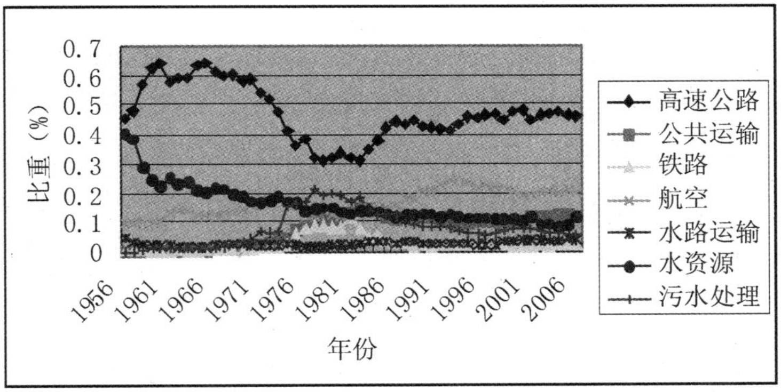

图5-1　美国联邦政府各类基础设施投资比例变动图（1956—2006）

5.1.2.2 政府对基础设施投资方式以间接投资为主

美国政府投资方式主要包括直接投资、投资税收抵免、补助、其他行政和法律手段等。而对基础设施投资主要是通过垄断资本所有制的股份公司进行，包括在政府监督和扶持下由私有企业垄断经营或在政府财政补贴下由私人投资和经营等。政府一般只提供投资资助，不采取直接投资，因此在政府投资领域中，美国国有企业的比重极小。由图 5－1 可知公路投资是美国联邦政府投资的主要领域，但从 1998 年颁布的《运输基础设施金融创新法案》（Transportation Infrastructure Finance and Innovation Act of 1998，TIFIA）可以看出，美国联邦运输部对全国大型运输项目提供信贷支持作了具体规定（美国国会预算办公室，1998）。其信贷支持包括三种形式，为直接借款、贷款担保和信贷额度，其相关规定见表 5－5。

表 5－5 美国联邦运输部对大型地面运输项目信贷支持的形式与规定

信贷支持形式	直接贷款	贷款担保	信贷额度
内容	联邦运输部作为贷款人对非联邦政府发起人提供贷款	联邦运输部替项目发起人全部或部分借款本金和利息提供担保	作为第一资金来源，在项目运营前 10 年内，紧急情况下作为直接贷款补充项目收入的不足
最高限额	贷款额为项目成本的 33%	保证额度为项目成本的 33%	项目成本的 33%（年使用额度最多为 20%）
利率规定	按照同期国库券利率	由借贷双方协商，经联邦运输部同意	按 30 年期国库券利率
最长期限	项目完工后 35 年，可展期 10 年	项目完工后 35 年，可展期 10 年	项目完成后 10 年内可利用，可用期结束后可展期 25 年
保证	项目收入作还款保证	项目收入作还款保证	项目收入作还款保证

资料来源：U. S. Department of Transportation。

5.1.2.3 各种融资方式并存，新型融资方式愈受重视

基础设施融资方式包括政府融资、企业融资和项目融资。美国联邦政府投资资金主要来源于财政资金、邮政储蓄吸纳的资金、社会保险基金和公债融资。由于美国州和地方政府是基础设施投资的主角，开辟多元化的资金来源渠道相当重要。目前，美国州和地方政府基础设施投资资金来源主要包括上级政府的转移支付、税收、市政债券、基础设施企业收入和赞助捐赠等。其中市政债券发行是州和地方政府基础设施融资的主要方式。依赖于其发达的资本市场，美国建立了一

套行之有效的基础设施融资体制，几乎所有的州和地方政府及其代理机构通过发行市政债券作为融资工具筹资，用于交通、市政公用设施（包括供水设施、污水处理设置、供气设施等）等基础设施的投资。根据担保来源不同，美国市政债券可分为政府担保债券、收益债券和统一债券三类。政府担保债券包括一般责任债券和特种税收债券，一般责任债券以政府无限制的征税权利为担保，特种税收债券以政府某种特定的收入来源作为担保；收益债券是以项目的未来收入进行偿还，政府不负还本付息的责任；统一债券是一种混合型债券，它具有政府担保债券和收益债券的某些特征，又具有独特的结构，它由商业保险公司或银行提供担保，如果发行人不能按照合同支付债券本金和利息，就由保险公司或银行代为支付，这种债券目前已占到市场债券发行总量的 30% 以上。基础设施企业融资方式与其他行业企业融资方式一样，多种多样，包括通过股票市场发行股票筹资、通过企业债券市场发行债券筹资、向银行贷款和其他融资方式。目前，美国存在市政债券市场、股票市场、国债市场和企业债券市场四大发展良好的资本市场。

随着经济的发展，美国基础设施服务需求不断增加，美国财政支出负担越来越重，美国传统的两种主要的融资方式——使用者付费融资（User fees，or Pay - as - you - go）和负债融资（Debt Financing ，or Public Bonding）已不能弥补资金缺口。美国政府开始利用 PPP 这一新型融资模式，向私人部门寻求融资、设计、建造与运营，以建设和使用某些基础设施①。PPP 方式刚开始时只是在美国一小部分基础设施领域运用，现在逐步被使用于建设或维修公路、桥梁、管道、水利系统、学校、国防设施以及监狱。运用区域也在增加，目前美国有过半数的州有推进 PPP 的法律法规，德克萨斯州、弗吉尼亚州和佛罗里达州在运用 PPP 方面尤为活跃。如德克萨斯州依靠 PPP 方式建设德克萨斯州交通走廊，即一个包含公路客运和铁路货运、市政公用设施的全州范围内的综合性交通网络；弗吉尼亚州也将 PPP 方式运用到包括杜勒斯铁路通道（Dulles Rail Corridor）、交通行业的收费公路等几个项目中。

5.1.3　美国政府在基础设施投融资中的作用

通过上面所分析的美国基础设施投融资的特点，我们可以看出美国政府作为

---

① Deloitte Research. Closing America's Infrastructure Gap. http：//www. deloitte. com/dtt/cda/doc/content/us_ ps_ Closing Infrastructure Gap2006（1）. pdf.

社会管理者，在基础设施投融资中的作用表现在以下三个方面：

第一，政府提供的是非经营性基础设施服务，通常采取发行市政债券的形式融资。在不需要政府直接投资经营的基础设施领域，主要是经营性项目和准经营性项目，政府的主要作用是完善投资法规、健全投资服务、制定优惠政策、提供政府补贴与优化投资环境。

第二，为了弥补基础设施资金需求与供给的缺口，各级政府采取措施积极推行新型融资方式 PPP。如联邦政府运用新的联邦政策工具使进入交通基础设施领域对私人部门更具吸引力。这些工具包括：交通设施融资创新法案（The Transportation Infrastructure Financing Innovation Act）、私人活动债券（Private Activity Bonds）、特殊实验项目 - 15（Special Experimental Project 15）、收费授权（Toll Credits）①。联邦政府通过这些支持措施鼓励各州推行 PPP 模式。而州政府及其以下的地方政府一方面制定各种法规政策以促进 PPP 模式的运用，另一方面通过某些市长会议来表达他们对联邦政府政策的建议与诉求。

第三，为了引入竞争机制，政府采取了放松市场准入、实行自主定价等改革措施。这使得政府管制保持在一定限度内，同时，美国为实行对基础设施产业的管制制定了法律，成立了独立的管制机构，这能够保证必要有序的市场秩序，即政府管制具有适当性与有效性。

5.2 政府主导型投融资模式

根据世界经济合作与发展组织的划分，日本和法国属于行政管理导向型市场经济体制模式，德国属于社会市场经济体制模式，这两种市场经济体制模式的共同特点是以自由市场制度为基础，充分发挥政府作用。经济体制模式决定了基础设施投融资模式，因此，日本、法国和德国也是政府主导型投融资模式的典型代表。另外，在市场经济体制模式上，英国可以视为消费者导向型社会体制模式，但在消除“市场失灵”方式上，特别是针对基础设施领域“市场失灵”所采取的方式，英国采取了与美国截然不同的方式。美国采取的是加强规制，而英国则

① 资料来源：U. S. Department of Transportation。

采取国有化来解决①。在基础设施投融资方面，英国政府的作用与美国不一样，因此在基础设施领域英国也可以视为政府主导型投融资模式的代表。

5.2.1　四国基础设施投融资体制改革分析

尽管四国大都强调政府干预在经济运行中的作用，在基础设施领域中，政府在改革和管理中的程度是不一样的，按从强到弱来分，依次为德国、法国、日本、英国，而且日本和英国基础设施改革特征相类似，德国和法国也有许多相似之处。因此，我们可以将政府主导型基础设施投融资模式的国家分为两类，一类为英国和日本，一类为德国和法国。

5.2.1.1　英日两国基础设施领域改革

英国、日本在改革以前，基础设施大多采取国有化形式，政府直接垄断经营。因此，两国基础设施改革的主要特征是变更产权所有制，是在政府的政策、法律引导下，充分利用市场的作用而进行的。

英国在 20 世纪 40 年代末时，一方面为改革自然垄断基础设施产业存在的小规模经营而导致规模不经济②，另一方面为克服“市场失灵”带来的弊端，对基础设施产业实行大规模的国有化。这样，以政府投资为主体的公共支出大幅度上升，政府投资在 GDP 中的比重在 50 年代下半期到 60 年代初曾高达 40% 以上。与美国相比，英国政府更多地对准公共物品进行投资，并形成相当比重的国有企业。1979 年，英国的国有工业（主要是交通、钢铁和造船等基础设施及工业）对国内生产总值的贡献在 10% 左右，其投资占经济总投资的 1/7（藏跃茹，1996）[103]。

由于国有化带来政府财政支出负担过重，国有部门效率低下等问题，20 世纪 80 年代初，英国以电信业为开端，相继对煤气、电力、自来水和铁路等主要基础设施进行了民营化改革。其民营化主要有三种途径：一是出售国有资产，主

---

① 尽管英国的市场经济体制变迁与美国相似，但在对待“市场失灵”带来的三个主要问题上，两国采取了不同的方式。英国采取国有化，1945—1979 年间，英国政府推行的是凯恩斯主义和费边主义相结合的国家干预政策，即国有化和福利政策。到 1979 年，英国的国有企业国内生产总值占全部 GDP 的 10.5%，职工人数占比为 8.1%，净资本额占比为 17.2%，国内资本形成额占比为 15.2%。（资料来源：UK National Income and Expenditure）这导致英国 20 世纪 80 年代初开始的基础设施领域市场化改革内容和美国以放松规制的基础设施改革重点截然不同。

② 英国在国有化前，仅英格兰、威尔士两个地区，电力产业中有 565 个企业从事发电、输配电力等经营活动；煤气和自来水产业中，企业数量都在 1000 以上。（资料来源：James Foreman-Peck，Robat Millward，1994；Public and private ownership of British Industry 1820—1990，Offord University Press，280）

要形式是先对国有企业实行股份制，然后通过向社会公众发行股票来出售国有资产；二是放松政府管制，取消新企业进入产业的行政法规壁垒，从而打破国家对基础设施产业的垄断；三是通过合同承包、特许投标等方式，鼓励私人部门提供部分公共产品或服务。到 1992 年 3 月，约有 2/3 的国有企业被转为私人部门（其中包括 46 个主要公司），但铁路、公路和邮政等主要基础设施部门仍由国家所有。英国基础设施领域的民营化改革提高了各基础设施部门的生产效率。从表 5 -6 中可以看出，比较改革前 10 年和改革中 10 年的劳动生产率发展速度，除英国航空公司和英国电力供应局稍有下降外，其他 5 个基础设施公司都有较大程度的提高。

二战后，日本基于自身的国情和经济发展的压力，选择了政府主导型的市场经济模式，通过产业政策和运用计划指导等手段扶持基础产业和支柱产业，推进产业结构升级，同时配合财政政策，实现国家发展战略，取得了较大的成功。其主要特征是政府为克服“市场失灵”和实现产业政策，对经济进行多方面的干预和调节，实行政、官、财一体化。在这种经济管理体制下，大部分基础设施企业为国有企业或受政府有力控制的企业，结果使大部分基础设施企业效率低下。中曾根内阁于 20 世纪 80 年代中期开始实行电话电报公司、国有铁路、日本航空公司等国营基础设施企业市场化改革。

表 5 -6　英国基础设施部门劳动生产率净平均发展速度（主要部分）

企业名称	1970—1980 年	1981—1990 年
英航空公司	7.4%	6.0%
英机场管理公司	0.6%	2.7%
英煤气公司	4.9%	4.9%
英铁路公司	-2.0%	3.2%
英电信公司	4.3%	7.1%
英电力供应局	3.7%	2.5%
英邮政局	-0.1%	3.4%

资料来源：Mattew Bishop. David Thompson，1993：Privatization in the UK：Deregwlatory Reform and Public Enterprise Reformance. InV. V. Ramanadham（ed）. Privatization：A Global Perspective，London：Rafledge.

与英国一样，日本基础设施领域市场化改革也涉及企业产权制度变更，即将原来的国有企业民营化，其主要方式包括：一是通过分拆国有垄断企业来实现民营化，如在 1987 年 4 月对日本国铁实行民营化时，将“国铁”分割为 11 个单位，其中 6 个客运公司和 1 个货运公司都实行股份制①（尹竹、王德英，2006）[104]；二是采用投标和认购并用、证券公司包销等方式出售政府持有的股份，以推进所有权改革。日本政府持有的主要基础设施企业股份出售情况见表 5－7。

表 5－7　日本政府持有基础设施企业部分股份出售情况

企业名称	出售时间	出售股份（万股）	出售方式	出售收入（亿日元）	上市时间
日本电信公司	1986. 10	20	竞争投标	2395	
（NTT）	1986. 11	165	认购	19748	
	1987. 2	10	委托买卖	1603	1987. 2
	1987. 11	195	包销	49725	
	1988. 10	150	包销	28500	
电源开发	1987. 3—1991. 3	400	自由出售	327	未上市
日本航空	1987. 12	4810	包销	6445	1961. 10
冲绳电力	1988. 11	150	竞争投标	37	
	1989. 1	1322	认购	330	1992. 2
	1989. 9	1	委托买卖	0. 3	
日本国铁	1993. 8	60	竞争投标	2279	
	1993. 10	132. 7	认购	5004	1993. 10
	1993. 10	57. 3	委托买卖	3436	

注：* 委托买卖指上市价为固定价格，委托证券公司卖出。

资料来源：转引尹竹、王德英．日本基础设施产业市场化改革的模式及绩效评价．亚太经济，2006（6）：50－52.

在推进基础设施领域市场化的同时，日本政府制定了许多相关法律，如《铁路事业法》、《电力事业法》、《电气通讯事业法》等，对基础设施领域的投融资建设和经营行为进行规制和约束。

5. 2. 1. 2　德法两国基础设施领域改革

德法两国基础设施领域的市场化改革中，民营化并不是其目的，主要目的是开放市场、促进竞争、改善管理，同时强调政府在改革中的主导作用，即政府通过运用强而有力的财政政策、产业和行政手段，对基础设施领域资源实行有效引导。

---

① 6 个客运股份有限公司分别为北海道、东日本、东海、西日本、四国和九州。

德国社会市场经济体制模式的实质是一种国家调节的市场经济，即一方面最大限度地发挥市场力量在调节经济活动的作用；另一方面保持国家对经济运行的必要干预，以克服市场无效。因此德国在基础设施领域中公有化程度较高。受其社会市场经济体制的影响，基础设施领域改革呈现以下特征：

第一，引入市场竞争，但私有化不是目的。德国政府一方面通过公开招标的方法，将城市绿化、建筑物维修业务、全部污水处理以及大部分道路、公交轨道维护等基础设施产业进行市场化改革，由市场主体进行市场化经营；另一方面，德国政府又认为基础设施市场化改革的最终目的应是通过放开市场，促进竞争，以此来提高基础设施企业的运作效率，使基础设施服务价格有更大的竞争性，降低其使用成本。

第二，政府在对基础设施市场化的同时，通过各种直接管理方法来控制基础设施价格。德国政府在对基础设施产业进行市场化的同时，制定了大量的相关法律，并依据法律直接进行管制，以保证市场竞争的正当进行。如对交通、邮政、能源、通信和供水等垄断性较强的基础设施产业的价格实行直接控制；再次，为将供水的销售价格定在保本微利的水平，德国区分净水成本把法兰克福、慕尼黑自来水分别定价（刘志泉，2000）[105]。

第三，在某些基础设施领域限制私人进入，倡导政府公有。某些必须存在的自然垄断行业或环节，德国政府认为应该让国家垄断，因此，需对某些基础设施产业的具体领域的私营资本进入加以限制。

法国是一个长期实行计划管理的国家，国有企业数量较多，而且国有企业的经营目标和发展方向大都由企业与政府签订的计划合同确定，如到 2001 年，与政府签订计划合同的国有企业占国有企业总数的 50% 以上。其基础设施改革的重点是如何完善特许经营制度下公私合营方式，如法国特许经营协会于 1977 年制定了《特许经营行为准则》，其对政府和特许经营企业所拥有的权利和承担的义务作了详细的规定；1998 年颁布了《萨班法》，对特许经营项目必须实行公开招标作出了专门的规定，等等。

5.2.2 英日两国基础设施投融资特征

5.2.2.1 英国基础设施投融资特征

第一，基础设施领域以地方政府投资为主，辅以私人投资，且后者呈逐渐增加的趋势。英国政府投资的重点公共领域为交通、教育、医疗保障和住房。在现行的公共管理模式中，地方政府成为中央政府的“授权”机构，负责在全国范围内贯彻执行中央政府的公共政策，成为公共服务的具体操作者。尽管地方政府不能成为基础设施投资的决策者，但仍是基础设施领域投资的实施者和主体。如从2000—2001 财政年度 5850 亿英镑公共资产的归属来看，其中 60% 的所有权归于地方政府；12% 所有权归于国有企业；28% 归属于中央政府，而这 28% 公共资产主要由商业、工业建筑物、机械设备等非基础设备构成①。

积极引入私人投资，如 20 世纪 90 年代以来，英国政府通过改革将部分公共部门权力向民间转移，形成私人融资活动 PFI（Private Finance Initiative）。目前在英国 PFI 实施几乎涉及所有的公共基础设施部门，如在英国交通部制订的《交通 10 年投资计划书》中，计划 2001 到 2010 年，整个交通总投资为 1806 亿英镑，计划利用私人投资达到 566 亿英镑。

第二，建立地方政府资本性开支控制体系，严格控制地方政府通过借贷进行资本性投资。英国行政体系包括中央联邦政府、省政府、大区政府和市（小区）政府四个层次，在财政预算支出方面，中央政府和省政府集权较多。省级政府基础设施投资资金来源主要有公有住房出售收入、预算法资金的利息收入、经常费预算结余、中央联邦政策专项拨款和补贴以及借债等。但借债受地方政府开支控制体系约束，其在借债之前必须得到中央政府的信贷批准。同时，由于大区和市政府属二级法人，不具有独立性，省政府又控制大区和市政府的借债总量、借债类型和偿债能力，所以地方政府基础设施投融资主要是省政府，大区和市政府只能从事一些小项目的投资。

第三，积极推行 PPP/PFI，吸引私人资本参与基础设施建设。英国是世界上最早推行 PFI 的国家，其项目运作相对规范。自 1986 年 3 月在首都伦敦泰晤士河上的 Dart Ford 大桥开始实施世界上第一个真正意义上的 PFI，接着在伯明翰和曼彻斯特开展，随着在其他各城市，如诺丁汉、布里斯托、利兹和朴次茅斯推行。PFI 也被用于伦敦地铁建设，最初用于提供新机车车辆（如北线新火车），现在则用于对基础设施的维修投资，等等②。英国历年进行 PFI 项目数量及合同

---

① 数据来源：国家发展和改革委员会投资司等．中国投资报告（2005）．北京：中国计划出版社，2005：222.

② 资料来源：Roger Vickerman. Private Financing of Transport Infrastructure：some UK Experience. http：//www. infraday. tu – berlin. de/fileadmin/documents/infraday/2002/papers/vickerman – 2002 – private_ financing_ transport_ infrastructure. pdf.

金额见表 5 - 8。

表 5 - 8　英国推行 PFI 项目数及合同金额（1986—2003）

	项目数	合同金额（亿英镑）
1986	1	
1995	11	6.68
1996	38	15.6
1997	60	24.75
1998	86	占当年公共投资的 11%
1999	99	占当年公共投资的 8%
2000	108	占当年公共投资的 16%
2002	62	76
2003		148.54

数据来源：根据文献［84］整理得出。

第四，政府对基础设施投融资进行有效的管理。主要表现在以下三个方面：①中央政府在政府投资决策中起着主导作用。英国政府投资决策机制基本上沿袭中央集权制，成立于 2001 年的首相办公室直属的公共服务送达专置（Delivery Unit）直接指导各公共管理部门有效地提供公共服务。②采用“金边股”形式对已经民营化的基础设施企业进行控制，即英国政府在这些企业里保留一股特殊的股份（即“金边股”），但这一特别股份赋予英国政府对企业的重大决策拥有特别否决权①。③政府主导基础设施的私人融资活动，政府主导是英国 PFI 事业的典型特征（胡振、刘华、刘佳力，2006）[106]。在推进 PFI 的过程中，英国政府不仅仅是针对性地制定一些优惠政策，提供补贴来吸引社会资本，主要强调建立健全整个投融资管理体系来吸引社会资本，政府围绕着政策提案与制定、资金支持和项目监督三个方面来规范 PFI 项目的管理和控制，逐渐形成了一个公开、透明、有效的政府管理体系。

5.2.2.2　日本基础设施投融资特征

第一，运用独特的财政投融资制度支持基础设施建设。“财政投融资”制度

① 包括：限制公司卖掉经营项目中的有形资产；限制超过净资产价值 25% 的股份的出售；阻止股份发行人修改章程中的某些关键条款（例如外国人持股的最多份额、个人持股的最高份额、股票的流动性、董事会的构成方式、对兼并的否决权）；否决不合理的价格变动等。

创立于 1953 年，是指政府通过公共金融机构为公共事业和需要扶持的产业筹集、融通资金，并按照有效利用有偿使用资金的原则进行直接投资的投融资制度。它是政府利用金融政策实施财政政策的有效手段。财政投融资的基本资金来源为：邮政储蓄、国民年金、厚生年金和简易生命保险等①，它们经过日本开发银行、电信电话公社、道路公团等途径转化为长期建设资金，这些资金是有偿使用的，不同于一般的财政资金，但资金利率较低。这一制度使日本能够筹集必要的资金，长期不断地投向基础设施和重点扶持的骨干产业建设。

第二，特殊的基础设施建设投资分担制。日本基础设施建设有许多参与者，包括中央政府、各级地方政府、官方代理机构（如地方公团等）、私营公司和受益者，采取“分担制”进行。即基础设施建设的实施由实施主体统筹，以明确责任，资金分担则根据各受益者（即分担主体）的受益程度，按比例分摊。投资负担方式有国家直接负担、国家间接资助和受益者负担三种②。

第三，融资方式多样化，广泛运用 PFI 引入民间资本参与基础设施建设。日本基础设施投资资金来源除了财政融资外，还包括：①为支持电信业发展而设立的电信业“加入者债券”，日本的电话债法规定安装电话用户必须认购一定数额的债券，1950—1982 年间仍达 45%。②市政债券融资，日本各级地方政府和一些特殊法团可以发行市政债券为地方基础设施建设筹集资金。日本地方债券分为普通债和公共企业债两大类，普通债由日本地方政府发行，都、道、府、县、市、町、村等各级政府都可以发行普通债券；公共企业债券是由一些特殊的国营法人（如道路公团）发行，由中央政府进行担保。③发行财投机构债券筹资，特殊法人等在金融市场上个别发行的不具政府保证的公开募集债券。④长期金融债券筹资。

另外，从 1997 年开始，日本政府开始引入 PFI，越来越重视运用 PFI 等新型项目融资方式引入民间资金，到 2006 年 8 月 16 日，处于运作中或运作结束的 PFI 项目达 244 个，PFI 事业已成为日本基础设施建设的重要力量。

---

① 根据日本政府于 2000 年 5 月颁布、2004 年 4 月 1 日实施的《资金运营部法的部分修正法》规定，自 2001 年 4 月以后，废止邮政储蓄及养老积存金向资金运营部的全额委托管理义务，同时也废止简易生命保险积存金对政府投资对象机构的融资，因此，邮政储蓄、养老金积蓄的委托保管金和简易生命保险积存金不再用于政府财政投资。政府财政投资主要来源于财政融资资金中特别会计国债（即财投债）发行而转入的资金和各种特别会计的积存、富余资金等。

② 资料来源：中国社会科学院研究所．日本经济体制．长沙：湖南科学技术出版社，1998：219－224.

第四，重视政府在基础设施投融资中的主导作用。主要表现有：其一，日本独特的财政投融资制度是日本中央政府运用计划发展市场经济的一个重要手段，在其基础设施投融资体系中发挥了重要作用。其二，对基础设施投资提供许多优惠和扶持政策，包括：①政府向基础设施提供长期低息贷款；②实施“租税别法措施”，降低基础设施企业法人税率，加速其资本积累，提高其投融资能力；③为道路公团等公共团体发行债券或借款提供担保；④积极推进 PFI 事业发展，政府推动也是日本 PFI 事业发展的主要特征（胡振等，2006）。1997 年10 月，日本产业省设立了“民间资本主导型公共项目开发研究会”，其主要任务是借鉴英国经验，研究如何吸收民间资本进行公共项目开发。在 10 年的时间内日本的 PFI 形成了由事业推进、资金支持、事业监督和专业咨询四个方面组成的规范性管理体制。

5.2.3 德法两国基础设施投融资特征

5.2.3.1 德国基础设施投融资特征

第一，投资主体以联邦政府和地方政府为主。德国联邦政府财政投资可分为直接投资和间接投资，直接投资主要用于基础设施和公共设施建设。联邦政府采取国家持股方式直接投资一些重要的基础设施部门，目前联邦政府持有股份的主要领域有交通、通信、水电供应、教育科研和社会福利等。另外，全国高速公路和东部一些基础设施由国家投资，联邦政府拥有德铁（Deutsche Bahn）公司 100% 股份，拥有德国电信（Deutsche Telekom）25% 股份。城市市政设施投资以社区公有为主导，德国城市市政设施部门企业所有权和市场份额分布见表 5－9。

表 5－9 德国市政设施企业所有权和市场份额（2000 年）

市政设施部门	完全市政府所有（家）	市场份额（%）
供电*	588	43
供气**	556	70
供水及污水处理部门	693	51
供热部门	492	72
垃圾处理***	243	50
城市交通****	200	

注：*国家（国有先入股）所有超过 100 家，完全私有化 5 家；**国家所有约 50 家；***完全私有化约 1000 家；****国家所有约 10 家，完全私有约 120 家。

资料来源：文献［107］。

第二，各级政府在基础设施领域投资分工明确。德国基础设施政府投资由联邦、州及县（市镇乡）三级构成，联邦政府投资占比较少，主要负责影响重大的基础设施项目的直接投资。近年来，联邦政府还采取补贴的形式支持地方政府的基础设施建设。

第三，采取多种融资方式筹集基础设施建设投资资金。包括银行贷款、发行地方政府债券等，主要是向银行进行保证贷款，而银行又可以这些贷款作抵押，发行贷款抵押债券。在城镇公用设施领域也开始采用特许经营方式，使地方政府参股趋于减少。德国政府在基础设施领域尽管强调以政府公有为主导，最近也开始运用 PPP 等新型项目融资方式。德国的第一个采用 PPP 方式建设的高速公路（连通奥格斯堡和慕尼黑）于 2007 年 6 月 12 日开始动工①。

第四，德国各个基础设施部门没有独立的规划机构，采用一种综合管理模式，建了综合的规划机构。而且政府对交通、通信、邮政、能源和供水等部门的价格实行直接管理。

5.2.3.2　法国基础设施投融资特征

第一，根据项目属性和重要程度确定基础设施投资主体。中央政府在投融资中属于主导地位。对一些重要基础设施部门，如铁路、公路、航运、宇航等部门，中央政府常通过设立国有企业方式进行直接投融资。此外，对一些影响重大的基础设施项目也主要由中央政府投资，如巴黎的香榭丽舍大街内外环线都由法国中央政府投资。城市基础设施则分为两类，一类非经营性或社会效益较明显的项目，主要由地方政府投资；另一类经营性基础设施，允许企业进入，通过特许经营方式进行公私合营，但政府保持对项目的所有权。

第二，政府提倡采用特许经营模式从事基础设施投资建设。特许经营制度是指行政部门也称经营权发租方，将公用设施经营权交给私人机构（有时是公立机构），即经营权承租方，由其通过对用户征收租金等手段以及其他有利条件，对所承租的公用事业进行开发管理，它的重要特征是设施所有权属于国家。法国政府广泛运用特许经营模式从事基础设施投资，与德国的特许经营模式有点不一样，其经营对象不仅包括城市公用事业，还包括其他基础设施建设，如到 2007 年法国 9000 多公里高速铁路由 9 家特许经营公司负责管理。另外，法国的中央、

---

① 资料来源：Tiefensee：First German PPP motorway project launched. 2007 - 6 - 12. http://www.bmvbs.de/en.

省、市镇各级政府及下属公共部门都可以单独或联合发租。特许经营形式多种多样，如法国公共交通事业特许经营方式见表5－10。

表5－10 法国外省（巴黎除外）公共交通事业经营单位及形式

委托形式	单位（个）	百分比（%）
市政部门直接管理	1	0.6
合同单位管理	10	6.3
公私合营公司	30	19.5
公共管理者	18	11.3
私人管理者	99	62.3
合计	159	100

资料来源：文献［108］。

5.2.3.3 德法两国基础设施投融资管理比较

德法两国基础设施投融资的相同点包括政府是投资主体、各级政府在项目投资中有明确的责任与分工、政府掌握特许经营权的授予权、采取多种方式筹集建设资金，等等。主要相同点如下：

第一，政府是建设项目的投资主体。两国政府都把基础设施分为两类，一类是非经营性项目如城市道路地铁等完全由政府财政预算投入，如果财政资金不能满足投资需求则由政府向银行贷款，但贷款数额必须控制在财政长期预算收入可偿还的范围内。另一类是经营性项目，如供水、供气、污水处理、垃圾处理等政府允许企业进入，鼓励企业进行市场融资，但视企业的重要程度，政府提供一定比例的注册资本金。

第二，各级政府在项目投资中有明确的责任与分工。对于影响重大的项目主要由中央政府投资，如巴黎的香榭丽舍大街内外环线都由法国政府投资，德国州际高速公路由联邦政府投资。一般性的基础设施项目，中央政府投资也占有很大比重，各级地方政府和企业承担相应的投资责任，如慕尼黑市的地铁建设与维护投资50%来自联邦政府，30%来自巴伐利亚州政府，20%由市政府筹集。地铁车辆的购置由地铁公司（市政府全资公司）出资，但有联邦政府和州政府50%的补助。

第三，政府掌握特许经营权的授予权。对于自然垄断行业，如自来水供应、燃气供应、污水处理等，在政府决定建设某一项目后，通过该行业若干企业之间的公平竞争，政府选择一家优势企业，特许其进入该项目的经营，政府与企业签订协议保证政府提出目标的实现。

第四，采取多种方式筹集建设资金。对于经营性城市基础设施项目，法德两国广泛采取银行贷款、项目融资 BOT 等国际通行方式筹集资金，此外还采取租赁方式建设城市基础设施项目。政府与私营租赁公司签订协议，政府授予租赁公司特许经营权，租赁公司负责项目投资建设和运营。在项目运营期间，政府每年付租金，租赁公司则拥有企业财产所有权和经营权。

第五，重视对项目建设的前期规划。对于城市基础设施建设，政府都要做出长期的规划，规划期可达十年。具体项目一般由行业协会提出，由政府及协会审批做出决策，重要的是政府在审批过程中要通过非常细致严格的核算，确定项目的规模和投资额，同时确定项目总投资额中各级政府投资的比例。项目一旦批准，则建设时间、工期、投资不得改变。由于前期准备充分一般都能够保证建设项目按计划实施，如期投入使用。

总体来看，法德两国在基础设施投融资与企业经营管理方面的共性较多，但也有一些区别。

第一，基础设施领域的企业运作模式不同。法国主要是通过一些具有垄断地位的全国公司从事基础设施建设和运营，如城市交通、煤气、电力公司都是全国性垄断公司在全国各地进行经营管理。而德国是在全国各地分别成立基础设施服务公司，其隶属于当地政府。

第二，政府对基础设施投资责任的看法不同。法国政府虽然是基础设施的投资主体，但仍倾向认为基础设施应尽量由企业来投资，这样可以减少纳税人的负担。德国则强调政府对基础设施投资有义不容辞的责任。

第三，对于非经营性基础设施企业，两国的补贴方式不同。如法国的公交和地铁由专业性公司经营，其亏损由政府直接补贴；而德国公交由综合性的基础设施公司经营，公司采取以盈补亏方式。

5.3　市场主导型投融资模式与政府主导型投融资模式比较

事实上，每个国家的基础设施投融资模式有其自身的特点以及形成背景。一国基础设施产业改革的过程及结果是决定该国政府作用范围的直接因素，而该国经济发展的历史传统则是决定政府作用范围的根本因素。虽然在不同的时段由于经济的需要，政府的具体作用会有小幅度变化，但是政府作用范围的基调是在该国市场经济逐步形成与发展的过程中就奠定的。

美国，一直以来就推崇自由主义的市场经济，提倡的是“凡民间能做的事情政府绝不插手”的理念。在20世纪70年代末，美国政府放松了对经济的干预，最终确定了美国政府只是运用财政与货币政策手段对经济作必要的调节，尽可能少地干预经济的市场经济特征。伴随着美国政府对经济干预的放松，其对基础设施产业也进行了以放松管制为特征的改革，美国政府由此形成了在基础设施投融资领域角色定位：“市场增进”的角色。

英国虽然其市场经济体制的变迁在阶段上大体与美国相似，但在具体的做法上，尤其是在第二个阶段的国有化政策上，与美国存在区别：为了克服市场经济内在缺陷，美国只是加强了管制，仍然坚持以私有制为基础的自由企业制度，而英国则把市场失灵严重的产业收归国有或公有化，由政府直接拥有企业。这说明英国的市场经济发展并不存在像美国那样的“自由主义”的传统，这也造成了英国20世纪70年代末开始的基础设施产业的市场化改革的内容与美国的重点内容截然不同。改革中，英国政府为推行投资主体的民营化，同时为了吸引私人资本，在管理体制改革、政策制定上都花费了大力气。这个改革的过程相对美国而言，政府起到的推动作用要大得多，而改革之后形成的基础设施产业投融资模式中政府发挥的作用亦较大，这在英国的PFI事业上得到体现。

德国推行的是社会市场经济模式，这是一种以私有制为主体，鼓励和发展市场经济，同时主张宏观调控和政府干预的经济发展模式。德国1990年统一后的经济困难，特别是经济体制转轨要求加强政府干预，采取积极措施，至此形成了社会市场经济的发展模式。德国政府不像美国那样宣称本国的市场经济是自由主义的，相反，在肯定市场的同时还突出政府的干预作用。德国的基础设施产业改革以引入竞争为特征，也并不像英国那样进行了大面积的私有化，基础设施产业领域竞争引入后仍以政府公有为主导。在基础设施产业的资源配置中，德国政府起了主导作用。

日本，作为一个后起的资本主义国家，为了在短期内将有限的、稀缺的经济资源相对集中起来，配置到最急需的环节去，需要发挥政府在资源配置中的导向作用，因而日本的工业化表现为一个强力政府推动的过程。如果说美国政府政策对企业的作用是有限的、合作的，那么在日本，政府作用是有力的、合作的。日本基础设施产业的改革以民营化为特征，在基础设施产业的资源配置中，日本政府起了主导作用。

通过比较研究，我们发现，市场主导型的投融资模式具有如下特征：首先，基础设施以私人资本为主体。其次，在吸引私人资本方面主要是通过政府制定相关优惠政策、培育良好的投资环境来实现的，政府并没有设立专业的研究机构与管理机构。最后，政府的管制活动也是遵循“尽可能让市场机制发挥作用”的原则，在市场准入方面的规定更为放松，尤其还放开了很多基础设施产业的定价权，而价格是市场机制发挥资源配置作用的核心。

政府主导型的投融资模式，具有如下特征：首先，基础设施可能是以政府所有为主，也可能是以私人所有为主，也就是说基础设施的公有为主还是私有为主并不是划分政府主导型和市场主导型的标准。英国虽在以前出现过国有化的阶段，但在改革后以私人资本为主，日本虽然在其基础设施产业发展的过程中财政资金占了很大的比重，但政府总体上的意识是要增加私人资本以私人资本为主。当然公有为主的国家其政府一定是处于主导地位。像德国就是以公有为主，德国政府在基础设施产业的投融资中起到了主导作用。其次，如果一国基础设施产业以私有资本为主体，那么该国在调动私人资本进入基础设施产业时，政府起到了主导作用。英国为 PFI 事业的发展建立了专门的研究机构与管理机构，日本政府也强有力地采取多种措施引入私人资本。最后，在基础设施产业的管制上，政府管制较为严格。英国采取了某些新的机制（如保留对企业重大决策的特别否决权），德国政府会采取直接控制价格的手段来避免垄断产业对公众的伤害，日本政府则由于管制体制本身的问题有再管制的倾向。

市场主导型和政府主导型中的政府作用相差很大，即使是在政府主导型的国家当中，各国政府的作用亦有大小之分。但政府主导型和市场主导型的投融资模式并没有严格的好坏之分，我们从各国的基础设施投融资模式的形成原因就可以看出，一国最终是哪种投融资模式，都是在其特定的历史背景中形成的。只要符合国情，能够促进当时的基础设施产业发展即可称之为合理。如果一国的模式中对基础设施产业的发展有某些阻碍因素，则政府应该注意及时调整，但这种调整并不意味着该国投融资模式的改变。当然，随着技术经济、社会政治等条件的转变，基础设施投融资模式也要求有相应转变。

5.4 国外基础设施投融资模式的启示

通过对以上各具代表性国家基础设施投融资模式特征的分析和比较，可以得出以下启示：

第一，政府在基础设施投资中的边界清晰，各级政府分工明确。基础设施具有公共物品特性，需要政府投资，但是并不是所有的基础设施建设都需要政府投资或全部由政府投资。同时，一国行政体系由不同层次的政府构成，不同层次政府对不同范围内基础设施建设的责任是不一样的，投资效率也不同。清晰的政府投资边界和合理的分工是基础设施投融资模式确立的先决条件。如美国政府的财政支出（或投资）范围是全部公共物品和部分准公共物品①，私人可以在准公共物品的基础设施领域投资和经营。具体包括三种形式，一是私人完全投资并提供基础设施产品或服务；二是私人与政府联合投资并提供服务；三是私人与社区联合投资并提供服务。同时对联邦、州和地方各级政府在基础设施投资活动中的分工也较为明确和合理。德法两国则根据是否有收费机制将基础设施分为两类：一是非经营性或社会效益非常大的项目，完全由政府投资；另一类是经营性项目，允许民间资本进入。而且中央政府和各级地方政府的分工也较为明确，如德国港口建设的投资主体是地方政府，港口内的一切基础设施统一由地方政府投资，联邦政府对港口建设不给补助，但进港航道和河流航道的建设和维护费由联邦政府全部负担。

第二，严格控制各级地方政府基础设施投资的融资规模。在前面五个典型国家中，各国地方政府负债规模由同级立法部门控制（分权制国家），或者由上级相关部门控制（集权制国家）②。美国地方政府基础设施建设资金主要来源于市政债券的发行，由于美国是分权制国家，地方政府只对本级立法机构负责。尽管

---

① 政府投资并不等同于政府直接生产，在美国，常常是政府投资，但由民间生产，见前面关于美国基础设施投融资的讨论。

② 国外地方政府债务管理模式包括市场约束模式（主要有加拿大，芬兰等国）；共同管理模式（主要有澳大利亚、比利时、丹麦等国）；制度约束模式（主要有美国、巴西等）；行政控制模式（主要有英国、日本、法国、德国等）（财政部预算司，2008）。即使在实行市场约束模式的国家中，地方政府并不是想举债就举债，也要满足一定的条件，而且大多数国家很难满足这些限制条件。

不需要上级政府审批，但地方政府或代理机构发行一般责任债券需要辖区内选民投票同意或者同级立法机构的审查批准①。英国则实行严格的地方政府资本开支控制体系，地方政府借债必须得到中央政府的批准。日本和法国是集权制国家，在日本，未经中央政府批准，地方政府不能举债。每年由中央政府制定地方政府贷款计划，内容包括地方债券发行总额、发行方式、用途及每种发行方式的债务额度，并与“地方政府财政计划”同时拟定。法国地方政府举债方式主要是向银行借款和发行地方债券②，中央政府对各级地方政府的债务和财政运行情况，主要通过审计、法院、经济和财政部以及该部派驻各省、市镇的财政监督机构进行监控。

第三，创新投融资方式，积极引导民间资金进入基础设施领域。基础设施新型的投融资方式包括 PSP（Private Sector Participation. 私营部门参与）、PPP、PFI、BOT 等及其变种，多种多样。在美国，为弥补政府基础设施投资的资金缺口和提高运营效率，越来越多地放权给私人企业，激励他们有效地投资基础设施。到 2006 年，美国有过半数的州制定了推进 PPP 的法律。目前，另一种新型融资方式 TIF（税款增量融资法），在美国基础设施建设中越来越受到重视。英日两国在政府的积极引导下，大力开展 PFI 事业，使 PFI 投融资方式迅速发展。德法两国则不断完善特许经营制度，使之应用更为广泛。同时德国政府也在积极尝试运用 PPP 进行基础设施建设，正如德国联邦运输部部长所言：“PPP 虽不是万灵丹，但它可以帮助我们做事更有效率。不用说，所有建设项目都受到同样的质量标准的检验，而采用 PPP 方式，由一家公司负责项目生命周期的规划、建设、运营和维护。将激励快速完成项目，采用具有成本效益和高品质的生产和运作方式”③。

第四，政府在基础设施投融资中起着积极作用。由于基础设施的特殊属性，市场机制在该领域中或多或少地存在“失灵”现象。该领域是政府发挥作用的重要地方之一。政府主要通过影响基础设施投融资和对其运营进行规制等方式来影响基础设施的建设和运营。即使在市场主导型投融资模式的美国，除自身的投资

---

① 美国许多州宪法都规定，除非事先获得辖区内 2/3 选民的同意，任一年度内的县、市举债规模不得超过其年度收入。

② 向银行贷款，通常以市镇政府财产作质押，期限为 10～15 年，利率与市场利率相同；发行地方债券，也须以地方政府财政作担保，利率等于国债利率，低于企业债券利率。

③ 资料来源：Tiefensee. First German PPP motorway project launched. 2007－06－12.

外，政府还为私人进入基础设施领域提供制度激励，同时对私人提供基础设施服务进行有效规制。英国和日本基础设施民营化和 PFI 事业的推广都是在政府积极主导或引导下进行。法国和德国在推行特许经营制度的过程中，要求政府或代理机构作为项目发起人，而且要求项目的所有权归政府所有。另外，德国为推进垄断行业的改革制定了一系列的法律法规，规定基础设施市场开放的原则，并针对不同行业制定了开放市场的时间表。

第 6 章　中国基础设施投融资模式研究

从 20 世纪 70 年代末 80 年代初开始的经济体制改革过程中，中国的投资体制也处于不断探索和完善过程中，到 2004 年 7 月，经国务院批准的投资体制改革方案《国务院关于投资体制改革的决定》颁布后，我国投资体制改革进入新阶段。基础设施投融资体制是我国投资体制的重要组成部分，在此过程中自然而然地一直在进行改革，因此研究我国基础设施投融资模式首先应对我国基础设施领域中包括投融资体制等改革措施和实践进行分析，并总结出特征及存在的问题，同时借鉴国外基础设施投融资的经验，然后构建我国基础设施投融资模式。本章首先研究基础设施领域各项制度性改革和具体实践，然后结合实际情况，研究基础设施投融资模式的具体选择，进而构建基础设施的投融资模式，为我国基础设施投融资探索一个框架性的解决方案。

6.1　我国基础设施投融资改革与实践

我国基础设施投融资改革伴随着社会主义经济体制改革和投资体制改革的逐步深入而不断推进。由于国际上基础设施投融资改革的一个主要标志是民营化，因此我国基础设施领域投融资改革的主要标志是在 1993 年党的十四届三中全会上通过《关于建立社会主义市场经济体制若干问题的决定》和 2004 年 7 月 1 日国务院制定和发布《国务院关于投资体制改革的决定》。《关于建立社会主义市场经济体制若干问题的决定》确立了我国经济体制向社会主义市场经济体制转变的改革方向，同时明确提出把项目分为公益性、基础性和竞争性三类。指出公益性项目由政府投资建设；基础性项目以政府投资为主，并广泛吸引企业和外资参股；竞争性项目由企业投资建设，等等。这为我国基础设施投融资体制改革和实践提供了方向。《国务院关于投资体制改革的决定》中指出要鼓励社会投资，放宽社会资本的投资领域，允许社会资本进入法律法规未禁入的基础设施、公用事业及其他行业和领域。逐步理顺公共产品价格，通过注入资本金、税收优惠、贷款贴息等措施，鼓励和引导社会资本以独资、合作、联营、合资、项目融资等方式参与经济性的公益事业、基础设施项目建设。同时将政府投资改革作为投资体制改革的重点之一，规定政府投资的范围，对中央政府和地方政府的投资事权作了原则性规定。由于基础设施领域是政府投资的重要领域，因此，该决定对我国基础设施投融资体制改革的进一步深入具有导向性的指导意义。在这两个具有里程碑意义的《决定》的指导下，近几年来，我国基础设施领域投融资体制进行了一系列改革。由于基础设施领域包含的部门比较广泛，本文只对铁路、公路和港口等交通基础设施、城镇公用设施等主要基础设施投融资改革历史及现状进行论述和分析。

6.1.1 我国交通基础设施投融资改革及现状分析

交通基础设施是基础设施领域中最重要的组成部分，对国民经济发展起着重要的支撑作用，主要包括铁路、公路、民航和港口等。这也是国际基础设施改革的重要领域。目前，国外发达国家和地区的交通基础设施中除公路外，其他大都进行了市场化改革。

6.1.1.1 我国公路建设投融资改革及现状

公路是我国基础设施领域最早进行市场化改革的部门之一。最先进行的市场化改革尝试是广东省交通厅于 1981 年提出向外商借款 1.5 亿人民币建设广东至珠海公路上的四座大桥，集资 1 亿元人民币改造广州至深圳公路，还款来源是向过路车辆收取车辆通行费。此后，道路收费制方式在全国公路建设（特别是高速公路）中广泛采用①。这一公路建设投融资方式在 1988 年 1 月由原交通部、财政部、国家物价局发布的《贷款修建设立等级公路和大型公路桥梁、隧道收取车辆通行费规定》中得到承认，并对收费范围、使用等方面加以规范。

1995 年以后，由于我国经济增长迅速，对公路运输需求急剧增加，公路建设进入新一轮时期，导致公路建设资金缺口加剧。这样，公路建设投融资中开始

① 由于高速公路封闭管理，便于收费，且可以分段经营，因此，我国高速公路都不同程度地采取贷款和集资方式筹集资金，利用收费来偿还贷款或集资款。

出现基于收费制下的经营权转让和股权转让等变现的方式。其实质是在收费制下，把未来提前变现，即将未来预计收取的通行费提前变现，迅速筹集资金用以偿还借款或修建新的公路。这种投融资方式在 1996 年 9 月 18 日颁布的《公路经营权有偿转让管理办法》中得到承认并予以规范，在该《办法》中除承认公路经营权转让的合法性外，也承认其可以作为贷款担保、质押等。而且，1997 年颁布的《公路法》以法律的形式对政府收费还贷公路，国内外经济组织投资收费公路及公路收费权转让作了明确的规定，并发布了《收费公路权益转让办法》。经营权转让使得公路建设投资和经营模式由原来的收费还贷，变为通过收取车辆通行费获取收益的公司制经营模式，而公司大都采取股份制，且股票可以上市交易，这样就实现了公路投资主体多元化。

目前，我国公路建设基本上实现了投融资主体多元化，项目业主多层化，筹资方式多样化，形成了“国家投资、社会筹资、企业融资、利用外资”的投融资体制。公路投融资方式包括：第一，以各级交通运输主管部门作业主，利用部分财政资金，同时利用贷款筹集资金，修建收费公路；第二，各级政府作为业主集资修建收费公路；第三，国内外各类经济组织投资修建高等级公路；第四，成立股份有限公司，发行股票和企业债券融资。

公路投资的资金来源主要有：①车辆购置附加税，从 1985 年开始征收到 2009 年为公路建设提供了 4000 多亿元资金。②银行贷款，是公路建设资金的主要来源，主要投向收费公路。这样就导致收费公路中银行借款的比例更高，据调查，到 2005 年底，18 个省（市）收费公路银行贷款余额达 8000 多亿元[①]。③发行股票，股票市场融资是我国公路投资资金的重要补充，到 2008 年底，以公路为营运资产的上市公司已达 20 家，通过 IPO 募集资金达 2256 亿元。④发行公路建设债券和运用国债资金，从 1998 年底到 2009 年 5 月，20 余家公路企业共发行中长期公路建设债券 573 亿元，发行短期融资债券 808. 3 亿元；1999 年以来，累计使用国债资金 693 亿元，占同期国债发行总量的 13. 6%[②]。⑤利用外资和其他新型融资方式筹集资金，外资主要包括国外政府贷款和国际金融组织贷款，创新型融资方式主要有 BOT、信托、资产证券化等。

6. 1. 1. 2　铁路建设投融资改革及现状

---

① 数据来源：审计署 2008 年 2 月 27 日发布的《18 个省市收费公路建设运营管理情况审计调查结果》。

② 数据来源：公路建设投融资成绩显著．物流中国．htm. 2009 – 11 – 30。

铁路由于建设投资巨大和经营的自然垄断性等特征，与其他基础设施部门相比，铁路投融资体制改革最为缓慢。但最近几年在“政府主导、多元化投资、市场化运作”的总体思路下，出台了一系列改革政策。2005 年 7 月铁道部颁布了《关于鼓励和引导非公有制经济参与铁路建设经营的实施意见》，其明确提出按照“平等准入、公平待遇”原则，在铁路建设、铁路客货运输等领域对社会资本开放。2006 年 6 月铁道部出台的《“十一五”铁路投融资体制改革推进方案》，提出了铁路投融资体制改革的总体目标，标志着我国铁路投融资体制改革开始取得突破性进展。一些客运专线、煤运通道项目开始吸引各种社会资金进入。据统计，2006 年铁道部先后与 70 多家社会投资机构、路外国有和民营企业签订了投资协议，共吸引社会权益性投资 440 多亿元，其中民营资本超过 25 亿元①。包括信托、发行股票、私有化等多种投融资方式开始出现。2006 年初，由中海信托向全国社保基金理事会发行了一年期银信信托融资产品，为铁道部募集了 30 亿元资金；2006 年 7 月，大秦铁路股份有限公司在 A 股上市，共募集资金 142.7 亿元；2006 年 8 月 22 号，深圳中特集团有限公司受让广东罗定铁路总公司 100% 的产权，标志我国首条民营铁路已出现，等等。

目前我国铁路建设投融资的主要特征是地方政府积极参与铁路建设。较长时期以来，铁路建设主要靠铁道部以国家名义进行投融资建设和经营，但近几年来，地方政府开始采取独立或合资方式与铁道部共同投资地方铁路建设。如 2004 年 12 月，铁道部与福建省签订了《铁道部、福建省关于加快福建铁路建设有关问题的会议纪要》，明确了部省合作的思路和目标；浙江省组建了地方国有独资的铁路投资集团公司，负责在省内独立或与铁道部合作投资建设铁路；江苏省组建了交通控股有限公司，南京市也成立了南京铁路建设投资有限公司；云南省成立铁路投资有限公司，作为云南省人民政府授权专司省内铁路设施建设的投资主体，承担云南省人民政府建设铁路的融资工作；等等。据铁道部数据，仅 2006 年 1—7 月，全国铁路基本建设投资完成 724.91 亿元，同比增长 1.85 倍。其中铁道部投资完成 533.57 亿元，同比增长 1.3 倍；地方政府及企业对国家铁路和合资铁路投资完成 185.88 亿元，同比增长 5.5 倍；而且地方政府对地方铁路投资完成 5.45 亿元。由此可见，地方政府和企业对铁路建设投资的增长速度明显快于铁道部。

---

① 数据来源：《中国投资》，2007（2）：97.

6.1.1.3　港口和民航投融资改革及现状

我国港口建设投融资改革伴随着港口管理体制改革而不断深入。2001 年国务院以国办发［2001］91 号文件下发了我国港口管理体制改革办法。从 2002 年正式开始，改革的核心是将港口行政管理权彻底下放到地方人民政府，同时对原港务局实行政企分开。共分两步进行，第一步是将投资、建设等职能由中央各部门移交给地方人民政府，到 2002 年 7 月完成；第二步是由地方人民政府将原港务局实行政企分开，组建港务（集团）企业和港口行政管理机构，至 2005 年底完成。这样港口建设的投资决策权由地方人民政府和港口企业承担。

1998 年以来，我国港口业的投资一直在增长。"十五"期间全国沿海港口建设共完成投资 1323 亿元，是"九五"期间的 2.7 倍，2006 年我国沿海港口投资完成 600 亿元，而包括内河港口在内的内河水运建设投资完成 220 亿元①。巨额投资需要多种资金来源，近几年来，我国港口建设资金来源也呈多样化。2003 年国家颁布的《中华人民共和国港口法》中第五条规定"国家鼓励国内外经济组织和个人依法投资建设、经营港口，保护投资者的合法权益"，从而确认了我国港口多元化投资主体和经营主体的港口建设经营制度。目前，港口建设投资中政府投入越来越少，市场融资比例越来越高，资金来源主要有中央政府投资、地方政府投资、企业市场化融资（包括银行贷款、发行股票和债券等）、合资（包括外资合作和内资合作）等②。

2005 年 8 月 15 日原民航总局发布并施行《国内投资民用航空业规定（试行）》，该规定指出，民用运输机场是自然垄断部门，鼓励国内各投资主体多元投资，并允许非国有投资主体参股。此后，越来越多的民营资本开始进入这一领域。如云南腾冲机场的建设资金由云南机场集团公司、民营企业云南官房建筑集团公司和腾冲县政府分别承担 46%、44% 和 10%，建成后，机场产权归地方，由地方经营[109]。2006 年 7 月 28 日，首个民营资本控股的浙江建德市千岛湖通用机场竣工并投入运营，标志着民营资本成功进入民航这一自然垄断行业。

6.1.2　市政公用设施投融资改革

市政公用设施是由城市政府组织实施和运营，建设行政主管部门进行行业管

---

① 数据来源：《2007 年中国行业年度报告系列之港口》，中国经济信息网。

② 到 2006 年底，全国有近 60 个港口有外资参与，其方式有外商间接投资和外商直接投资；国内合作包括港际合作和港企合作两种，且国内港际合作已成趋势。

理的公用设施，包括城市供水、公共交通、供气和供热等城市公用事业，城市市容、垃圾和粪便清运处理、公共场所和公共厕所保洁等市容环境卫生事业，城市道路、污水处理、排水、防洪和照明等市政工程，城市园林、绿化等园林绿化业①。由于市政公用设施与城镇居民的生活息息相关，投资建设和经营一直受到各级政府的高度重视，如1992年6月颁布的《中共中央国务院关于加快发展第三产业的决定》中，将公用事业确定为对国民经济发展具有全局性、先导性影响的基础行业。市政公用设施建设利用外资和民间资本始于1992年签约的中山坦洲供水厂，此后，中法水务、法国通用水务、英国泰晤士水务等国际供水集团开始进入我国，从事水厂的投资和经营管理。目前，我国市政公用设施投资资金来源主要有中央和地方政府财政拨款、国内银行贷款、利用外资、自筹资金和其他资金。

我国市政设施投融资改革的主要特征是在市政公用事业中普遍采取特许经营制度。原建设部在2002年12月颁布的《关于加快市政公用行业市场化进程的意见》中提出在市政公用事业中建立政府特许经营制度。2004年3月19日原建设部又颁布了《市政公用事业特许经营管理办法》，指出城市供水、供气、供热、公共交通、污水处理、垃圾处理等行业，依法实施特许经营。为规范市政公用事业特许经营，又印发了《城市供水、城市管道燃气、城镇供热、城市污水处理、城市生活垃圾特许经营协议示范文明》。2005年2月19日国务院发布的《关于鼓励支持和引导个体私营等非公有制经济发展的若干意见》中指出“允许非公有制资本进入公用事业和基础设施项目，可以向非公有制企业转让产权或经营权”。这一政策的出台，刺激了非公有资本进入市政公用事业领域投资的积极性。目前，非公有资本已经进入包括城市交通、水电、道路、园林绿化、污水垃圾处理等几乎全部市政公用领域。据原建设部2005年、2006年的调研，所涉及的市政公用事业项目近2000个，超过半数采用以特许经营制度为核心的市场化改革，而且涉及特许经营制度的项目仍在逐年迅速增长，如水厂类PPP项目投资从1994年的310亿元上升到2005年的8390亿元②。

---

① 中国改革开放30年（1978—2008）。

② 数据来源：王守清，柯永健．特许经营项目融资．北京：清华大学出版社，2008：14－15.

6.2　我国基础设施投融资改革的主要特征及存在的问题

随着投资体制改革的不断深入，我国基础设施投融资在体制建设、投融资实践等方面形成了一定的特色，主要表现在以下方面。

第一，形成并实践了政府投融资体制中的开发性金融制度。国家开发银行曾经作为国家政策性金融机构，重点对基础设施、基础产业和支柱产业提供政策性金融服务[①]，担负着将政策性金融同市场机制相结合的职能。现阶段各级地方政府越来越多地重视并承担当地基础设施建设，却由于在基础设施领域存在大量的市场缺失和制度落后问题，导致无法从市场上筹集足够的建设资金，但各级地方政府具有强大的组织协调能力。基于此，开发银行创造性地将其资金优势和政府组织协调优势相结合，积极促进公众参与，在没有市场的地方建设市场，在有市场的地方完善和发展市场。这样，一方面从根本上完善制度，促进市场建设，为地方基础设施等建设提供巨量的资金。另一方面，也保证了自身资金的安全，资产质量不断得到完善。开发性金融制度为我国中央政府支持基础设施建设提供了理论和实践相结合的成功经验，也成为我国基础设施投融资改革的一个重要特征。

第二，搭建多类和多层政府投融资平台，构建了多层次政府投融资体系。基础设施领域投融资改革的一个重要举措是市场化，政府不能直接参与，但政府必须在基础设施建设和运营中起主导作用。成立各级政府全资或控股的投融资平台，一方面代表同级政府对基础设施项目履行出资人的义务，另一方面还可以在金融市场进行市场化融资，放大政府财政资金。同时，在我国基础设施投融资改革中，对某个比较重要的基础设施项目而言，常常根据受益原则需要相关各级政府提供一定的资金。如大到三峡工程项目，京沪高速铁路，其资本金构成中都有各级地方政府的出资。小到上海地铁 7 号线，其总投资 152 亿元，资本金 63 亿元，占总投资 42%；而资本金中，地铁沿线 7 个行政区以征地拆迁费 43 亿元入

---

① 国家开发银行自 1994 年成立时，国务院赋予其国家政策性金融机构的职能。2008 年改制为股份制商业银行，但仍主要担负为基础设施项目提供贷款资金的职能。

股，剩下 20 亿元资金由代表上海市投融资平台的申通公司出资。各级政府的出资份额并不是由该级政府直接提供，而是由该级政府的相关投融资平台提供。据统计，到 2009 年，全国有 3000 余家政府投融资平台，预计资产规模达到 1.5 万亿元。这样，通过搭建不同种类和不同层次的投融资平台，从而构建多层次的政府投融资体系。一方面隔离了政府直接干预基础设施建设，另一方面又能发挥政府的主导作用。

第三，积极探索 PPP 等特许经营项目融资方式。BOT 项目融资方式于 20 世纪 80 年代中期引入我国电厂、高速公路、市政工程等基础设施领域。如深圳沙角 B 电厂、广西来宾 B 电厂、成都自来水厂 B 厂、北京第十水厂等 BOT 项目。据世界银行统计，1990—2005 年间中国基础设施领域中有私营部门参与的项目共有 483 个，总投资额达 725 亿美元[110]，见表 6－1。

表 6－1　1990—2005 年间中国基础设施 PPP 项目投资情况（单位：10 亿美元）

年份	能源类	通信类	交通类	水厂类	合计
1990	0	0	173	0	173
1991	0	0	2379	0	2379
1992	1881	0	533	0	2414
1993	2197	0	1172	0	3369
1994	148	0	2086	31	3165
1995	987	0	309	150	1447
1996	2859	0	5084	149	8093
1997	5946	3970	3093	211	13220
1998	3026	0	1671	272	4969
1999	4348	2000	696	203	7247
2000	847	5653	1918	72	8490
2001	621	325	438	457	1841
2002	949	1430	340	892	3611
2003	2051	0	1380	270	3701
2004	802	1140	925	601	3469
2005	1096	0	2947	839	4882
合计	28658	14518	25143	4148	72468

资料来源：王守清，柯永健．特许经营项目融资．北京：清华大学出版社，2008：14－15.

私营部门参与不仅为基础设施建设解决了一部分资金问题，更提高了这些基础设施项目的投资效率和政府的管理效率，为基础设施投融资体制改革的深入积累了经验。我国基础设施投融资体制在改革中形成了一定的特色，而且从第三章的实证结果可知，相比前两段时期的投融资体制来说，具有效率优势，但还存在一些深层次的问题，主要体现在以下几个方面。

第一，由于只对投资项目进行简单的分类①，在具体实践中尚存在政府投资边界不清晰的问题。主要表现在两个方面，其一，政府对一些经营性基础设施介入过多。由表 6 – 2 可知，各级政府投资的重点在交通通讯和电力等经营性比较明显的基础设施部门，中央政府在两部门的投资占中央政府投资之比约为 4.6%，省级政府投资占比约为 68%，省级以下政府投资占比为 29.46%。其二，过多地将应主要由政府投资的基础设施建设推向市场。如公路建设，在国外公路建设一直是政府投资的重点，但在我国，部分地方政府和交通主管部门将大部分公路市场化，导致收费站林立，影响了运输效率。从国家审计署 2008 年 2 月 27 日发布的《18 个省市收费公路建设运营管理情况审计调查结果》可知，到 2005 年底，我国收费公路里程已达 18 万公里，相当于高速和二级公路总里程的 55%。

表 6 – 2　1996—2002 年各级政府投资在各基础设施部门的分布（平均值）

部门	占全部投资资金比重	中央政府投资	省级政府投资	省级以下政府投资
电力、煤气及水的生产和供应业	13.50%	11.89%	16.40%	6.95%
交通运输、仓储及邮电通信业	24.81%	33.85%	52.49%	22.51%
地质勘查业、水利管理业	2.53%	9.32%	4.13%	5.40%
社会服务 *	8.14%	5.54%	8.97%	26.16%

* 注：在 1996—2002 年的统计口径中，社会服务包括公共交通、环境卫生、园林绿化、市政工程等公用事业的投资与经营，故社会服务可作为基础设施部门。

资料来源：国家统计局（1996—2002 年）。

第二，各级政府分工不明导致基础设施领域各级政府投资结构趋同。各级政府之间在基础设施领域各部门间的投资没有明确的分工，导致各级政府在某些基础设施部门重复投资或重叠投资的程度很高，从表 6 – 3 中可以看出中央政府和省级政府在电力和交通通信两个部门重叠投资程度较大。根据效率原则，不同层级政府投资不同部门基础设施的效率是不一样的，这样有可能导致提供的某些基

① 即将投资项目分为公益性项目、基础性项目和竞争性项目。

础设施服务不足和效率不高。

表 6－3　1996—2002 年不同层级政府投资在基础设施各部门的分布（平均值，%）

基础设施部门	全部政府投资	中央政府投资	省级政府投资	省级以下各类投资
电力、煤气及水的供应	100	47.8	31.08	21.12
地质勘查业、水利管理业	100	58.77	14.12	27.11
交通运输、仓储及邮电通信业	100	43.37	32.79	23.84
社会服务	100	17.51	14.64	67.85

注：在 1996—2002 年的统计口径中，社会服务主要包括公共交通、环境卫生、园林绿化、市政工程等公用事业的投资与经营，故社会服务作为基础设施部门。

资料来源：国家统计局（1996—2002 年）。

第三，政府管理尚存在较多不适应于基础设施市场改革的地方。近几年来，我国相继在公路、铁路、机场、电力通信、市政公用事业等基础设施领域进行市场化改革，取得了较大的成效。但在此过程中，还存在法律不健全、合同不完善、监管手段不足等诸多管理方面的问题。一些政府只是简单地将基础设施项目推向市场，而缺乏相应的配套制度，使私人资本风险过大，导致项目延期或失败；或者由于缺乏有效监管而使服务质量下降或服务价格持续上升。

第四，地方政府资本性支出负债规模越来越大，潜在风险增加。自 1994 年实行分权型财政体制改革后，随着财政分权体制的确立，地方政府开始获得地方基础设施的投资决策权，地方项目越来越多。在城镇固定资产投资项目中，中央项目 1995 年为 4274 个，占比为 27.32%，2007 年为 13165 个，占比为 11.21%；地方项目 1995 年为 11369 个，占比为 72.68%，2007 年为 104799 个，占比为 88.79%。这表明基础设施建设越来越多地以地方投资为主。但地方政府财力有限，只能以直接或间接方式对外举债，主要是银行贷款。根据财政部财政科学研究所估算，到 2007 年底，地方政府债务余额在 4 万亿元以上，约相当于同期 GDP 的 16.5%，全国财政收入的 80.2%，地方财政收入的 174.6%。而地方政府基础设施融资是通过 3000 余家不同层次的投融资平台实现的。据测算，全国 3000 余家投融资平台负债规模达到 1.5 万元。这意味着地方政府过度地提前使用了未来的现金流进行基础设施建设，存在相当大的清偿风险。

6.3　我国基础设施投融资模式选择的原则

当前我国正处于基础设施投融资改革过程中，在此过程中确立新型的投融资模式应遵循以下原则。

第一，坚持政府主导。经济体制模式的差异决定了政府在基础设施领域作用的强度是不一样的。我国实行社会主义市场经济体制，既不同于德国等的社会市场经济体制，也不同于日本、法国等的行政主导市场经济体制模式，更不同于美国的自由市场经济体制模式。同时，基础设施领域，既包括关系国计民生的公用事业部门，也包括被视为国民经济的命脉部门或战略部门，政府在这些部门的建设和营运中都应起着积极的主导作用。因此，基础设施建设项目的确立、投融资主体的选择、建成后营运的管制等都应体现政府的主导作用。

第二，确立合理的基础设施领域投融资改革的目标。国外基础设施投融资模式确立过程中①，常常面临两个主要目标，一是效率目标，二是资金目标②。美国和德国进行基础设施市场化改革的首要目标是通过引入竞争来提高基础设施领域的效率，而英国和日本基础设施市场化改革的首要目标是获得基础设施建设资金。我国基础设施投融资模式的确立过程中必然伴随着基础设施的民营化过程，而民营化的目标对基础设施投融资模式具有很大的影响。效率的提高有助于提供更好的服务，会增加社会福利。在市场经济体制下，效率的提高主要靠竞争来实现；基础设施建设资金增加则有利于提供更多服务的问题。因此，效率目标和融资目标涉及的是使公众获得更好的服务，还是更多的服务。对于我国而言，两者应该协调，不过不同类型的基础设施应有一定的差别。

第三，妥善处理基础设施领域政府与市场的关系，各级政府之间的关系。这是我国确立基础设施投融资模式应首先解决的一个基础性问题，这涉及三个层

---

① 国外基础设施民营化过程其实就是基础设施投融资模式确立的过程。

② 据 Savas（2000）调查发现，政府热衷基础设施公共服务民营化的目的为：试图消减公共机构内部开支占 90%，外部财政压力占 53%，私营部门建设占 23%，政治气候占 23%。这说明基础设施民营化改革的主要目标是消减公共机构内部开支（即压缩成本）和缓解财政压力，即提高公共机构效率和获取资金。

面。其一，基础设施建设中政府与市场的边界问题，由于大部分基础设施具有准公共物品的特性，政府和市场在这里具有重叠之处，需要确立两者之间的边界①；其二，政府投资与政府生产的问题，一般来说，政府投资并不一定由政府直接建立国有企业来生产，可以通过各种方式（如特许经营等）让私人企业生产，即政府投资与市场生产有机结合，尽量让市场解决；其三，在需要政府投资的基础设施部门，各级政府的合理分工问题。

6.4　我国基础设施投融资模式的选择

结合我国基础设施投融资改革的现状和上述原则，我国基础设施投融资模式应为：在合理确定政府投融资边界和各级政府合理分工的基础上，由政府或其授权的公共机构发起，用投资拨款等投资方提供全部或部分资本的投入方式，广泛利用各市场经济主体的投资，进行市场化运作的多层次多元化投融资模式。其涵义见图 6－1。

		投资主体构成①					
		政府投资主体			民间投资主体		
		中央政府	省级政府	地方政府	企业	个人	外国投资者
资金来源②	财政资金	√	√	√			
	民间资金				√	√	
	国外资金						√

图 6－1　基础设施投融资模式中投资主体与资金来源的组合关系图

说明：①全部或部分，投资方式包括直接投资和间接投资，或部分为权益性投资和债务性投资；②包括股权资金和债务资金来源。

投融资模式中的多层次体现在政府投资主体的构成，对于一些跨区域性基础设施项目的政府投资常常涉及到各级政府的投资参与②。如京沪高速铁路的政府投资中，铁道部代表中央政府投入 647 亿元，约占股本的 56.26%；沿线天津、

① 这个问题在本文的第四章第一节已作详细讨论。

② 各级政府大体上可分为中央政府、省级政府、地市级政府、区县级政府。

北京、上海、河北、安徽、江苏省（市）以土地折价入股，出资额为 234 亿元，占股本 21%。再如江苏省所出的份额分别又由江苏省政府、沿线的地市级政府分担。多元化既表现为投资主体的多元化，也表现为资金来源的多元化①，投资主体多元化既包括政府投资主体的多元化，也包括政府和民间投资主体的多元化。如京沪高速铁路项目的投资主体不仅有各级政府，还包括由中国平安保险公司牵头的七家保险公司，共出资 160 亿元，占股份的 13.9%；全国社保基金会，出资 100 亿元，占股份 8.7%②。资金来源主要有权益性资金和债务性资金两大类，具体包括财政性资金、民间资金和外国资金。如京沪高速铁路项目总投资的 2209.4 亿元中除 150 亿元资本金以外，其余资金主要通过向银行借贷获得。

6.4.1　基础设施投融资模式的基本特征

我国基础设施多层次多元化投融资模式的基本特征为“政府主导、市场运作、政策支持、多元参与”。其中关键是“政府主导”，核心是“市场运作”。“政府主导”主要是指政府或授权公共机构是基础设施建设项目的发起者，大部分基础设施的所有权或控制权由政府所掌握，即使部分基础设施产权归私人资本，政府也应该是总体规划者、有效规制者，毕竟基础设施大多具有垄断性，并且或多或少具有公共特性。“市场运作”是指基础设施投融资活动都应利用市场化的运作机制，即使是全部由政府投资的基础设施项目，也应采用市场化规则来运作，如土地划拨、资产划拨中土地和资产价值的评估，建设过程中涉及的施工单位的招投标、管理单位的选择等都应遵循市场规则进行。另外应推行政府投资项目的代建制③、BT（建设－转让）④ 等市场化方式。基础设施项目大部分投资较大，如采用市场化运作，回报期长，项目面临的风险大，其中最大的风险是政策风险。因此，“政策支持”不仅是在资金（如低息或无息贷款等）、税收杠杆等方面的支持，更在于能通过制订一套较为合适的政策法规，并使之在较长时期内保持基本稳定，使社会资本在进入基础设施领域时能有一个合理的预期，尽量

---

① 即使全部由政府投资，也包括不同层级政府投资主体或不同资金来源，如财政拨款、国债资金、土地或资产划拨等。

② 数据来源：京沪高速铁路投资．中国投资，2008（1）：65.

③ 据测算，通过代建制，可以节省政府开支成本的 22%～25%。

④ BT 模式即由民间资本进行基础设施项目建设，完工后由政府出资购买。如北京市地铁在奥运支线上采用了 BT 模式，由于引入了市场机制，既解决了政府当期的资金压力，又可节省政府投资成本，北京奥运支线地铁项目节省了 20% 的政府投资。

降低预期回报的不确定性。如英国和日本的PFI事业都是在政府制定一系列的政策和法规下推动和发展。“多元参与”体现在投资主体的多元化和资金来源的多样化。同时基础设施的公共性体现为基础设施的利益相关者众多，既包括多样化的所有者和债权者，更包括多样化的众多使用者①。因此，基础设施的建设和经营都涉及到众多的利益相关者，必须让众多的利益相关者参与，可以吸收各级政府、公共机构、民间投资者、消费群体等多元参与。

6.4.2 各级政府分工及政府投资方式的选择

政府基础设施投资的范围边界在第四章已作研究，本部分主要在第四章提出的政府投资范围边界框架下分析基础设施投融资模式中各级政府的分工及投资方式。第四章的政府投资范围边界研究将基础设施分为公益性项目、体现控制力型项目、风险分担型项目、前期开发性项目和其他项目。因此以下分别讨论各类基础设施项目中各级政府的分工和政府投资方式的选择。

公益性项目是社会效益显著，外部性最强，属于市场失效而政府有效的基础设施部分，一般无收费机制，无资金流入，或者从公平角度来看应该免费提供，政府投资是最佳选择。需要按受益原则②，确定主要由哪级政府投资或建立分担机制由多级政府共同承担。由承担政府采取投资拨款、土地划拨和资产划拨等无偿性的直接投资方式投资兴建。

体现控制力型基础设施项目主要是准公共物品中具有明显外部性、自然垄断性、排他性的基础设施，政府根据其重要性的不同需要进行绝对控股或部分控股。这类基础设施主要应依据重要性和投资规模在各级政府间进行分工。关系到国家经济命脉具有战略性的基础设施部门应由中央政府投资控股，而某一区域内对社会经济有重要影响的基础设施部门主要由地方政府投资控制，中央政府可提供部分投资补助，如城市地铁项目。另外投资规模巨大的项目，如三峡工程、京沪高速铁路项目应由中央政府投资控股。主要采取投资资本、土地入股、资产入股等资金注入方式，对项目进行完全控制、绝对控股和相对控股，以保持必要的控制力。另外，对一些需要完全由地方政府控制的一般性基础设施，如一些较为重要的市政公用设施项目，地方政府也可采用英国政府的控制方式，即地方政府

---

① 如果影响基础设施投资回报的主要因素是基础设施的服务价格，价格变动会涉及众多使用者的利益。

② 受益原则是指以收益对象和范围的大小作为各级政府承担财政支出的依据。

可以退出，但保持“金边股”的方式对该类基础设施进行控制。

政府投资风险分担型基础设施项目，主要是由于该部分基础设施虽然具有可经营性，但由于投资规模大，投资回收期长，以致投资风险大。政府投资或者可以改善其财务结构，降低其财务风险；或者可以弥补基础设施前期营运较低的收益。该类基础设施的政府投资应按照效率原则来确定各级政府的分工①。如果以中央政府投资为主能提高效率，则主要由中央政府投资，地方政府适当参与；否则应由地方政府投资，中央政府或上级政府给予适当的补助。政府投资方式有两种形式，第一种形式是采用投资资本、土地或资产入股等资本注入方式形成股本；第二种形式可采用转移支付、资金补助、担保、贴息等直接或间接投资方式。

前期开发型基础设施项目涉及到欠发达地区开发性基础设施和农村基础设施。欠发达地区前期开发型基础设施是指对该地区社会经济发展起着重要作用的基础性设施，这类基础设施主要应由政府投资，考虑到地方政府财力有限，大部分资金应由中央政府或上级政府承担。但根据效率原则，中央政府或上级政府主要应通过转移支付、贴息、政策性贷款等方式向项目提供资助，由地方政府或授权机构负责建设和经营，而经营补贴由地方政府提供。农村基础设施建设根据收益性原则主要由当地政府和受益者承担，上级政府提供较多的补贴。

除上述四类外的其他基础设施大都属于可经营性项目，可以实行民营化，向民间资本开放，但需要各级政府对其投融资活动和经营进行必要的监管和规制。我国基础设施投融资模式见图6－2。

6.4.3　基础设施投融资模式的具体形式

我国基础设施投融资的具体形式包括两种，一种是政府主导下的负债型投融资模式，另一种是政府主导下的混合型投融资模式。政府主导下负债型投融资模式通常由政府出资成立独资的某类或某领域内基础设施投资公司作为政府的投融资主体②，在政策支持下，采用市场化运作方式从金融市场上筹集各类债务资金。同时组建各种基础设施项目公司，以自有资金和筹集的债务资金作为资金来源，并以各种投资方式向项目提供资本金或其他补助，而项目公司再以此为基础吸引

① 效率原则是指某些事务由哪级政府办理成本最低，效率最高，就由哪级政府办理。

② 即下一章讨论的基础设施投融资平台中的一级平台。

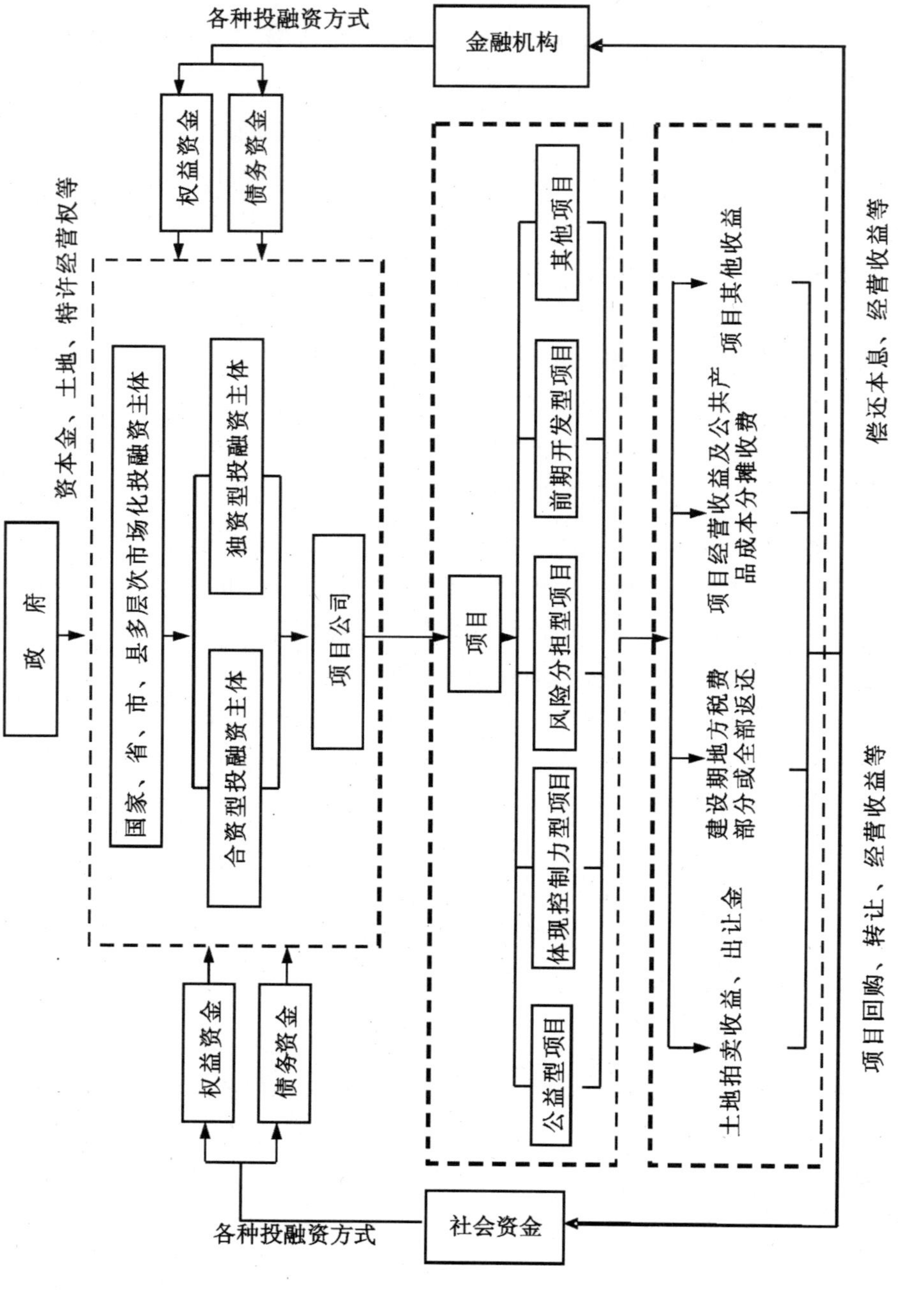

图6－2 我国基础设施投融资模式图

各类投资者的资金，进行基础设施建设。如北京对原北京地铁集团进行了改造，组建了北京市基础设施投资有限公司，作为北京市城市基础设施建设和发展的投融资主体。在政府注入增量资金与存量资产的支持下，该公司采取银行贷款、发行企业债券等多种方式，实现市场化融资，进行轨道交通项目建设。

政府主导下的混合型投融资模式是指政府与民间经济主体以股份制或其他形式共同成立具有独立法人的某类基础设施投资机构①，并以该机构为投融资主体，采用市场化运作方式向金融市场筹集资金，向某类基础设施项目进行投资来兴建基础设施。如北京市对首都高速公路的投资主体——首都公路发展有限公司进行了改制工作，通过引入另外三家股东，改变了首都公路发展有限公司国有独资公司的性质，组建为一个股份制的高速公路建设投融资主体。

6.4.4　基础设施建设资本金筹集方式

根据我国基础设施投融资模式的两种具体形式，我们可知基础设施建设的融资方式主要分为资本金筹措方式和债务资金筹措方式。《关于固定资产投资项目试行资本金制度的通知》规定投资项目必须首先落实资本金才能进行建设，相关部门才能批准，同时，银行才提供贷款作为配套资金。因此筹足项目资本金成为项目拿到审批、完成启动和获得银行贷款的关键环节。所以，基础设施建设资本金筹措方式是基础设施投融资的关键。我国基础设施资本金筹集方式主要有②：

（1）政府投入。其一，政府直接投资，主要由中央政府、项目所在地的相关层级政府以财政资金投资拨款、土地划拨和资产划拨等方式投入，由多级政府共同设立或项目所在地政府单独设立的投融资主体作为出资人代表行使国有股权，组建项目公司。其二，政府间接投资，包括国债资金转投入和地方政府债券融资。2009 年国务院批准省级政府可以发行地方政府债券，但必须由财政部代理发行，并实行规模控制，列入省级预算管理。而且国务院《关于发行地方政府债券有关问题的通知》中明确指出，地方发行债券募集的资金，将被限定用于中央财政投资地方配套的公益性项目以及难以吸引社会投资的公益性项目，不得用于经常性支出。省级政府将申请的国债资金和发行地方政府债券募集的资金转交给政府投融资主体，作为基础设施项目公司的资本金。

---

①　主要是指第 7 章讨论的二级基础设施投融资平台，在这里暂统称为政府投融资主体。

②　本部分所提供的融资方式大都为我国基础设施建设能广泛采用的方式，其他属于个案性质的新型项目融资方式，如 BOT、PPP 等在此不作讨论。

（2）保险资金投资基础设施。2006年3月，保监会发布《保险资金间接投资基础设施项目的试点管理办法》，允许保险机构将保险资金委托给受托人，采取债权、股权、物权及其他可行方式投资基础设施项目。2007年，保监会确定天津滨海新区为全国保险改革试验区，批准同意在天津进行保险资金投资基础设施试点。

（3）符合条件的政府投融资主体发行企业债券或中期票据，所筹资金可部分用作资本金投资①。对政府投融资主体来说，可以将筹集资金的一部分放到子公司（项目公司）的项目上用作资本金。而发行企业债券和中期票据是国家现行政策大力支持的融资方式，且其发行金额大、期限长，与基础设施项目资金需求特点相匹配。

（4）利用预期现金流筹措项目资本金。重庆曾以该种方式筹集了大量基础设施项目资本金，如作为重庆八大投资集团之一的水务投资集团，曾以政府划拨的48个水利工程项目的未来收费权作为质押，向国家开发银行贷款75亿元，并以政府未来15年的部分补贴收益权作为质押，又获得开发银行70亿元的贷款。国家开发银行对项目的软贷款于2009年10月被银监会叫停，但可采取银行通过股本金置换等变通形式，对特定财务主体注入资金。如政府投融资主体（母公司）能争取某项目的收费权和政府未来若干年的财政补贴，一般要以政府纪要等文件形式确定下来，这样，母公司以未来一定期限内的预期现金流作为项目融资基础，并以此质押取得银行贷款，再以自有资金的形式作为项目公司的资本金投入。

（5）信托融资。采用信托方式是通过间接方式来筹集基础设施项目资本金。主要有两种方式，其一，利用信托筹资并以委托投资的形式筹集项目资本金，如由政府投资主体委托信托公司，利用基础设施项目捆绑的收益（如地铁沿线的土地收益等）作为担保的基础，通过发行“项目资金信托计划”等信托方式募集资金，然后由政府投融资主体委托信托投资公司对基础设施项目进行投资；其二，将信托投资方式和银行并购贷款相结合的方式，即信托公司以股权信托的模式入股基础设施项目公司，并与政府投融资主体约定若干年之后，政府投融资主体（包括基础设施项目公司其他股东）以约定的价格回购项目公司的股权。而在

① 目前，通过国家发改委审核发行的企业债券和人民银行审核发行的中期票据作为资本金，实际上已无法律障碍。

回购股权的这个过程中，政府投融资主体等股东可以从商业银行以并购贷款的方式获得资金，用于支付信托公司的价款。

（6）采取回租或回购方式筹集资金。主要包括两种方式：第一，利用售出回租方式变现存量资产筹集项目资本金，即将合适的已建成的基础设施出售给融资租赁公司，将获得的资产转让收入作为资本金投入到新的基础设施项目公司，同时回租转让的资产进行经营以及提供基础设施服务，并支付租金。第二，将基础设施项目分解为土建工程和其他工程，其中投资额大和期限长的土建工程通过市场招标的方式选择市场投资主体，负责土建工程的投资和建设，但竣工验收合格后，由政府或政府投融资主体根据事先确定的价格回购土建工程。

（7）利用股权融资。在运作中，可以考虑先引进战略投资者和财务投资者，再选择在资本市场上市。地方政府提供相应的政策支持和资金投入以吸引投资者，包括准入政策、监管政策、价格政策、税收政策、金融政策和完善法律法规体系等。

此外，2009 年 1 月 10 日，银监会发布的《调整部分信贷监管政策促进经济稳健发展的通知》中放开了对政府投资项目发起人和股东的搭桥贷款，从本质上看这是一笔股本金的搭桥贷款。但 2010 年 6 月，银监会发布的《关于规范搭桥贷款的通知》要求商业银行不得发放项目资本金搭桥贷款、财政性质资金搭桥贷款，等等。

第7章　基础设施投融资平台研究

我国基础设施投融资模式要求的“政府主导、市场运作、政策支持、多方参与”原则是通过基础设施投融资平台来实施和运作。基础设施投融资平台是我国政府基础设施投融资主体，因此，基础设施投融资平台的构建和运作是我国政府主导下多层次多元化基础设施投融资模式的核心和重要组成部分。尽管到2009年8月，全国已有3000余家各级政府投融资平台，且大部分是为基础设施投融资而设立，但不少投融资平台的构建和运作不规范，不能保证可持续发展。本章在第6章提出的我国基础设施投融资模式的框架下研究我国基础设施投融资平台的界定与分类、构建与运作、存在的风险及可持续发展的条件等，以进一步丰富和完善我国基础设施投融资模式的内容，并为我国基础设施投融资平台的规范发展提出建议。

7.1　基础设施投融资平台的界定与分类

由于政府投资的主要方向是公益性和基础性领域，从先后顺序来看，公益性领域是必须得到优先保证的，一般通过政府的财政性投入得以满足。需要地方政府通过融资来筹集资金进行建设的一般都是基础设施领域。因此，我们所说的基础设施投融资平台，绝大部分是指政府基础设施投融资平台。

7.1.1　基础设施投融资平台的界定

自从20世纪90年代中期，伴随着新的财政分权体制确立，同时《预算法》和《担保法》禁止各级地方政府及其部门直接负债和担保[①]，各级地方政府尝试

---

① 1994年3月颁布的《中华人民共和国预算法》第28条明文禁止各级地方政府发行市政债券，1995年6月颁布的《中华人民共和国担保法》第8条规定国家机关不得作为保证人。而发行市政债券一般均以地方政府信用作担保，这两条都是地方政府发行债券进行融资的法律障碍。

通过组建各类投融资平台对辖内基础设施建设进行投融资，后来这些平台逐渐发展成为各级地方政府进行基础设施建设的投融资主体。而在金融危机时期，2009年初中国人民银行与中国银行业监督管理委员会联合发布《关于进一步加强信贷结构调整促进国民经济平稳较快发展的指导意见》，提出“支持有条件的地方政府组建投融资平台，发行企业债券、中期票据等融资工具，拓宽中央政府投资项目的配套资金融资渠道”。一般认为该《指导意见》是对地方政府通过构建投融资平台进行基础设施建设的肯定。由于政府投融资平台首先来源于实践，因此，到目前尚未有统一的定义。巴曙松（2009）认为：是指地方政府为了城市基础设施的投资建设融资，所组建的包括城建开发公司、城市建设投资公司、城建资产经营公司等各种不同类型的公司，这些公司通过地方政府所划拨的土地、企业或股权等资产，组建一个资产和现金流大致可以达到融资标准的公司，常常再以财政补贴等作为还款承诺，将融入的资金投入市政建设、公用事业等项目之中[111]。而肖钢（2009）称之为地方政府融资平台，是以地方政府为主导组建的、主要负责将财政资金和对外融入资金用于城市基础设施建设的法人[112]。同样，国务院发展研究中心研究员郭励弘在2009年8月的一次答《21世纪》记者问中认为融资平台是一种新的基础设施投融资模式①，融资平台的概念是地方政府把政府在基础设施领域中投资的项目、企业、行业进行整合，从而成立一家规模较大、涉及企业及行业较多的政府公司，主要负责基础设施建设的资本运作，等等。

《现代汉语词典》中“平台”的解释是“泛指进行某项工作所需要的环境或条件”②，《当代汉语词典》中给“平台”下的定义是“为某事提供支持和保障的领域、环境、空间及机遇等”③，这两个定义实质上是差不多的，都强调进行某项工作所需要的环境。基础设施投融资平台，顾名思义，是指基础设施领域的投资活动与融资活动所需要的环境。这里的“环境”并不是指自然环境、人文环境，“环境”是应当具有稳定性、长期性，能够支持一个时间段内持续进行某项工作的条件，包括政府政策、组织机构等。因此，规范的基础设施投融资平台应该从以下四个方面来理解。

第一，“投融资平台”与“融资平台”之辨。在现有的相关资料中，对该类机构的称谓，有些为“融资平台”（肖钢，2009；郭励弘，2009；等等）。认为

---

① 资料来源：地方融资平台框架新解，http：//finance. qq. com/，2009－08－15.

② 现代汉语词典（第五版）. 商务印书馆，2005：1053.

③ 龚学胜. 当代汉语词典：国际华语版. 商务印书馆国际有限公司，2007：1397.

该类机构的重点只是为各级政府的基础设施建设筹集资金，而不是运用资金。这种观念只是将该类机构当作各级政府的一个附属机构[①]，不是一个完整的市场运作主体，没有独立的投资决策权。我们认为我国基础设施投融资模式中的“平台”不是各个基础设施项目公司的简单组合，而是通过这些“平台”建立和完善我国政府在基础设施领域中的出资人制度，担当各级政府基础设施建设的实施主体，不仅进行融资决策，还必须针对不同基础设施项目的属性，在投资方式上做出决策[②]。因此，它应是一个具有相对独立投融资决策权的市场运作主体，是一个企业法人。作为一个市场主体，必须具有良好的企业信用，能够依靠企业信用从事投融资活动。同时，作为一个企业法人，应建立起现代企业制度，使之拥有法人财产权、能够独立承担民事责任、承担民事义务和享有民事权利，并且在生产经营中必然谋求自身发展。所以称之为“投融资平台”较为妥当。

第二，基础设施投融资平台是某一层级政府基础设施领域内全部或部分企业和项目的有机集成，也可以是某一基础设施领域企业（项目）和非基础设施领域企业的整合。这样可以利用经营性基础设施项目或竞争性项目的现金流弥补准经营性基础设施项目或公益性基础设施项目的现金流，实现基础设施投融资平台现金流的集成，增加平台的抗风险能力。因此，基础设施投融资平台常常表现为集团公司。与其控制或成立的子公司、项目公司相区分，集团公司是企业集团中起主导作用的企业，它与其他成员企业之间主要是通过产权关系联结在一起。集团公司控制或成立的子公司、项目公司虽然承担某些基础设施项目或者某个具体项目的投融资职责，但由于子公司或者项目公司的投融资活动很大程度上是受集团公司的控制与指导，所以基础设施投融资平台的定义中并不包括非核心企业。我们更倾向于将集团公司成立子公司、孙公司、项目公司等作为集团公司为基础设施进行融资的一种方式，同时集团公司控制的这些企业所采取的各种融资方式（如借款等）也被看成是集团公司进行融资的方式、所开展的业务被看成是集团公司旗下的业务。

第三，能够完善各级政府在基础设施领域投资的出资人制度。在市场经济

---

① 由于历史原因，在当前的运作中存在这种现象，此类机构常常是政府某个部门下属的事业法人或机构法人。

② 在现实中，平台的投资项目一般多由各级政府确定，平台只是一个具体实施主体。但是投融资决策是紧密相联的，不同项目的融资方式是不一样的，投资决策和融资决策是相互影响和作用的，因此，该类机构不能是政府基础设施建设的钱袋子。

中，政府一般是市场规则的制定和执行者，而大部分基础设施需要政府投资并按市场化准则运作，需要一个能按市场化准则运作的投融资主体，该投融资主体常常由政府出资组建，按市场化方式运作。这些投融资主体在产权结构上表现为国有企业或国有控股企业，在运作形式上又体现为通过国有资本联系在一起的基础设施领域的企业集团，而国有企业或国有控股企业又由不同层级政府所有，这涉及到国有企业的出资人制度。国有企业出资人制度是党的十六大提出来，以不同级别“国资委”形式成立的中央、省（市、自治区）、地市三级出资人代表机构，分别代表中央政府、省级政府和地市级政府对国有企业和国有控股企业履行出资义务并承担相应的管理职能。基础设施投融资平台大都是国有企业或国有控股企业，其最终出资人应该是各级政府的授权机构，而且是同级政府唯一的授权机构①，从目前情况来看，该机构应为各级政府的国资委②，如重庆模式中的“八大投”，其最终出资人均为市国资委。

第四，必须达到一定的融资标准。基础设施投融资平台的融资标准包括两个方面的含义，一是现金流层面，要求投融资平台自身有充足的现金流来源，最好具有持续的现金流，主要是通过将政府控制的各类资产进行合理组合形成足够的现金流，或者政府给予财政补贴或相关承诺。二是制度层面，包括基础设施投融资平台的企业法人制度、治理结构和信用建设等。由于基础设施投融资平台具有政府背景，与政府有着较为密切的关系，如开展具体某项基础设施投融资业务时需要政府委托或经政府准许，在基础设施融资、投资建设运营的过程中往往需要政府政策支持。因此，在企业制度层面常常具有先天性的缺陷，但作为一个市场化的投融资主体，应具有完善的适合市场条件的企业制度，这也是市场投融资主体融资标准的一个重要条件。国家开发银行在对各级投融资平台贷款中提出的开发性金融，将融资标准定为四个方面，即治理结构、法人建设、信用建设和现金流建设。

---

① 目前，有些地方政府由于尚没有形成统一完整的出资人制度，一些基础设施投融资平台分属于政府的各职能部门，导致条块分割，使地方政府自身也不清楚本级政府投融资平台的负债和担保状况，带来较大的潜在风险，同时也不利于监管。

② 郭励弘（2009）认为将基础设施投融资平台纳入国资委的出资人制度有较大缺陷，主要是国资委以“扭亏增盈、保值增值”为核心的管理办法，只适用于竞争性领域的工商企业，不适用于基础设施领域的企业。但我们考虑：一是保证同级基础设施投融资平台政府最终出资人的唯一性，这有利于基础设施投融资平台风险的监管；二是现实，目前大部分基础设施投融资平台的政府最终出资人是同级政府的国资委。因此，我们认为政府的最终出资人应为各级国资委，但可以分类考核。

7.1.2　基础设施投融资平台的分类

基础设施投融资平台的分类，是指按一定的划分标准对基础设施投融资平台进行区分。分类的目的在于界定不同种类投融资平台的性质，为进一步研究基础设施投融资平台奠定基础。

7.1.2.1　中央级、省级、地市级和县区级基础设施投融资平台

根据基础设施投资公司的资本金来源及出资比例可以分为中央级（国务院）、省（自治区、直辖市）级、市（区设的市、自治州）级和县区级四个层次。全部或主要部分由中央政府出资的基础设施投融资平台为中央级基础设施投融资平台，中国铁路建设投资有限公司、国家能源投资公司、国家交通投资公司等是中央级投融资平台。如中国铁路建设投资有限公司作为铁道部出资人代表，注册资本金200亿元，主要负责履行铁路大中型建设项目出资者代表职能，公司主要承担部分路网性较大的建设项目和需由国家铁路控股或参股的合资铁路、地方铁路建设项目的投融资工作。一方面控股或参股合资铁路和地方铁路建设项目的投资监管工作，包括项目公司组建工作、建设资金的投入及使用、项目工程建设、具体生产经营、投资收益、还本付息等；另一方面负责铁路建设项目的对外招商引资，筹集社会资金，并寻求战略投资伙伴，及提出建设项目的融资建议方案等。其属于中央级基础设施投融资平台。

省级基础设施投融资平台包括由省级政府独资成立的从事基础设施建设和经营的国有独资公司和合资成立的有限责任公司。如江苏交通控股有限公司是江苏省政府的国有独资企业，最终出资人代表是江苏省国有资产管理委员会，是江苏省交通类基础设施投融资主体，负责江苏省内过江桥梁、干线高速公路、铁路等交通基础设施的投融资。而云南省铁路投资有限公司是依据云南省人民政府云政复［2005］25号文批复成立的云南省人民政府授权专司铁路设施建设的投资主体，其由云南省投资控股集团有限公司、玉溪市开发投资有限公司、红河州开发投资有限公司和大理州国有资产经营投资有限公司四家股东共同出资组建。而其大股东云南省投资控股集团有限公司是云南省政府的国有独资企业，由云南省国资委履行出资人职责，因此，云南省铁路投资有限公司也是省级基础设施投融资平台。

地市级基础设施投融资平台如南京市交通建设投资控股（集团）有限责任公

司[①]、长沙城市建设开发有限责任公司等；县区级基础设施投融资平台主要有县区地方政府成立的基础设施类企业，负责所辖区内基础设施的投资建设。

7.1.2.2　综合型、专业型和混合型基础设施投融资平台

考虑基础设施投融资业务的行业范围及其是否跨出基础设施领域可以分为综合型投融资平台、专业型投融资平台和混合型投融资平台。这种划分并不是以某个企业全部的经营业务是否涵盖多种行业为标准，而是以其经营的基础设施业务是否跨行业为标准。比如既投资水务领域、能源设施，又投资交通基础设施的企业，我们就把它叫做综合型投融资平台，如果仅仅是投资某一类基础设施，我们就称之为专业型投融资平台[②]。如我国重庆市从 2002 年底起，利用政府的组织优势在不到一年的时间里陆续创办了八大国有建设性投资集团公司（简称“八大投”）[③]。八个公司均是按照现代企业制度和资本市场要求建立的产业集团公司，直接隶属重庆市国资委，但接受对口部门的行业指导。而且每个公司经营范围及主要职责各不相同，各自履行政府规划范围内的不同类型基础设施建设项目的投融资任务。因此，“八大投”均属于专业型投融资平台。武汉市至 2006 年 3 月，基础设施投融资的任务分派给了六家政府直属企业[④]，根据不同的城市基础设施建设项目选择、成立不同的企业作为投融资平台，使城市基础设施建设得到了高效运作。而在另一些城市，城投公司具有较强企业管理能力、资本运作能力，为实现多元化经营、分散投资风险，可开展跨行业的基础设施投融资业务。上海市城市建设投资开发总公司和天津市城市基础设施建设投资集团公司为综合型投融

---

① 南京市交通建设投资控股（集团）有限责任公司是南京市政府所有的国有独资企业，其直接出资人是南京市国资委，负责南京市交通基础设施项目融资、投资、建设和管理任务，属于地市级基础设施投融资平台。

② 由于某一基础设施行业又可以分为更深一层的子行业，因此这种区分是相对的。如交通运输行业又可以分为铁路、公路、水运和航空，如只针对铁路建设成立投融资平台，则相对于针对交通运输行业成立的投融平台而言，铁路投融资平台更具专业性。如南京交通建设投资控股（集团）有限公司，其是由南京市国资委代表南京市政府出资成立的国有独资公司，负责南京市交通基础设施项目的投融资、建设和管理任务，应属于交通类专业性基础设施投融资平台，但它又与南京市城市建设投资（集团）有限责任公司共同出资组建南京铁路建设投资有限公司，其又是更具专业性的投融资平台。

③ 这八大国有建设性投资集团是指重庆市城市建设投资有限公司、重庆市地产集团、重庆市水务集团、重庆市高速公路发展有限公司、重庆市高等级公路建设投资有限公司（现为“交旅集团”）、重庆市建设投资公司、重庆市水利投资有限公司、重庆市开发投资有限公司。

④ 这六家企业分别是武汉市城市建设投资开发集团有限公司、武汉地产开发投资集团有限公司、武汉光谷建设投资有限公司、武汉经开投资有限公司、武汉新区建设投资有限公司和武汉市都市产业开发有限责任公司。

资平台。也有一小部分城市，由于组建城投公司可用的资源（人力、财力）有限，一家城投公司包揽各项基础设施投融资的工作，因而成为综合型投融资平台。

另外，如果某一投融资平台既从事基础设施领域业务，又从事非基础设施领域业务，但以基础设施领域业务为主业，则称之为混合型基础设施投融资平台。如浙江省铁路投资集团有限公司是于2006年组建的国有独资有限责任公司，注册资本金20亿元，浙江省国有资产管理委员会代表省政府履行出资人职责，主要职责是作为浙江省铁路投资的责任主体，履行省部铁路合作项目中浙江方产权代表的职能，参与新建铁路项目的建设和竣工项目的经营管理。但其业务不仅包括铁路建设项目的投融资，还涉及装备制造、精细化工、新型材料、高科技、房地产等领域的投资开发。目前该集团主业突出、多元投资的格局已经基本成型。其中铁路建设投资占资产总量的45.5%；科技化工、装备制造及新材料、房地产和现代服务业占资产总量的47.6%，对整体经济效益的贡献度达到88.8%，对铁路主业的支撑作用明显。同时，通过直属子公司，集团控股、参股了甬台温铁路、萧甬铁路、新长铁路、温福铁路、宁杭城际、杭甬客运专线、金温铁路改造、杭州枢纽东站扩建等铁路建设项目的投融资，以及江山化工、善高化学、镇洋化工、西部钛业、加西贝拉、杭州网通、永安期货等一大批非铁路行业重点企业和房地产项目。

7.1.2.3 资本型投融资平台与经营型投融资平台

按照基础设施产业投融资平台的功能定位，可以分为资本型投融资平台与经营型投融资平台。

资本型投融资平台本身并不进行生产经营，其主要任务是进行产权经营，从事企业的收购、兼并等业务。资本型投融资平台主要体现的是出资功能，即对子公司实行对外投资、监督投资的使用和调整对外投资结构，将自有和筹集的资金对外投资，形成项目公司的资本金，以资本为纽带，将相关或不同类型的基础设施项目公司进行组合，从而放大基础设施投融资平台的资金能力。如中国铁路建设投资有限公司、北京市基础设施投资有限公司等，北京市基础设施投资有限公司作为北京市国资委出资代表人，负责对北京市轨道交通进行投资，而地铁的建设和经营则由其他公司承担。资本型投融资平台具有极强的融资能力和战略管理能力，并对所投资的企业进行以战略管理为主的控制，多采用产权、财务、主要人事等控制手段和方法进行管理控制。

经营型投融资平台是以产业发展为主的集团公司，即在具有出资功能的集团公司所具备的功能外，增加了统一项目建设、统一购进、统一技术研发等功能。如江苏交通控股有限公司作为江苏省政府的交通类基础设施投融资平台，不仅负责对江苏省内干线高速公路、过江桥梁、铁路等交通基础设施的投资建设，还对建成后的高速公路和过江桥梁进行营运管理。

此外，根据出资层级可以将基础设施投融资平台分为一级基础设施投融资平台、二级基础设施投融资平台、三级基础设施投融资平台等。如果直接出资人是某一层级政府的国资委或所属政府部门（或事业单位），则该基础设施投融资平台为该层级政府的一级投融资平台，如福建省铁路投资有限公司、重庆开发投资有限公司、北京市基础设施投资有限公司、南京市交通建设投资控股（集团）公司等，其直接出资人都是同级政府的国资委。二级基础设施投融资平台是由一级基础设施投融资平台出资或合资成立的、一般专门从事某类基础设施投融资的企业法人，如南京市交通建设投资控股（集团）公司是南京市从事交通基础设施投融资的一级投融资平台，而其和南京市城市建设投资控股（集团）有限责任公司共同出资组建的南京铁路建设有限责任公司属于二级投融资平台。再如重庆开发投资有限公司，其直接出资人是重庆市国资委，承担市政府轨道交通、主城外基础设施等投资职能，属于重庆市一级投融平台，而由其出资组建的重庆轨道交通总公司则属于二级投融资平台。三级基础设施投融资平台则由二级基础设施投融资平台出资或合资组建的投融资平台。

7.2　基础设施投融资平台的构建

这里所说的“构建”，从字面上理解是“构造”、“建造”的意思，在本文中，理解“构建”还应注意：一个企业法人实体在法律意义上的成立并不表示平台的构建完成，构建应该是基础设施投融资平台的成立之时、成立之后完成一系列制度建设、运作方式确立等的动态过程。下文将从制度构建、组织体系构建、平台运作方式三个方面来分析基础设施投融资平台构建的完整过程。

7.2.1 基础设施投融资平台融资标准建设与组织体系设计

7.2.1.1 基础设施投融资平台融资标准建设

搭建基础设施投融资平台的一个主要目的是能以市场化手段筹集基础设施建设所需的资金，而能以市场化手段筹集资金需要投融资平台达到市场认可的融资标准，因此基础设施投融资平台能否达到市场认可的融资标准是搭建平台的核心。从上一节的分析可知，平台的融资标准包括企业法人制度、治理结构、信用建设和现金流建设等内容。

第一，企业法人制度建设。企业法人是指具有符合国家规定的独立财产，有健全的组织机构、组织章程和固定场所，而且能够独立承担民事责任、承担民事义务和享有民事权利的经济组织。企业法人制度是现代企业制度的基础，包括使企业法人具有依法享有企业法人财产权利，同时承担相应责任的一系列制度安排，其核心内容是企业法人财产权。企业法人财产权使出资者所有权和法人财产权实现完全分离：一方面，出资者拥有公司资产的所有权，该部分所有权按股份的大小量化到股东；另一方面，所有出资者的投资和企业通过负债形成的资产等构成全部法人财产，由企业对其所拥有的财产进行实际的使用、占有、收益处分，并且排除他人干涉的权利。法人财产主体突破了所有制界限，从而国有产权也能在公司中得到明确的界定，使政府出资代表与企业法人成为平等的民事主体。

企业法人制度建设是指通过一系列的制度安排，使企业法人财产明晰、承担盈亏和自主经营。基础设施投融资平台的企业法人制度建设目标就是把投融资平台建设成为“产权清晰、权责明确、管理科学”的市场主体。因此，投融资平台法人制度建设体现在：第一，建立明晰的产权制度；第二，建立和健全包括问责机制、信息公开披露制度和严格的财务、会计及审计制度在内的现代企业制度。

第二，治理结构建设。公司治理结构，又称公司治理。狭义的公司治理主要是指公司内部的股东会、董事会、监事会及经理层之间的关系，而广义公司治理还包括与利益相关者（如员工、客户、债权人、政府和社会公众等）之间的关系。公司治理结构不仅规定了公司的各个参与者（股东、董事会、经理层和其他利益相关者）的权利和责任，而且明确了公司事务决策时所应遵循的规则和程序，最终使这些具有利害关系的团体形成权力制衡。因此，公司治理要解决的核心问题是在经营权和所有权分离的情况下，由于所有者和经营者的利益不一致而产生的委托代理问题。所以，良好的公司治理应能降低代理成本，使所有者不干预公司的日常经营，同时又保证经理层能以股东的利益和公司的利润最大化为目标。

建立现代企业制度，已经成为大家普遍认可的我国企业改革的发展方向，而公司治理就是要使现代企业制度的建设落到实处。目前，我国国有大型企业大都走上了以股份制为主要形式的公司制改革之路。与此同时，以民间持股为主的公司也大量生长起来。虽然这些公司大部分都按照《公司法》搭起了公司治理结构的架子，但其规范程度和运作的实际效果与现代企业制度的要求存在较大的差距。例如有的国有控股公司虽然依法设立了独立董事，但是这些董事常常有职无权或者本身不具有独立性①，而且公司高层人员由政府直接任免。一些发达国家在公司治理结构方面则给我国提供了一些值得借鉴的经验与做法，主要有《OECD 公司治理原则》、英国公司治理改革的《凯得伯瑞报告》和《格林伯瑞报告》，美国“全美公司董事联合会蓝带委员会”和“全美教师保险及年金协会”以及德、日等国在公司治理方面的经验和做法。其中《OECD 公司治理原则》提到的因素被视为对实现治理结构的目标至关重要的因素。基础设施投融资平台的公司治理结构的建设可借鉴上述经验。

第三，企业信用建设。信用的概念有狭义与广义之分。狭义的信用是经济主体间以偿还为条件有一定载体的价值的单方面转移行为（马占芳、符晓波，2004）[113]。广义的信用指经济主体之间在诚实守信基础上建立的心理承诺与约期实践相结合的意愿和能力，以及由此形成并发展起来的行为规范与交易规则的总称（李伟，2007）[114]。

基础设施投融资平台是企业，其投资和融资活动就是一种信用交易活动，投融资平台信用是其获得金融市场认可的重要因素。目前由于大多数基础设施投融资平台都或多或少地存在政府背景，企业信用存在一个成长和发育的过程，因此，基础设施投融资平台的信用建设主要是指通过信用体系、制度建设，甚至加上政府等机构的组织增信和督促来促进投融资平台信用的成长、发育和形成。而对于企业自身来讲，信用是企业最大的无形资产并能增强企业竞争力。投融资平台企业信用建设就是在全面分析企业信用系统结构中的各项要素的前提下，通过

---

① 见托尼·兰顿，约翰·瓦特肯森. 公司董事指南. 李维安，牛建波，译. 北京：中国财政经济出版社，2004.

政府对外部社会信用环境进行建设、企业按照要素评价体系对各项要素体现的信用状况进行改善（政府在其中也起促进作用。如健全行政监督机构；成立开发性金融合作机构，与开发性金融机构一起促进企业的信用建设；给予某些必要的政策、资本方面的支持），从而提高企业的整体信用。

第四，现金流建设。根据项目区分理论，基础设施项目可以分为非经营性项目、准经营性项目和经营性项目。非经营性项目现金流入量为零；准经营性项目的现金流入现值小于项目现金流出现值，该类项目可能难以收回投资或虽可收回投资，但投资收益率达不到预期水平；经营性项目现金流入现值等于或者大于项目现金流出现值，项目投资者可以获得预期回报甚至超过预期收益的回报。基础设施投融资平台作为一个有着自主经营权的企业法人单位，在基础设施投融资的过程中会像其他企业一样要追求自身发展，也必然会权衡各项投资的成本与收益，选择那些投资回报高的项目。为了保证准经营性基础设施以及一部分非经营性基础设施的投资建设，就需要政府政策给予适当支持，一定程度地保证企业的投资收益。对项目现金流出现值总量大于现金流入现值总量（非经营性项目的现金流入量为零）的部分，政府需要通过财政补贴、税费等优惠措施进行弥补，或通过调整产品或服务的价格使现金流出与流入保持平衡。

现金流建设就是根据非经营性和准经营性基础设施项目现金流不足或不均衡的特征，通过政府对资源的整合和制度安排，构造均衡现金流的过程。现金流建设的具体方法有：

（1）提供财政补贴。从财政补贴的形式来看可以分为政策性亏损补贴、价格补贴、税收支出和财政贴息①。其中价格补贴与税收支出是较常用的两种财政补贴。由于基础设施产品与服务往往关系国计民生，政府一般都对价格进行控制，这容易导致基础设施企业的经营利润较低甚至产生亏损。为了保证投资企业获得合理的回报，政府有必要对这些企业提供各种补贴。

（2）实行贷款贴息。为了促进基础设施的建设，政府可以对项目公司提供低息或无息的优惠贷款。这种优惠贷款相对其他商业贷款使基础设施投融资主体减少了利息支出。例如在悉尼海底隧道项目中，澳大利亚新南威尔士州政府对悉尼海底隧道公司提供了2.24 亿澳元的无息贷款。

---

① 税收支出，是包括减税、免税、退税、税收抵免等在内的一组税收优惠措施的概称。由于各项税收支出在资金安排上与财政补贴有相似之处，故将其纳入财政补贴范畴。

（3）注入政府控制的资产。其基本特点是地方政府向基础设施项目注入现有的能够产生收益的资产，其收益用以支付运营费用、债务的还本付息以及新项目的投资费用。如政府可以将土地、水、气、交通以及其他可经营性资源通过合理的制度安排整合至基础设施投融资平台中，并形成以资本为纽带的权属关系①。

（4）允许对基础设施项目相关的资产作进一步的开发以增加收入。基础设施项目建设通常会提高项目周边土地和商业场所价值，因此可通过授权基础设施投融资平台对周边地区作进一步商业开发来增加其收入来源。

（5）政府提供担保。这里的政府担保是指政府对基础设施投融资平台在投资过程中可能遇到的一些自身无法控制，对投资收益造成损失的不确定性因素进行担保。政府担保能够使项目现金流的不确定性得到保证。

国家开发银行在对地方政府投融资平台贷款实践中提出的开发性金融，将上述融资标准作为开发性金融的主要内容，同时考虑我国目前存在大量的市场制度缺失、制度落后，以及政府投融资平台在企业法人制度、内部治理结构等方面处于较低层次的现状，提出利用外部市场力量②，迫使需要借款的投融资平台不断改善其法人治理结构、企业信用等融资标准，形成了一个开发性金融的孵化过程（其实是融资标准的孵化过程），值得借鉴，见表 7－1。

表 7－1　开发性金融的孵化过程

阶段＼指标	治理结构	法人建设	现金流建设	信用建设
Ⅰ	政府协调	融资窗口项目业主	自身无现金流靠政府补贴	完全政府信用
Ⅱ	逐步完善	能够按企业运作	政府补贴开始转化为企业现金流	部分市场信用 政府信用兜底
Ⅲ	企业	独立市场主体	自身有充足的现金流来源	以市场信用为主 政府组织增信
Ⅳ	上市公司	现代企业制度	持续现金流	完全市场信用

资料来源：见文献［115］。

① 主要是通过各种城市可经营性资源收费权、经营权、使用权的转让，从而形成以资本为纽带的权属关系。

② 从开发银行的角度来说，就是利用开发银行的资金实力，要求各级政府出面督促其设立的投融资平台通过不断建设和完善，达到开发银行制定的融资标准。

7.2.1.2 基础设施投融资平台组织体系设计

运用投融资平台进行基础设施建设和经营，在组织体系上表现为以母公司为核心，以资本为纽带的企业集团。而基础设施投融资平台是企业集团中的母公司或核心企业[①]，这一特征决定了基础设施产业投融资平台的组织体系构建与企业集团的组织体系构建是分不开的。企业集团的组织结构伴随着集团的形成和发展，以母公司的组织结构为基础而建立并发展，其实质是母公司组织结构的延伸和扩大。同时，企业集团也是多个法人的联合体，其集团组织结构的建立和发展要考虑到集团内部公司或企业的协调与控制。一般来说，企业集团的组织结构分为：H 型结构、U 型结构、M 型结构。其主要特征和优缺点见表 7－2。

表 7－2 企业集团主要组织结构表

	H 型结构	U 型结构	M 型结构
主要特征	具有一个精干的总部和少量的管理机构，主要履行与出资人有关的职权，从事资本运营和股权管理。	具有一个总裁领导下的执行委员会和多个职能部门的总部，无中间管理层；职能部门履行投资中心和利润中心的职责，分公司或生产经营单位是成本中心。	按产品或区域设立事业部，每个事业部都是单独核算单位，单独计算本身的营业额和费用，并据此计算利润。
优点	第一，能充分发挥子公司的经营积极性和创造性，市场反应灵敏。第二，控股公司承担有限责任，能规避和分散经营风险。	集团业务能够统一协调和指导，且资源能够集中配置。	第一，行政管理和政策制定两项职能分离。第二，集团总部高层管理人员能够集中精力进行集团的战略管理。
缺点	第一，容易导致管理效率低下。第二，对资产控制较难，无法发挥资源整体效益。	集团总部容易陷入日常事务，而忽视战略管理。	事业部有较大的决策权，但没有独立的民事责任，风险由集团总部承担。

资料来源：根据毕晓辉《我国国有企业集团组织结构的现状与思考》（集团经济研究，2004.7）整理得出。

---

① 母公司与核心企业公司的区别在于其直接出资人，一般来说，母公司的直接出资人代表是各级政府的国资委，而各级政府的国资委常常是核心企业公司的间接出资人（即二级或三级投融资平台）。核心企业公司与项目公司的主要区别在于核心企业公司不仅对外融资，而且对外投资（如为项目公司提供资本金），而项目公司一般只对外融资。

企业集团的三种组织结构各有优缺点，需要结合企业集团自身的实际情况，同时考虑企业集团的发展战略，形成合理有效的组织结构。一般来说，产业结构相对单一、规律较小的基础设施产业投融资平台，采取 U 型结构，便于增强控制力和管理的有效性；规模较大的基础设施产业投融资平台，根据产权结构的特点、投融资平台的功能定位，可以选择分权型的 H 型结构或者分权与集权相结合的 M 型结构。

投融资平台的组织结构的设计主要应该考虑投融资平台的职能、融资的便利性、资产类别及规模等因素。在基础设施投融资平台中，由于资本型投融资平台和经营型投融资平台的功能定位有较大的差异，其组织结构的设计应存在区别，因此，以下我们仅讨论这两类基础设施投融资平台组织结构的构建。

（1）资本型投融资平台组织体系设计

资本型投融资平台中的一级控股公司不从事具体的经营活动，通过一级控股公司对下级子公司进行控股或参股，形成多个二级控股公司或主体①；同时二级控股公司或主体又对下一级的经营实体进行控股或参股，形成第三级控股公司或主体。这样由于资本控制的传递性，就自动形成了第一级控股公司对底层的经营实体的资本控制，发挥了资本控制资产的天然控制力。因此，资本型投融资平台职能部门的设计和组织体系的构建应体现上述特征。

资本型基础设施投融资平台组织体系的框架见图 7－1。由于该类投融资平台的主要功能是金融功能，包括投资、融资等诸多方面，其组织体系也必须围绕这一功能来建立。从组织结构的控制层次来看，根据投融资平台的规模和级别及效率原则，可以设为两层或多层。两层是指由一级控股公司通过独资或合资方式直接设立项目公司进行基础设施的建设和经营；多层是指三层以上的组织结构，即一级控股公司和项目公司之间设有一层或几层专业子公司或综合业务公司。这些公司可以是二级投融资平台，也可以是资本型投融资平台或经营型投融资平台。

资本型基础设施投融资平台与经营型基础设施投融资平台的主要区别在于其职能部门的设计，职能部门主要特征是精干，且能为投融资平台实现其金融功能

---

①　包括全资子公司、控股公司、合资公司和参股公司等。

提供参谋。具体来讲，能够协助总经理对投融资平台进行战略定位和项目规划、投融资管理以及完善下属子公司的治理结构。资本型投融资平台主要包括投资、融资、存量资本结构调整和监管等四项基本职能，这些基本职能主要由投资部、融资部、资本交易部和审计法律部等职能部门完成。投融资平台对外实物投资是投资部的主要职能，根据平台在规定的基础设施投资领域中的投资进行策划和操作；投融资平台的融资功能由融资部完成，该部门的主要职责是利用各种融资方式以最低的资金成本及时足额募集公司所需要的资金；资本交易部从事兼并收购所属子公司转让的产权；审计法律部主要监督子公司的资本保全和运营状况，维护资本安全，实现资本利润率最大化。另外须对平台系统资金筹集和运用以及体系内资金流动进行财务核算，因此须设立财务管理部。同时投融资平台还必须具有规划和信息功能，这需要由规划与信息部来完成。规划与信息部的主要职责是：一方面承担平台公司的战略发展规划、实施监控和效果评估的职能；另一方面完成平台公司信息化网络建设，负责收集集团内外部信息，为集团公司决策服务。所以资本型投融资平台的主要部门设置为投资部、融资部、审计法律部、资本交易部、财务管理部和规划与信息部等相关部门。

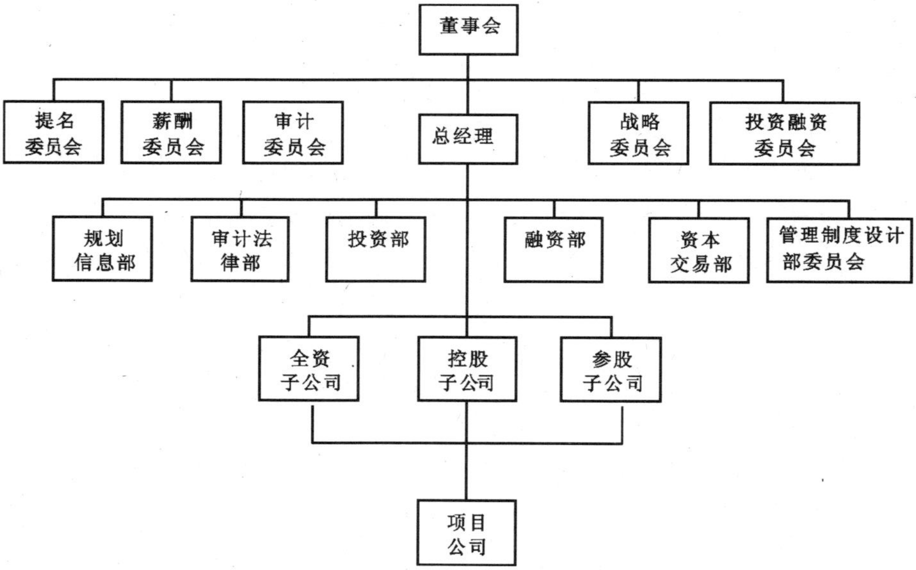

图7－1　资本型基础设施投融资平台组织体系架构

资本型投融资平台董事会下的专业委员会设计要体现资本型投融资平台资产控股管理思想，资本型投融资平台定位为投资中心、决策中心。因此董事会下应设立薪酬委员会、提名委员会、审计委员会、战略委员会和投资融资委员会等。提名委员会、薪酬委员会、审计委员会是保证董事会运行独立性、高效性的前提条件，保证独立董事充分发挥专业、技能、经验特长。战略委员会和投资融资委员会是公司规避经营风险、提高经营运行效率的专业决策机构。

（2）经营型基础设施投融资平台组织体系设计

经营型投融资平台须具有资本型投融资平台功能外，还应具有项目建设规划、资产运营、统一技术研发等功能。基础设施建设，规划先行，需设立设计规划部门，规划部门相当于战略发展部。由于基础设施在国家或地区经济发展中具有重要地位，基础设施投融资平台建设和开发的基础设施项目都是当地政府部署的对当地经济发展起着重要作用的项目，须符合当地规划部门对区域范围的整体部署和发展改革部门的项目建设计划。本部门的主要职责是对接中央政府相关部门或当地政府相关部门，协助制订规划、衔接项目建设计划。

由于经营型投融资平台需负责基础设施项目的建设和经营，须设立与项目建设和经营相关的管理部门，包括项目建设管理部门、资产运营部门、技术管理部门、融资部门和资源开发部门等。项目建设管理部门主要是配合规划部门进行项目规划，并对拟建项目进行前期立项、功能设计，同时对新建项目进行前期管理与在建项目管理等①。资产运营部门职责包括两部分，一是对基础设施项目运营模式进行设计并实施，譬如，是自己承担基础设施运营任务还是委托专业运营商运营；二是提出平台公司对全资、控股、参股公司资产资本运作计划的立项、可行性分析，并参与组织实施，进行相关股权管理等，即投资管理的相关职能。技术管理部门主要是处理投融资平台体系内基础设施项目建设中具有共性的技术问题，以及运营管理中共性的业务和政策问题，从而优化投融资平台体系内的技术资源配置，使之更高效地进行技术开发。融资部门是投融资平台的重要部门，其重要职责与资本型投融资平台相似，主要负责募集平台所需要的资金。另外，基础设施项目常常具有较大的外部性，随着基础设施项目的建设和开发，使其周边的附属资源增值，在实际运作过程中，附属资源的开发常常与基础设施项目开发

① 浙江省铁路投资集团设立了项目管理部，而北京市基础设施投资有限公司则将规划和项目管理合为一个部门，即规划建设部。

捆绑在一起。因此，可以对基础设施附属资源进行有效开发利用，充分发掘资源的内在价值，从而达到以经营收益补充基础设施投资建设资金的需要。其中，土地资源开发成为基础设施投融资平台的一项重点业务。因此一些经营型投融资平台常常设立资源开发部门，如北京市基础设施投资有限公司。

此外，与资本型投融资平台一样，财务部门和审计法律部门也是不可缺少的。财务部门主要负责对总部以及下属子公司的全面财务管理；审计法律部门主要职责是通过建立风险控制机制，有效防范公司经营和法律风险，为确保公司稳健、高效、规范运作提供审计、法律事务管理方面的有力支持。因此，经营型投融资平台的职能部门应包括规划部、项目建设管理部、资产运营部、技术管理部、融资部、资源开发部、财务部和审计法律部等相关部门。

由于经营型投融资平台常常是各级政府控制的国有大型集团公司，存在产权特殊性，其公司治理除具有一般公司的机理外，在细节上具有自身的特点。第一，董事会应有合理的结构以保证其独立性；第二，各级国资委作为出资人代表应对董事会适度放权；第三，监事会须真正行使所有者监督职能，独立对董事会和经营层的经营绩效进行监督和评价。另外，经营型投融资平台董事会下各专业委员会的设计要体现经营型投融资平台生产运营与资本运营相结合的管理思想，由于平台定位为投资中心、决策中心、技术中心，因此董事会下设提名委员会、薪酬委员会、审计委员会、战略委员会、投资预算委员会和公共政策委员会等。对基础设施产业投融资平台而言，涉及重要基础设施的投资是必须经过政府特批的，而且其提供的服务或产品大都关系到国计民生，须设立公共政策委员会。

经营型投融资平台的组织结构分为两类。第一类，基础设施建设和经营的具体工作由平台公司下的全资子公司、控股公司和参股公司负责，而平台公司总部具有经营决策权、管理权和协调权等，并利用其拥有的强大的职能部门对下属公司在技术上、运营上等提供强有力支持和管理，但日常的建设或营运工作由下属公司负责①，其组织结构见图 7 -2。第二类，平台设立各种事业部，由事业部具体负责基础设施的建设和经营工作，事业部可以是利润中心、成本中心或工作中心，平台公司总部作为投融资中心、决策中心和战略发展中心，但职能部门对经营的影响力不如第一类组织结构形式，其组织结构见图 7 -3。

① 这些下属公司常常不能成为二级投资平台，如从事项目建设工作，则常常是项目公司。

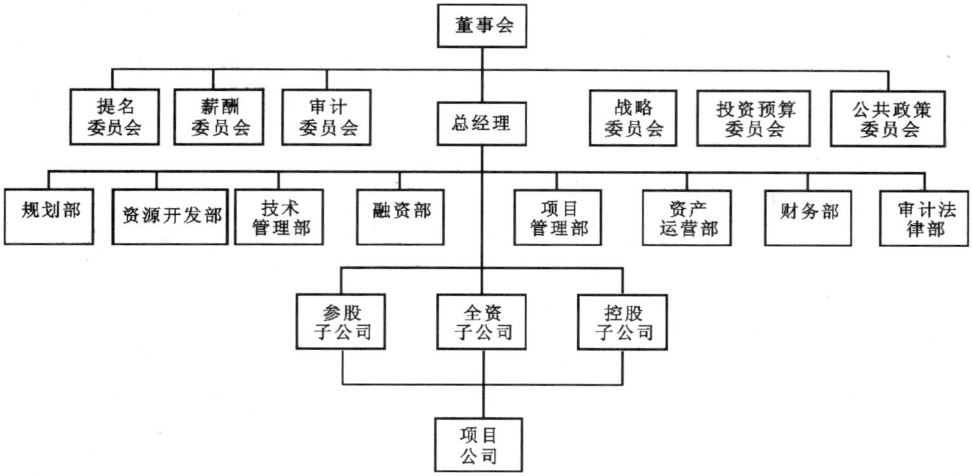

图7－2　第一类经营型投融资平台体系组织结构图

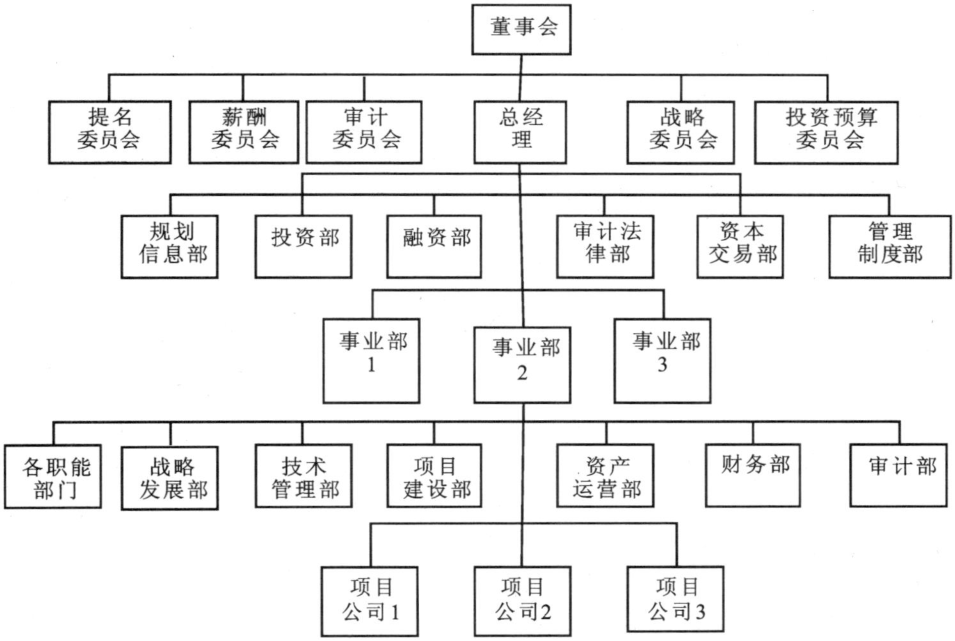

图7－3　第二类经营型投融资平台体系组织结构图

7.2.2 基础设施投融资平台的设立与构建

基础设施投融资平台常常表现为一个企业集团，整个企业集团是一个分工明确的系统，主要包括平台公司（或一级控股公司、核心企业等）、子公司、控股公司、参股公司和合资公司。平台公司以资本为纽带，通过控股、参股来对下属成员企业的投资决策、人事安排、发展规划，以及生产、市场营销等各个环节施加影响和控制，以维护成员企业行为的一致性和协调性，实现集团的整体发展战略。由于基础设施项目涉及的领域较多，且是政府介入的主要领域，政府设立了大量的基础设施企业，而且原来的各类基础设施企业常常处于分割和分散状态，基础设施投融资平台常常是政府对某类和各类基础设施企业的整合。从现有的基础设施投融资平台的设立和构建的方法来看，主要有两类。

7.2.2.1 利用现有企业集团构建基础设施投融资平台

政府可以将国有资产授权给有条件的大型国有企业集团的核心企业经营，从而使核心企业变为基础设施投融资平台，同时也构建了投融资平台体系。将企业集团的核心企业改组为基础设施投融资平台，面临的首要问题就是如何选取目标企业集团，即国有资产授权经营是有条件的。这必须要根据现有企业集团自身的业务范围、股权关系、内部分工等进行综合考虑，通常要求核心企业有较强的竞争性（授权的目的不是要形成垄断经营）、核心企业与成员企业有产品技术协作关系或者资产关系、企业集团内部机构与企业的权责划分较为合理等。其构建过程见图7－4。

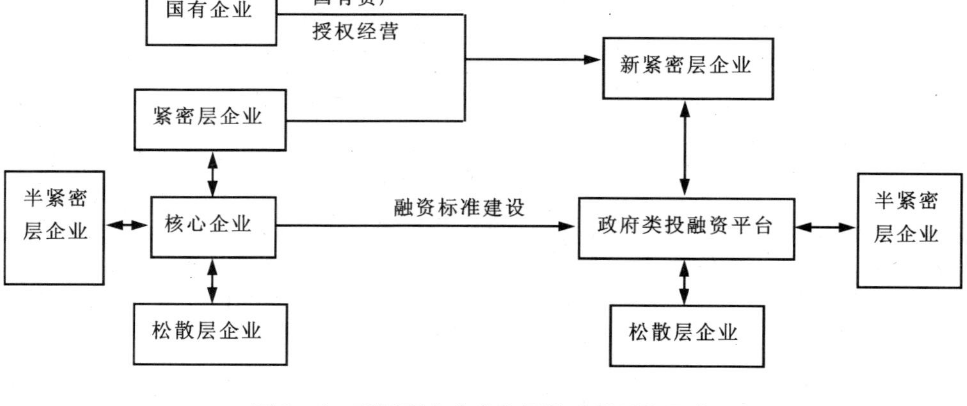

图7－4 利用现有企业集团构建投融资平台

这种构建方法的步骤主要有：第一步，地方政府的国有资产管理部门根据基础设施建设的需要和市场配置资源的规律，将一部分国有基础设施企业或国有非基础设施企业的产权授权某一集团公司统一经营。第二步，经过授权后，这部分企业就成为该企业集团的紧密层企业，成为集团公司（即核心企业，下同）的全资子公司或者控股公司，而集团公司代表地方政府具体行使国有资产所有权职能。同时，这部分企业的国家产权或者股权相应转化为集团公司的法人产权或股权，即集团公司所持有的子公司的股份。而政府变为直接持有集团公司的股份，即国家股，集团公司对政府统一负责管辖范围内的国有资产保值增值。

利用现有企业集团构建投融资平台的关键是要对系统内所有的企业按股份制的要求进行股份制改造，只有当企业集团内的集团公司及其所属的成员企业大部分改造成了股份制企业，这样集团公司才能运用资本来控制下属公司和对外融资。股份制改造工作主要包括：第一，在对企业集团全体成员企业进行清产核资、产权界定的基础上，对企业集团的核心企业、紧密层企业、半紧密层企业全面实行股份制改组，以现代企业制度取代传统的企业制度。将核心企业改造为国有独资公司或者国家控股公司，作为投融资平台中的一级控股公司，紧密层企业和半紧密层企业改造为有限责任公司或股份有限公司。第二，在改制的过程中建立规范的公司治理结构。第三，选择合理的平台体系组织结构并设计相应的职能部门。第四，通过信用建设树立企业良好的信用，使企业逐渐成为真正的市场主体，最终能够依靠自身信用在金融市场上进行直接融资和间接融资活动，扩大基础设施投资建设的资金来源。

7.2.2.2 新设企业为核心并逐步发展为企业集团

先成立一家基础设施投融资平台公司，然后通过多种方式建立全资子公司、控股子公司、参股公司等，发展紧密层、半紧密层、松散层企业，形成以母子公司体制为主的企业集团。这一问题实际上涉及从组织机构上看的企业集团的扩张与形成，这是一种典型的“先有集团公司，后有成员企业”的企业集团构建方式，国际上一般都采用此种构建方式，我国的基础设施投资企业集团也正朝着这个方向发展。如天津市在国家开发银行财务顾问工作的推动下，于2004年11月成立了天津市城市基础设施建设投资集团有限公司（即城投公司）。该公司根据规划承担的海河水域综合治理工程、城市快速路网工程、城市轨道交通工程以及城市环境治理工程等项目，下设海河开发、道路管网、地铁和环境四个全资子公司。

企业集团的发展主要有两种方式，第一，对外投资。基础设施投融资平台公司为了建设新项目，成立全资子公司。子公司独立经营，这有利于提高经济效益及控制经营风险（以出资额为限承担赔偿责任）。另外，可由多元主体共同出资设立企业，这不仅可以使平台公司保持对子公司的控制能力，而且还有利于尽快筹集资金、共担投资风险。第二，并购。不管并购的方式如何，其主要产生两种效果：一是有一家或一家以上的公司被解散，存续公司或新设公司接管被解散公司的全部业务、资产、债权和债务；二是被并购企业不解散，而作为并购方的子公司继续存续。

7.2.3 投融资平台对基础设施项目的开发方式

组建投融资平台进行基础设施建设的主要目的是整合资源和帮助在平台框架内吸引社会资本进入基础设施领域。但基础设施一般具有盈利性不高、投资金额巨大、资金回收期较长、项目风险大等特点。在实际操作中将会面临如下困难：第一，社会资金具有逐利特性，盈利性不佳的项目难以吸引到私人资金；第二，投资金额过大会使相对偏小的私人资金望而止步；第三，如果不设立一定的风险分担机制，将会使投资面临很大的风险，过高的风险阻碍了融资。因此，在基础设施项目开发过程中，根据不同社会资本的风险－收益特征设计出相应的风险－收益分担机制是投融资平台开发基础设施项目的一项重要工作。

基础设施项目开发中风险－收益分担机制的设计可运用金融工程创新金融产品的分解与组合技术。投融资平台运用分解与组合技术设计基础设施项目开发方案表现在两个层面，一是基础设施项目融资方案设计层面上，二是基础设施项目公司组建层面上。

7.2.3.1 分解与组合技术在基础设施项目融资方案设计中的运用

将组成基础设施项目的不同组成部分按风险－收益特征进行分解①，其目的与对金融产品分解的目的一样，是为满足具有不同风险特征投资者的需要。分解方式有纵向分解和横向分解，纵向分解是指按项目建设顺序进行分解，如一个项目包括设计、拆迁、施工和运营等过程，横向分解时将项目分解为相对独立的部分，根据分解后的不同过程或不同子项目的风险－收益特征可以建立如图7－5所示的风险－收益坐标图，再根据不同部分风险－收益的组合特征选择不同的融

① 如果一个基础设施项目由多个相对独立的投资项目组成，则分解更为方便。

资方式。

（1）位于Ⅰ区的属于高风险高收益的子项目，其不必依赖政府资金，可通过发行股票、寻求产业投资基金来进行融资，这些市场的投资者相比其他市场的投资者更偏好高风险、高收益的投资机会。

（2）位于Ⅱ区的属于高风险低收益的子项目，可采取发行有政府担保的公债，向国内政策性银行贷款，或向国际金融机构、国外政府贷款。这些资金逐利性弱，而且融资成本低，适合高风险低收益的项目。

（3）位于Ⅲ的属于低风险低收益的子项目，可以采取发行债券、进行融资租赁，以及选择诸如 BT、BOT 方式或让政府承担更多责任的 PPP 方式进行融资。另外，可考虑让政府给予一定的担保或者支持政策，使位于该区的子项目在不增加风险的情况下提高收益，使之变成中等或者高收益项目，从而有利于采用更多的融资方式。

（4）位于Ⅳ的属于低风险高收益的子项目，其可以采用的融资方式则比较广泛。如可以通过招标实行特许经营，吸引社会资本全部承担该子项目的资本金投资，也可通过国内商业银行贷款、集合委托贷款、发行信托计划等筹集资金。如果有必要，政府可以设定特别税收回收溢价，用于其他子项目或者项目的建设；或者是与其他低收益的子项目或项目进行组合形成新的项目，获得合适的现金流，以吸引收回资本进入。

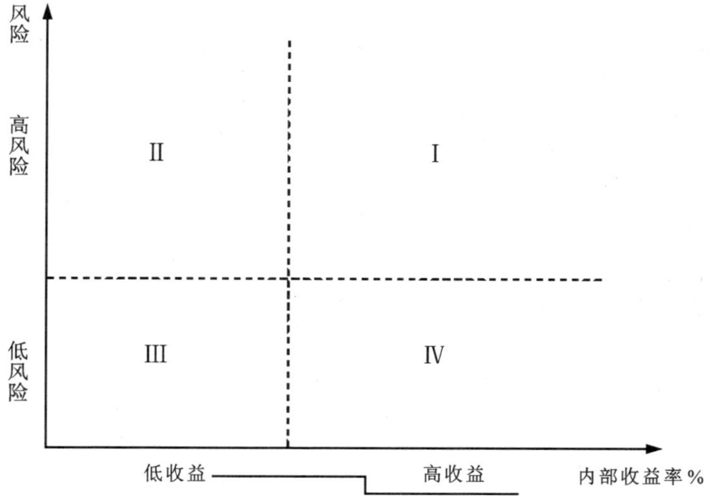

图7－5　项目组成部分风险－收益特征图

将项目按照风险－收益的标准区分并选择适用的融资方式有利于投融资平台筹集基础设施所需的资金。一是有利于吸引众多中小投资者，将大项目分解成中小项目、将大投资肢解成小投资，有利于解决基础设施项目投资巨大，不能吸引众多中小投资者的难题。二是由于可以根据各自项目不同的收益－风险特性选择其适用的融资方式，所以能降低总体融资成本。三是项目经过分解，可以选择不同的投资者，也可以将分解后的几个子项目打捆给某一投资者，增加了融资的灵活性。四是经过项目分解，具有能够吸引社会投资者收益和现金流的子项目，可以由社会资本介入，政府资金只用在最需要的投资项目上，如图7－5中属于高风险低收益的子项目，而不必照顾到项目的方方面面，有利于政府公共服务职能的发挥。更为重要的是让市场投资者拥有更多参与到基础设施投融资领域的机会。

组合时将具有不同现金流和风险特征的基础设施项目打捆成一整体，使其具有既定的现金流和风险特征。从融资层面来讲，是为满足某一特定投资者或贷款者的需要，如原来国家开发银行对各省市的开发性贷款常常就要求建立符合其现金流要求的投融资平台。通过项目组合常常将某些基础设施项目开发的外部性内部化，即将由于某项基础设施项目开发而受益的基础设施项目与非基础设施项目组合成一个新项目，尽管该基础设施项目现金流较少，但相关的受益项目具有足够的现金流，这样也能吸引社会投资者或贷款银行，从而达到融资的目的。

7.2.3.2　分解与组合技术在基础设施项目公司构建中的运用

项目公司组建层面的分解也包括纵向分解和横向分解，纵向分解是指按基础设施项目建设的不同阶段（如建设和运营）进行分解，分别组成不同的项目公司。如北京地铁四号线投资建设分为A、B两部分。A部分为建设工程，包括地铁四号线车站、隧道等土建设施，轨道、电梯等机电设备，由北京市基础设施投资有限公司作为项目法人，组建北京地铁四号线有限公司（即项目建设公司）负责建设；B部分投资包括车辆、自动售检票设备等，由香港地铁公司（占股49%）、北京首都创业集团有限公司（占股49%）、北京市基础设施投资有限公司（占股2%）共同出资组建北京地铁四号线经营公司（即项目运营公司）出资承建。又如四川省宜泸渝高速公路建设时，按项目发展阶段将项目分解为勘察设计和施工运营两个部分，而勘察设计部分又分为土建工程设计和交通工程设计部分，分别进行项目法人招标。

从项目公司组建层面来看，纵向分解不仅仅是为了融资便利，其分解的依据是专业分工，主要目的是提高项目建设质量和管理效率，以及便于控制成本。但是如果分解过细，又会增加管理的复杂性，从而降低管理效率和增加管理费用。如果由于专业化和融资的需要必须进行较细层次的分解，此时，应回到融资方案设计层面上的分解，而不应设立过多的项目公司。

横向分解是指当基础设施项目可以分解为几个相对独立的子项目时，可以将每个子项目设立为项目公司，每个项目公司独立地进行投资、建设和营运（也可以将设施租赁出去由一家或几家公司营运）。一般来讲，横贯多个省（市、区）的高速铁路或高速公路和连接线多可以采取横向分解的方法设立项目公司进行建设和运营。另外，如果一条高速公路项目中包含一座特大桥梁或特大隧道，可以将桥梁（或隧道）与高速公路其他部分分离，分别组建项目公司。这样，有利于将巨额投资分解为数额较少的投资，由多个项目公司负责，降低管理的复杂性，提高效率。同时，由于各个区段的车流量不一样，致使不同项目公司的现金流不一样，分解后，有利于政府控制成本和核定补贴。

同融资方案设计层面的组合方式一样，项目公司设计层面上的组合方式是指将基础设施项目或基础设施项目与非基础设施项目组合在一起，以形成拥有足够现金流的资产组合，以此组建项目公司，负责项目的开发和运营。同样是运用资产组合的原理将基础设施收益的外部性内部化，但必须有选择地进行组合。即盈利性弱的项目和盈利性强的项目之间必须存在某种相关性，才能进行组合，如不存在相关性，就会存在套利机会。如云南省腾冲县将腾冲机场开发和该县火山和热海两个旅游景点的开发组合在一起进行招商，腾冲机场被国家定为小型机场，投资大约需 4 ~5 亿元，而且小型机场通常盈利性较差，而火山和热海两个景区都是腾冲县两个最好的景区之一。由于机场建设与景区游客数量具有较大的关联性，因此这种组合是合理的，因为将机场尽快建好有利于增加景区的游客，从而增加项目公司收入，因此投资商具有较大的动力建设和经营机场。如内蒙古鄂尔多斯市将鄂尔多斯机场建设和一块煤田开发权组合在一起，由于机场和煤田没有关联性，开发商中标后只对开发煤田有兴趣，而忽略了机场建设，使该机场迟迟不能建成并投入运营，即该种组合存在套利的机会。

7.3 基础设施投融资平台风险

7.3.1 基础设施投融资平台的风险现状

基础设施投融资平台绝大部分是政府投融资平台，一方面由于提供基础设施服务主要是政府的职责，政府有责任向公众提供良好的基础设施服务，同时，良好的基础设施也有利于促进当地经济发展，地方政府也有动力从事基础设施建设；另一方面，也由于地方政府掌握较多资源，使投融资平台的还款来源多样化，而且具有多元化的风险缓释手段①。因此，基础设施投融资平台贷款对银行具有吸引力，而且到目前为止，总体看来，投融资平台的履约能力较为理想，贷款违约率控制在较低水平。如某省内的政府投融资平台到2009年3月底，各银行机构的贷款中，正常贷款占比89.54%，关注类贷款占比10.11%、不良贷款占比0.35%②。

但是，目前政府投融资平台也暴露一些风险。第一，政府投融资平台总体上负债率较高，普遍超过80%③，而且一些投融资平台存在资本金不实的情况，如高估实物出资和土地出资等，使投融资平台的偿债能力减弱。同时由于政府投融资平台的债务最终要由地方财政收入偿还，据银监会的统计数据显示，到2009年5月底，地方政府投融资平台贷款债务与地方政府财力的债务率为97.8%，部分甚至超过200%，这样依靠政府财政偿还也存在风险。第二，负债增长迅速，累计总额巨大，负债方式单一。据统计，2008年初，全国各级地方政府投融资平台的负债总额为1万多亿元，到2009年中期，上升到5万亿元以上④，其中绝大部分是银行贷款；到2009年底，据中金公司发布的一份报告披露，贷款余额达到7.2万亿元以上。第三，县（区）级投融资平台占绝大部分。从银监会的统

---

① 从西部某省72家政府投融资平台的764.9亿贷款的担保方式来看，包括财政收入担保（占17.1%）、应收帐款质押（占40.7%）、保证担保（占11.1%）、土地质押（占26.7%）和股权质押（占0.3%）等（数据来源：金融时报，2009-08-18）。

② 数据来源：金融时报，2009-08-18。

③ 数据来源：巴曙松．地方政府的高负债风险．中国经济报告，2009-10-20。

④ 数据来源：巴曙松．地方政府的高负债风险．中国经济报告，2009-10-20。

计数据可以看出，到 2009 年 5 月底，全国各省、市、区共有 8221 家投融资平台，其中县（区）级投融资平台 4907 家①。由于县（区）级政府财力普遍较弱，抵御风险能力不强，负债过多会引发偿债风险。

7.3.2　基础设施投融资平台风险因素分析

基础设施投融资平台的风险主要有：

第一，流动性风险。首先从基础设施投融资平台的资本金构成来看，其主要来源是地方政府，政府将其所控制的资源投入到平台作为平台的资本金。这些资源主要有财政资金、土地划拨、股权划拨、债券等债权划拨、规费等，其中只有财政资金具有流动性，能够用于对项目公司直接投资，其他几类资源在我国目前的情况下流动性较差，作为资本金不能直接对外投资。另外，由于基础设施项目投资回收期限较长，投入和收益在时间上不匹配，产生流动性风险。有些投融资平台靠拆东墙补西墙的办法勉强支付银行贷款利息，再通过延长贷款期限、还贷宽限期来缓解还贷压力，从而导致银行贷款期限越来越长，有的甚至超过 30 年。

第二，系统风险。由于基础设施投融资平台大都是属于地方政府的国有独资公司，平台的负债其实就是地方政府的负债。而且大多数银行贷款都直接或间接以地方政府财政收入担保，因此投融资平台债务的偿还在很大程度上依赖当地未来经济增长增加地方财政收入、土地升值等。但地方经济增长具有波动性，而土地升值也是有限度的，当地方经济增长速度放缓或土地不再升值，会给贷款银行带来系统性风险。同时存在多头授信，使政府信用过度膨胀，放大了系统性风险。

第三，经营风险。一些政府投融资平台并非真正意义上的市场竞争主体，只是作为政府延伸自身职能的工具。法人治理机制不完善，甚至有些投融资平台还是事业法人或机关法人，资金使用缺乏监督，融资风险缺乏监控；缺乏独立的投资决策权，投资的基础设施项目常常由地方政府决策，在投融资过程中缺乏对项目全面科学的可行性报告、成本效益的分析，造成相当大的投资浪费。

第四，操作风险。政府投融资活动缺乏统一的领导、规划与管理，地方政府既是投融资平台公司的最大出资人，又是平台投融资决策者，还是投资项目经营者，而且缺乏必要的外部监督机制，地方投融资平台投融资信息缺乏透明性。同

---

① 数据来源：http：//sina. com. cn/，2010 －6 －3.

时大多数平台公司对项目建设和资金使用都不实施管理，容易产生操作风险。

7.3.3 基础设施投融资平台风险控制措施

基础设施投融资平台风险控制措施主要有：第一，规范投融资平台的设立和运作，规范投融资平台的财务报告制度，增加地方政府控制的所有投融资平台的透明度，及时公开披露投融资平台合规的显性负债，改变当前信息披露严重不透明的状况。第二，控制投融资平台的负债规模，使之与当地政府财政收入相适应（下节将深入研究该问题）。第三，将事业法人和机关法人的投融资平台改制为公司制的企业法人，由地方政府授权同级国有资产管理机构统一管理和考核。同时加强投融资平台的法人治理机制建设，按照现代企业制度的要求，构建一套完整的包括股东会、董事会、监事会和经理在内的公司内部参与者之间的权力制衡和义务设置体制。第四，投融资平台应积极拓展融资渠道和融资方式，创新投融资方式，更好地借助于金融市场和资本市场，运用多种金融工具为项目建设服务，如信托融资方式、股权融资方式、产权融资方式等市场化的融资方式。

7.4 基础设施投融资平台可持续性

7.4.1 投融资平台债务与地方政府债务

根据公共选择理论，政府是基础设施领域的重要投资者。又由于基础设施具有不可分性和地域性，基础设施投资主要是地方政府的职责。如美国 1990 年政府基础设施投资中，州和地方政府投资占 76.2%[①]。在我国，随着 1994 年财政分权体制的确定，地方政府（本文主要是指省级和地市级地方政府）开始逐渐获得地方基础设施的投资决策权，因此，地方项目越来越多。国外大部分国家地方政府可以发行市政债券等以地方政府负债的形式来筹集基础设施建设资金。但我国《预算法》明确规定地方政府一般不得发行地方债券[②]，要求地方各级政府预

① 数据来源：Congressional Budget Office.

② 目前国家已允许省级政府发债，但要求只能用于基础性和公益性投资项目，而且实行规模控制。

算收支平衡，不留赤字。同时，一方面由于地方政府财政收入有限，另一方面“政绩观”使得地方政府具有强烈的投资欲望，因此地方政府基础设施投资资金存在较大的缺口。这样，地方政府纷纷出面组建各种形式的基础设施建设投资公司，作为地方政府基础设施的投融资平台，负责筹集资金并向地方基础设施领域投资。

通过各类投融资平台负债筹集基础设施建设资金，尽管对公司债务和地方政府债务作了一定的“隔离”，但投融资平台的负债主要是为实现地方政府的政策目标，而且投融资平台绝大部分是地方政府独资，因此投融资平台的负债本质上就是地方政府的主动负债。由于投融资平台的负债实质上是属于地方政府的主动负债，其使用可以实现政府的政策目标（主要是基础设施建设目标），因此，该类负债对地方政府“政绩”有良好的正向效应，而且从表面上来看与政府直接负债作了一定的“隔离”。

因此，为提升“政绩”，地方政府利用投融资平台负债筹集基础设施建设资金的意愿相当强烈。一方面要求现有的投融资平台在短期内尽可能地承担各种基础设施项目投资，由于基础设施投资回报较低，或回报期限长，造成投融资平台资产负债率偏高，甚至超过财务预警线，必须靠政府信用才能运转。另一方面尽可能多地组建新的投融资平台以筹集更多的基础设施建设资金。投融资平台的债务最终会转递给地方政府，会导致地方政府债务不断累积，地方政府主要依靠地方财政收入作为还款来源，当地方财政收入的现金流不足以支付债务时，就可能出现财政风险。解决地方政府债务问题，控制财政风险最直接的办法是加强财务管理，特别是建立地方政府财政风险预警和控制机制（马俊、刘亚平，2005）[116]。因此，地方政府利用投融资平台负债来筹集基础设施建设资金的可持续性问题关系到基础设施投融资平台这种制度创新的生命力。

7.4.2　地方政府债务控制系统及均衡性

可持续性问题主要是研究经济系统中某一关键变量与时间相关的变动路径。如在有人口增长的索罗－斯旺模型中[117-118]，在边际回报递减条件下，人均资本 k 与时间相关的变动路径由下式给出。

$$\dot{k} = sf(k) - (\theta + \delta)k$$

式中 s 为储蓄率，θ 为年人口增长率，δ 为折旧率，$f(k)$ 为生产函数。当 $sf(k) = (\theta + \delta)k$ 时，经济体系处于稳定状态，即产出和资本存量都将持续增长，但其增长速度等于人口增长率，即经济增长存在有条件收敛。关于政府利用主动负债筹集资本性支出资金的可持续性问题，英国于 1997 年建立了两个制度。一个是“黄金制度”（the Golden Rule），它要求在一定的经济周期中政府借款只可用于资本支出；另一个是“可持续投资制度”（Sustainable Investment Rule），该制度要求公债占 GDP 的比例在整个经济周期中要维持一个稳定、审慎的水平，总的来说不能超过 40%。因此政府借款筹集资本性支出资金的可持续性可选择政府债务占 GDP 比重（一般称之为债务负担率）作为关键变量，研究该变量与时间相关的变动路径，并且研究在一定条件下，该路径能否使关键变量随时间收敛①，即该关键变量能否随时间变动收敛于某一规定水平和收敛于该水平的条件是什么。

上述问题涉及到最优控制问题[119]，在一般的经济控制理论中，一个当事人选择 n 个控制变量$\{c_t\}_{t=0}^{t=\infty} \equiv \{c_{1t}, \cdots, c_{nt}\}_{t=0}^{t=\infty}$的时间路径和 m 个状态变量$\{k_t\}_{t=0}^{t=\infty} \equiv \{k_{1t}, \cdots, k_{mt}\}_{t=0}^{t=\infty}$的时间路径。状态变量是一个在任何时期的数值都被历史所预先决定的变量，如上述的公债负担率。控制变量是在任何时期其数值可以被选择的变量，如各种政策工具变量。

在一个地方政府债务形成体系中，地方政府通过投融资平台进行主动负债。由于投融资平台主要是地方政府为基础设施建设而组建的，这种负债可以视为地方政府进行基础设施建设而形成的债务，但该债务应该是投融资平台资本性支出而形成的债务，即这些债务是用于对基础设施进行投资，能形成资本，不包括为应对日常经营而产生的流动性负债。设债务余额为 L，由于《预算法》要求地方政府财政预算平衡不留赤字，这样每年通过投融资平台负债而形成的债务增量其实是地方政府预算平衡外的债务，可以视为地方政府的财政“赤字”，设为 D。地方政府债务余额 L 与“赤字” D 的关系为：

$$\dot{L} = D \tag{7.1}$$

即地方政府每年债务余额的变动等于当年的“赤字”，这类似于索罗－斯旺模型中资本存量和投资的关系。

这样在一个地方政府债务控制系统中，反映可持续性的关键变量为地方政府的债务负担率，设为 l，定义为 $l = \dfrac{L}{D}$，GDP 为地方政府的国内生产总值，债务负担率是地方政府债务控制系统中关键的状态变量。“赤字”是地方政府可以加以

① 余永定（2000）曾利用该指标的收敛性研究我国财政问题的稳定性[120]。

控制的，因此它是一个控制变量，常常用比率的形式表示，定义为 $d=\frac{D}{\text{GDP}}$，即地方政府"赤字"率。则 l 的变动率为：

$$\frac{\dot{l}}{l}=\frac{\dot{L}}{L}-\frac{\dot{\text{GDP}}}{\text{GDP}} \tag{7.2}$$

即 l 的变动率等于 L 的变动率减去 GDP 的变动率，为得出状态变量 l 与控制变量 d 的关系，式（7.2）可改写为：

$$\frac{\dot{l}}{l}=\frac{\frac{\dot{L}}{\text{GDP}}}{\frac{L}{\text{GDP}}}-\frac{\dot{\text{GDP}}}{\text{GDP}} \tag{7.3}$$

结合式（7.1）和式（7.3），有：

$$\frac{\dot{l}}{l}=\frac{\frac{\dot{L}}{\text{GDP}}}{\frac{L}{\text{GDP}}}-\frac{\dot{\text{GDP}}}{\text{GDP}}=\frac{d}{l}-g \tag{7.4}$$

式（7.4）中 $g=\frac{\dot{\text{GDP}}}{\text{GDP}}$，即 GDP 的增长率，其也可视为一个控制变量。式（7.4）就是在一个地方政府债务控制系统中，状态变量 l 与控制变量 d 和 g 随时间变动的路径。

式（7.4）可变为：

$$\dot{l}=d-\dot{g}l \tag{7.5}$$

债务可持续性要求在给定的控制变量水平上，状态变量始终不超过某一临界值，如英国"可持续性投资制度"中要求公债与 GDP 之比不超过 40%，这要求式（7.5）具有收敛性，即 $\dot{l}$ 能随时间的增加而收敛为零。也就是说，该债务控制系统存在一种机制，该机制能使地方政府债务负担率 l 的增长速率逐渐降低，直至为零。由式（7.5）可知，当 $g>0$ 时，$\dot{l}$ 可以收敛为零。即该债务控制系统存在一种收敛机制，使地方政府的债务负担率增长速率 l 收敛为零①，此时系统

① 由式（7.5）可知，这种收敛机制的关键在于 GDP 的增长，每年"赤字" D 对 l 产生正向效应，由于 $g>0$，GDP 逐年增长使基数增大，对"赤字" D 起着稀释的作用，这种稀释作用对 l 产生负向效应，为 gl。当两种效应趋于一致时，l 等于零，则 l 收敛。其实由式（7.4）也可以得出相应的解释，d/l 表示"赤字" D 对 l 的正向效应，g 表示 GDP 增长对 l 的稀释效应。

处于均衡状态。由此可见，当经济增长率控制为大于零后，地方政府债务存在可持续的可能。

7.4.3 地方政府基础设施投融资平台融资可持续的条件

解微分方程（7.5），得：

$$l=\frac{d}{l}+Ce^{-gt} \tag{7.6}$$

由式（7.6）可知，当 $g>0$，随时间 t 的增加，l 最终收敛于 $\frac{d}{g}$，见图 7.6。则最大的债务负担率 l_{max}（也是合理的负担率或债务负担率的临界值）、"赤字"率 d 和 GDP 增长率 g 三者之间的关系如下：

$$l_{max}=\frac{d}{g} \tag{7.7}$$

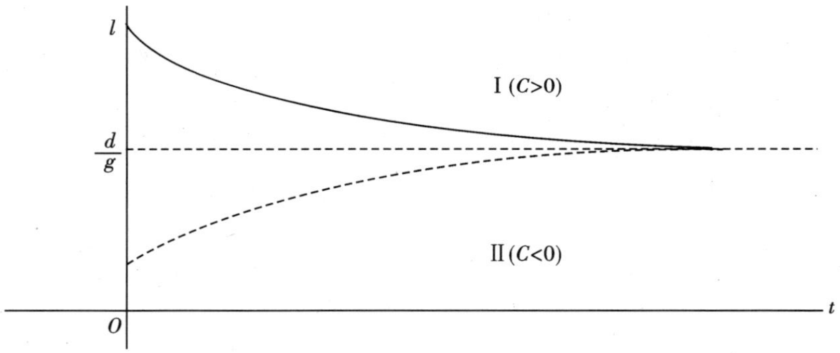

图 7-6 地方政府债务负担率的收敛过程

l_{max} 常常是一个经验数据，如英国"投资可持续性法案"中的 40%。由于我国地方政府债务是通过投融资平台负债而形成的间接负债，投融资平台的负债不会全部转嫁为地方政府债务，因此，存在一个投融资平台债务的转嫁系数①，即平均而言，一单位数额的债务可能转化为地方政府债务的数额。从投融资平台的角度来看，其债务负担率常常会大于 l_{max}。d 和 g 是地方政府可以加以控制的政策变量。当 l_{max} 确定后，假如为 40%，通过确定其中一个控制变量就可得出另一个控制变量。

---

① 转嫁系数与投融资平台的资产负债率相关，小于或等于 1。当投融资平台的负债规模保持在适度范围内时，该系数将保持稳定。

如果确定 $d=3\%$，则 $g=7.5\%$，即为保证 l 处于可持续性要求的 40% 水平（即安全水平）。当地方政府确定每年的“赤字”率不超过 3% 时，则必须保证 GDP 平均增长速度要大于 7.5%，否则，l_{max} 将大于 40%，使债务负担率超过安全区域，可能使地方政府的债务不可持续。

如果确定 $g=7.5\%$，则 $d=3\%$，即为保证 l 处于可持续性要求的 40% 水平（即安全水平）。当地方政府确定 GDP 平均增长速度不高于 7.5% 时，则必须将“赤字”率控制在 3% 以内，否则，l_{max} 将大于 40%，同样使债务负担率超过安全区域，可能导致地方政府的债务不可持续。这也为地方政府每年通过投融资平台筹集基础设施建设资金提供了一个最高上限。

7.4.4　结论

（1）地方政府通过投融资平台筹集基础设施建设资金而形成的债务存在一个收敛机制，使地方政府负债具有可持续的可能。当控制 GDP 增长率为正后，一方面每年新增的债务对地方政府债务负担率的增长产生正向效应，另一方面，GDP 的增长会稀释这种效应，即会对地方政府债务负担率的增长施加负向效应，当两种效应达到一致时，债务负担率增长率为零，债务负担率收敛到一个最大值。

（2）当给定一个保证地方政府债务可持续性的安全值（即 l_{max}）后，地方政府每年通过投融资平台筹资存在一个上限。该上限取决于地方 GDP 的平均增长率，如 GDP 平均增长率越高，该上限越高；如 GDP 平均增长率越低（不能等于或小于零），该上限越低。

第 8 章　基础设施投融资案例：湖南铁路建设

本章首先以湖南地方政府积极推动国家开发银行对基础设施的开发性贷款实践为例，分析政府在湖南基础设施建设中的作用，然后重点利用本文前几章的研究结论来研究湖南铁路建设投融资模式及运作，并提出相应的政策建议。

8.1　政府在湖南基础设施开发性融资实践中的作用

基础设施投融资具有资金投入巨大、期限长的特点。其项目运作市场化程度一般不高，投资利润率较低，投资收益与风险不匹配。由于收益与风险的不对称性使得以赢利为目标的商业性金融难以大量介入基础设施建设，依靠政策性金融对基础设施建设提供资金则存在由于资金来源有限和资金难以收回而形成的大量不良贷款的问题。开发性金融是一种介入商业性金融和政策性金融的金融形式，是单一国家或国家联合体通过建立具有国家信用的金融机构，为特定需求者提供长期信用，同时以建设市场和健全制度的方式，保证资金安全和长期资金投入的可持续性，从而实现国家经济长期增长及其他政府目标的一种金融形式。

根据开发性金融在湖南基础设施建设中的实践经验，发现成功的关键要素主要有：第一，充分发挥地方政府的组织协调优势。开发性金融之所以能够成功并不断发展，关键是充分利用和发挥了政府的组织协调优势，以弥补目前我国某些领域，特别是基础设施建设领域，市场化程度较低的不足。这样，从政府关注的经济热点入手，解决政府在基础设施建设中自行难以解决的一些难题，如资金短缺、体制局限等，并调动各级政府和有关部门在城市基础设施建设中的积极性，使其在制订发展规划、审批项目、安排财政性资金、完善国有企业法人治理结构、实现资产重组、协调企业还贷等方面发挥组织协调优势。第二，有效利用开发银行的融资优势。与商业性金融机构相比，作为政府的开发性金融机构，开发银行具有“融资推动”的优势，我们认为开发银行的融资优势主要体现在：一是充分利用具有国家信用和主权级信用等级的优势，将大额资金用于建设周期和投资回报期较长的基础设施项目；二是通过积极推动制度建设和市场建设，把贷款投向商业性金融机构不愿涉足的存在市场缺损的行业领域或项目。第三，适应市场化要求。与政策性金融相比，开发性金融以市场路径来实现政府经济社会发展目标。开发性金融的主要内容是治理结构建设、法人建设、现金流建设和信用建设等“四项建设”，这是转化、孵化、发育企业的过程，由政府主导逐步过渡到市场主导，最终目的是把企业引入市场、推向市场。在开发性金融实践中，坚持在项目开发、建设、还贷等过程中都注重通过市场方式来完成。

开发性金融的主要作用体现在能保证国家基础设施建设巨额资金投入的可持续性。国家开发银行自 1998 年开始进行开发性金融实践以来，对湖南基础设施建设提供了相当大的金融支持，有力地促进了湖南基础设施建设。开发性金融与政策性金融的重要差异在于其追求商业回报，但这种回报依赖政府信用或政府在使基础设施建设项目达到开发银行的融资标准中起的主导作用①。

8.1.1　地方政府积极推动和组织协调提供了组织和制度保障

由于基础设施的部分公共性特征，使得基础设施领域一直是政府的主要功能领域之一，开发性金融在基础设施中的运用离不开当地政府的积极推动和协调。开发性金融从政府关注的经济热点入手，解决政府在基础设施建设中自行难以解决的一些难题，如资金短缺、体制局限等，并调动各级政府和有关部门在城市基础设施建设中的积极性，使其在制订发展规划、审批项目、安排财政性资金、完善国有企业法人治理结构、实现资产重组、协调企业还贷等方面发挥组织协调优势。

在湖南开发性金融的实践中，首先由省政府牵头与国家开发银行建立了良好的信用关系，如省政府于 2003 年底与国家开发银行签订了《开发性金融合作协议》，为湖南的开发性金融实践的进一步深入提供了有效的组织保障。

---

① 从目前来看，由于地方政府通过政府投融资平台来对基础设施项目融资，政府投融资平台可以从开发银行融资，也可以从其他商业银行融资，但他必须满足贷款银行各自的融资标准。融资标准建设是个投融资平台的主要工作，而地方政府常常在此过程中起着主导作用。因此，从地方政府在对接国家开发银行贷款中所起的作用就可以得出其在基础设施融资中所起的作用。

鉴于基础设施项目种类较多，项目属性不一，既有经营性项目的收费桥梁等，准经营项目的煤气、自来水、城市污水处理等，又有非经营性的敞开式城市道路等。需要地方政府出面统一负责多种经营属性基础设施建设项目投融资的组织协调工作。同时由于城市基础设施项目资金需求的大额性和长期性，为保证资金投入的安全性，须制定相应的制度以提供还款保障。这样应更加注重发挥政府的组织协调作用。如在城市基础设施项目打捆申贷工作中，湖南省政府制定了各相关政府部门在开发性金融实践中的组织分工。省发改委总体协调城镇基础设施项目打捆申请开发银行贷款工作，加强与开发银行沟通联系，及时通报情况；省财政厅指导协调市、州财政兜底的相关政策，督促市（州）、县建立还贷机制，制定还贷准备金管理办法；省国土资源厅研究建立土地储备制度及土地增值收益集中部分用于城镇基础设施建设的政策；省物价局研究制定城市污水、垃圾无害化处理费的征收、使用及监督管理办法，等等。为开发性金融在城市基础设施项目建设中运用提供了组织和制度保障。同时还充分发挥地方人大和审计监察部门的作用，对开发银行贷款项目的建设和资金使用实行全过程、全方位的监督。这样通过有效发挥政府组织协调优势来保证开发银行大额长期资金投入的安全性，以保障其大额资金向城市基础设施建设投入的可持续性，从而充分发挥开发银行在城市基础设施领域提供大额的、长期的资金优势。

8.1.2 为基础设施建设打造合格的融资主体

开发性金融的创新性在于将地方政府选择的急需建设的重点项目通过开发性金融的创新性运作，建立市场化的偿还机制，确保贷款的偿还，以实现大额长期资金的可持续性投入。因此，开发性金融这种金融创新是通过项目建设和制度创新来实现。在实践中，湖南城市基础设施建设主要从两个方面围绕开发性金融实践进行制度创新。其一，优选项目。主要选择地方社会经济发展亟需建设的重点项目，包括城市道路、供水、供电、供气、垃圾和污水处理、城市绿化等项目。在选择时充分发挥城市规划的龙头作用和杠杆效应，抓紧修编城乡结合部详细规划和近期建设规划，建立土地储备制度，统筹规划，分步实施，不搞形象工程、政绩工程。其二，打造合格的城建融资主体，打造不同层次的基础设施投融资平台，实行公司化运作。加大政府投资主体培育力度，通过组建和壮大各类政府投资公司，构成不同层次的投融资平台，进行市场化运作，使各级政府基础设施投融资平台达到开发银行所要求的融资标准。如围绕城市基础设施项目打捆申贷，湖南先后成立了 40 多家具有现代企业治理结构的城建投资公司，对项目储备、融资、建设、还贷全过程负责，改变了以往通过政府部门成立临时指挥部来组织项目建设的现象。同时，对资产实力不强的公司，要求地方政府划入优质资产，给予一定的政策优惠，做大做强，使公司具有造血功能和自我发展功能，真正成为能承担城市建设、经营城市和对外融资职能的法人实体。其三，进一步改革投资体制，推进产业化运作。对经济基础设施和社会发展投资领域，应加大投资体制改革力度，真正打破行业垄断和国有企业为主的建设和经营的格局，重点引进并完善项目法人招标制度；建立和完善城市垃圾处理、污水处理、医疗废物处理等收费政策，并加大财政补贴力度；规范土地开发收益和城市维护费等，建立还贷基金，为这些领域的项目实行市场化、产业化运作提供条件。

8. 1. 3　以组织增信形式建立贷款偿还机制为贷款偿还提供保障

在争取开发银行贷款支持的同时，充分发挥地方政府的组织和政治优势，将信用建设和信用创新工作放在重要的地位，为贷款的偿还提供保障机制。第一，开辟稳定的还贷来源。各市（州）、县从城市建设维护费、污水垃圾收费、土地级差所得收益、经营城市的有形无形收益、城建开发公司的投资收益及财政预算租金等六个方面来建立还贷基金。并要求统贷单位按时还本付息，坚决制止逃废债行为。第二、不断创新信用增信方式。针对湖南县级财力不强，特别是西部地区的市县，财政支出主要依据中央补助和转移支付的具体情况，与开发银行一起构筑“市带县”的信用平台，以实力较强的市县级财政作兜底，提高县级信用承贷能力。

此外，通过强化合作意识以密切银政、银企关系。一方面邀请开发银行参与地方政府产业政策、发展规划的制定和投资重点、重点项目的选择，并及时通报；另一方面，开发银行向地方政府提供信贷政策等信息，并在规划、项目开发等方面提供支援贷款和技术支持。这样使开发银行、当地政府、基础设施投资主体三者实现开发性金融所要求的“认识同步、政策同步、措施同步、发展同步”。

8.2 湖南铁路运输及投资现状分析

8.2.1 湖南铁路运输存在的问题

湖南铁路网呈井字及辐射状分布，境内拥有京广、湘桂、焦柳、沪昆、洛湛、石长及渝怀铁路等干线，加上醴茶、资许、韶山等支线，基本上构成了四通八达的铁路网。2009 年 12 月 26 日，武广客运专线正式投入运营，使湖南铁路的电气化率由 2007 年的 51% 上升到 63.4%。目前，湖南已形成普通铁路与客运专线铁路相补充、复线铁路与单轨铁路相衔接、国家铁路与合资铁路共同发展的“三纵三横”田字形铁路网络。但还存在以下主要问题。

第一，路网密度偏小，地区分布不均衡。到 2007 年底，湖南全省铁路营运里程占全国营运里程的比重仅为 3.8%，路网密度为 140 km/万 km^2，比中部地区平均每万平方千米少了近 30 km，每万人拥有铁路长度为全国平均水平的 73%。尤其是大湘西地区，路网密度不高，与西北地区无便捷通道。

第二，已有铁路技术标准不高，既有线路负荷重。近几年湖南铁路发展比较快，到 2007 年底，境内铁路复线率和电气化率分别达到 43% 和 51%，但 160 km/h 及以上速度目标值的线路里程只有 45 km，仅占全省铁路营运里程 1.5%。至 2009 年底，全省铁路营运里程 3693 km，其中，复线里程 1852.40 km，境内铁路复线率为 50.16%；电气化里程 2342.00 km，电气化铁路比重提高到 63.4%。但是绝大部分既有线路能力已经饱和或接近饱和，据统计，单位里程铁路客运负荷是全国平均的 2.24 倍，单位里程铁路货运负荷是全国平均的 1.1 倍。

第三，铁路运输能力远不能满足日益增长的经济需求，铁路货运请求发车满足率低。1990—2007 年，全国 GDP 年均增长速度为 8%，湖南同期 GDP 年均增长为 12.6%，但湖南境内铁路客货运输量年均增长仅分别为 3.16% 和 1.5%。与其他运输方式相比，市场份额逐渐下降，铁路运输实现的旅客周转量占全社会旅客周转量的比重从 2005 年的 51.4% 下降到了 2009 年的 48.5%；实现货物周转量占全社会货物周转量的比重，2005 年为 56%，到 2009 年下降到 39.5%。由于铁路运力不足，大量应由铁路承担的中长途客运和中长途、大宗散装货运只得由公路来运输，增加了运输成本和能源消耗。

8.2.2　湖南铁路投资现状

湖南目前正处于第一次现代化阶段，加速推进工业化、城镇化和农业现代化是湖南当前发展的重要内容。因此，湖南及时提出了“抓住中部崛起、沿海产业转移、两型社会实验区建设等历史性机遇，突破传统发展模式，实现跨越式发展，加快富民强省、建设全面小康”的战略任务，并将“一化三基”作为发展思路。根据“一化三基”的发展思路，基础设施建设成为湖南经济发展的关键，也是湖南投资的重要领域。如 2008 年全省审批通过的高速公路的拟建规模达 2077 km，投资规模达 1150 亿元；2009 年拟报建（或批复）的高速公路建设规模达 1012 km，投资规模达 750 亿元①。由于湖南是一个处于中部地区的内陆省份，经济实力不强，资金来源是一个重要制约因素，同时，社会信用环境上存在问题，因此，大规模的基础设施建设需要各级政府作为基础设施建设项目投融资的主导者。

“湖南要实现经济社会又好又快发展，铁路要先行”。湖南地处中部位置，承东启西，贯通南北，交通成为湖南基础设施建设的重要部门。而铁路具有占地少和环保节能的比较优势，铁路运输具有全天候和大运量的特点，可以大大降低运输成本，是非常经济、有效率的运输方式。2008 年 7 月和 8 月，湖南省政府与铁道部又先后举行两次座谈，并签署重要文件《关于加快推进湖南铁路建设的会议纪要》，为湖南大规模铁路建设奠定了基础。湖南省发展和改革委员会及时组织编制了《湖南省区域铁路发展规划》和《“3 + 5”城市群城际轨道交通规划》。使铁路更好地服务湖南经济社会建设，促进湖南又好又快发展。可以肯定，湖南铁路建设已成为湖南基础设施建设和投融资的重要领域。

根据《湖南省区域铁路发展规划》，到 2020 年，湖南境内铁路营业里程将达 5766 千米，占全国营运里程的比重将提高到 4.3%；复线里程达到 3497 千米，复线比率提高至 62.7%；人均铁路网密度达到 0.80 km/万人，单位面积铁路网密度提升至 263.5 km/万 km^2；160 km/h 及以上速度目标值的线路由 2007 年的 45 km 增加到 3031 km，占全省铁路营业里程 52.6%。2010 年底以前湖南省铁路

---

① 数据来源：蒋作斌．2009 年湖南省国民经济和社会发展报告．湖南省发展和改革委员会内部资料，91 – 92。

建设项目情况见表 8 – 1。

表 8 – 1 2010 年湖南铁路建设项目表

项目名称	总里程（公里）	境内里程（公里）	总投资（亿元）	境内投资（亿元）
武广铁路客运专线	968	518	1080	480
洛湛铁路永州以南段	568	210	44	44
洛张线扩能改造	170	170	5.2	5.2
湘桂复线（衡柳段）	497	178	287	110
衡茶吉线	264	203	83	61
石长铁路复线	263	263	101	101
娄邵铁路扩能改造	99	99	38	38
杭长客运专线	883	83	1161	140
长昆客运专线	1138	408	1571	482
荆岳铁路	173	78	92	49
黔张常铁路	355	260	255	187
安张衡铁路	910	473	683	355
渝怀铁路二线	624	85	205	28
怀邵衡铁路	342	342	114	114
常岳九铁路	413	161	316	123
长沙南北货站搬迁			21	21
湘潭站	$12000m^2$		4.5	4.5
湘乡站	$8000m^2$		2.1	2.1
冷水江东站			4	4

数据来源：蒋作斌. 2009 年湖南省国民经济和社会发展报告. 湖南省发展和改革委员会内部资料，98 – 99。

根据《“3 + 5”城市群城际轨道交通规划》，长株潭三市和衡阳、娄底、常德、益阳和岳阳五市间城际轨道交通建设投资见表 8 – 2。

表 8－2　湖南“3＋5”城市群城际轨道线网规划投资表

年度	线路	线路里程（公里）	静态投资*（亿元）	指标（亿元/公里）
2020 年	长沙—株洲（湘潭）	99	153.2	1.55
	长沙—常德	151	185.7	1.23
	株洲—衡阳	120	156.0	1.30
	长沙—岳阳	170	210.8	1.24
	湘潭—娄底	110	140.8	1.28
	小计	650	846.5	1.30
2030 年	长沙西环线	45	60.7	1.35
	汨罗—益阳—娄底—衡阳	310	384.4	1.24
	株洲—醴陵	50	50.5	1.03
	长沙—浏阳	65	70.2	1.08
	湘潭—韶山—宁乡	80	88.8	1.11
	小计	550	655.7	1.19
	合计	1200	1502.0	1.25

注：按 2008 年静态估计。

数据来源：中铁第四勘测设计院集团有限公司．湖南省长株潭城市群城际轨道网规划汇报提纲，2009.9.

8.3　湖南铁路建设投融资模式

8.3.1　国外铁路建设投融资经验

国外多个发达国家在铁路建设投融资方面提供了国别视角。美国铁路投融资特点为市场化程度高，政府扶持、企业运作、资本市场与银行贷款筹资；日本铁路投融资特点为投融资方式据项目性质不同而不同，整体上以政府为主导、多元化筹资；瑞典铁路建设投融资的特征是政府扶持、企业运作。

英国铁路在投资主体多元化上，表现为政府投资、补贴、贷款、公共债券、私人投资等。如伦敦地铁采用了引入私人股权投资者，成立项目公司，以有限追索融资的方式（即建设资金的偿还主要是项目运行后自身产生的现金流，不是企业或担保人的资产负债）进行的 PPP 模式。投融资特点是政府引导、社会出资、创新筹资方式、一体化运营。

法国铁路投融资模式是政府与市场两只“手”并用，一方面依靠社会资金投资，另一方面也争取国家和地方的财政补贴。如巴黎地铁项目建设，政府设立专项建设资金（专款专用），以确保地铁的建设投资和债务的偿还；票价定位以吸引客流为主要目标。因此，法国铁路建设投融资的特点是政府主导、财政出资、多元化筹资、综合经营。

新加坡地铁采取公建私营的“租赁—运营—转让”（LOT）模式，即由政府建设公共性较强的基础设施部分，建成后租赁给私人部门；将私营性较强的运营部分交给私人部门，由私人部门投资车辆、信号及其他流动资产。政府只是象征性地向私人收取一定的租赁金，租赁期结束后，由私人部门将运营资产交还给政府。

菲律宾地铁采用了“建设—租赁—转让”（BLT）模式，即由私人投资者投入项目建设所需的全部资金，在建设完成后租赁给政府，由政府进行经营与管理。在租赁期内，政府每年付给私人投资者相当于租金的回报，租赁期结束后，整个项目完全归政府所有。

由此可见，国内外关于铁路建设投融资模式的共同点是：政府主导，投资渠道和投资主体多元化，鼓励社会资本和境外资本以合资、合作或委托经营等方式参与铁路投资、建设和运营，并采取招标方式公开公正地选择投资者。

8.3.2 国内其他省市铁路建设经验

目前国内福建、江苏、浙江、江西、陕西、云南、北京、上海等省市通过与铁道部合作，加快各辖区内铁路建设。福建省铁路建设投融资特点是政府主导、省市共建、探索多元化筹资。从 2004 年起，在将近 10 年内，福建省和铁道部铁路建设投资达 1000 亿元，其铁路建设资金主要来自两个方面：一是省财政资金（含铁路建设附加费）、省发改委安排资金、省国有资产投资公司向开发银行贷款资金、电信分红资金。二是各级地方政府出资，主要以征地拆迁费用折价入股。

浙江铁投公司投融资方式的特征是政府扶持、企业运作、多元筹资、综合经营。“十一五”期间，浙江省需配套自有资本金约为 112 亿元，其铁路建设项目由省方出资部分由省和沿线地州政府按 3∶7 比例出资解决。省方出资由省财政按省出资金额的 50% 一次性以现金资产注入，其余向国家开发银行贷款；同时，贷款利息由集团公司以非铁路产业收入、存量国有资产及上市公司股权收益分担。

江苏铁路建设投融资方式的特征是政府主导、省市共建、财政出资、贷款筹资；“十一五”期间江苏省需筹集铁路建设资本金 298 亿元，其资本金来源包括：第一，江苏省财政每年拨付铁路建设专项资金达 10 亿元，5 年共计 50 亿元。第二，将项目贷款转作铁路项目资本金。由省政府协调，省发改委主导，省财政及地方财政担保，以公司优质项目打包取得以国家开发银行为牵头行，工、农、建、交等商业银行联合发放的银团贷款 100 亿元，专项用于铁路资本金投入。第三，其他省属投资集团及铁路沿线地方政府承担部分省资本金出资。如京沪铁路及京杭城际项目省方资本金部分由公司与沿线地方政府按 50∶50 出资，京沪高铁项目征地拆迁费用列入项目概算作为省级资本金出资，征地拆迁资金由交通控股集团、省国信集团、沿线地方政府按 4∶3∶3 比例筹集。

山西省组建了省能源交通投资有限公司，通过“政府主导、企业主体、多元参股、资本运作”的投融资模式，拟筹集铁路建设资本金 270 亿元。其运作的基本思路是，先由政府性资金占全部股权开始启动，然后由大企业、其他投资者和市场化融资逐步进入，政府股权逐渐退出，股权逐步稀释，计划到 2012 年政府性资金只保持绝对或相对控股。

“十一五”期间，江西省除在建项目外，还需筹措资本金 116 亿元。其主要措施为：第一，争取到国家开发银行 40 亿元软贷款。第二，铁路建设税费返还用于铁路建设，经江西省政府同意，江西省财政厅、发改委、地税局制定了《关于我省铁路建设项目有关税费政策的通知》，总的思路是在铁路建设期内，沿线设站区市按照各自境内铁路项目建设总投资的 3.5% 的比率筹措资本金①，作为各有关市县投资，专项用于江西省铁路建设。第三，沿线设站区市以土地资产援建铁路，包括南昌市提供 1000～1500 亩，其他设站市区提供 800～1000 亩，铁路项目沿线县市提供 150～200 亩。第四，通过金融机构融资和拟转让地方铁路

① 数据来源：湖南省铁路建设投资有限公司《工作简报》，2009（2）：9.

股权筹资。

此外，云南铁路建设投融资特点是政府主导、企业运作、政策贷款筹资；北京铁路建设投融资方式的特征是政府主导、市区共建、多元化运作、多渠道筹资。

8.3.3 湖南铁路建设投融资模式与投融资平台构建

从国内其他省市铁路建设投融资实践来看，大都体现了我国基础设施投融资模式的政府主导、多层参与、市场化运作、政策支持的特征。一般由省级政府与铁道部合作，确定铁路拟建项目及合资比例，铁道部与省级政府主导省内铁路建设，拟建铁路沿线地方政府多层参与。同时，成立省级铁路建设投融资平台，并要求铁路沿线地市和县级政府相应的投融资平台承担相应的出资任务，通过不同层次投融资平台的公司化运作来筹集和使用资金。即通过各种融资渠道筹措项目建设资金，项目前期工作、可行性研究、报建，项目招投标、项目建设等采取市场化运作。因此，湖南铁路建设需成立省级基础设施投融资平台，使其按市场规则运用和运作政府铁路建设专项资金、资源和信用，统一举借重大项目的国债专项资金、金融机构贷款、发行债券，并充分利用拟建项目资源优势，对接金融市场资金。

基于构建政府主导、市场运作、社会参与的多元化投融资平台的要求，湖南省于2009年6月将原湖南省土地资本经营有限公司更名为湖南发展投资集团有限公司，作为全省“一化三基”和长株潭城市群“两型社会”建设重大项目投融资的主平台，公司注册资本由原来的20亿元增为100亿元，作为省内铁路建设的一级投融资平台。将原来的土地资本经营有限公司改设为省内铁路建设一级投融资平台，而不重新设立一家新的投融资平台，主要是考虑湖南省内铁路建设（包括城际铁路）的主要任务是征地和拆迁，同时，各地市级和县级政府限于财力，其所出资部分大部分可能要用铁路沿线的等值土地出资，这要求该投融资平台能对土地资源进行有效的开发和整理，使其增值。原湖南土地资本经营有限公司由湖南省财政厅和国土资源厅共同管理，主要依照有关规定，通过收回、收购土地，进行土地储备和土地开发整理，建立省级土地储备库，使土地增值，同时，其已作为湖南省出资代表参与武广客运专项建设和经营。

湖南发展投资集团有限公司作为湖南省级重要的基础设施投融资平台，2009年6月成立时辖全资、控股和参股30多家企业，涉及铁路、钢铁、有色金属、机械制造、纸业、矿业、证券等行业。当时的企业体系构成见图 8－1。

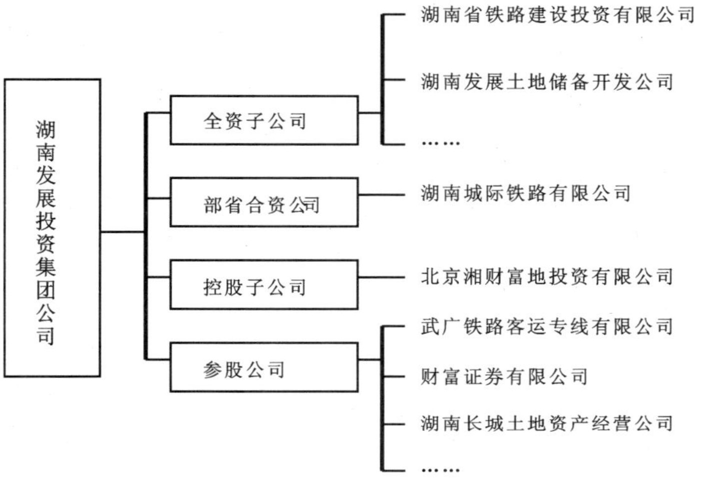

图 8－1　湖南发展投资集团有限公司企业构成图

由《湖南省区域铁路发展规划》和《“3＋5”城市群城际轨道交通规划》可知，湖南铁路建设分为“3＋5”城市群城际轨道交通建设和其他铁路建设两大部分。湖南发展投资集团有限公司成立时的初步设计为：“3＋5”城市群城际铁路由部省合资公司湖南城际铁路有限公司承担建设和经营，代表湖南省一方的为湖南发展投资集团公司，代表铁道部的为广州铁路集团有限公司；另一部分为城际铁路以外的铁路建设，湖南省铁路建设投资有限公司作为湖南发展投资集团有限公司的全资子公司，成为湖南铁路建设出资方代表参与省内相关铁路建设，定位于省内铁路建设的二级投融资平台。

湖南省铁路建设投资有限公司于 2008 年 7 月 21 日由湖南省委、湖南省政府发文成立，当时注册资本金为 10 亿元人民币。2009 年 6 月湖南发展投资集团公司成立时，被划作其全资子公司。2010 年 5 月 10 日，湖南省委和湖南省政府又发文，决定将湖南省铁路建设投资有限公司更名为湖南铁路投资集团有限公司，注册资本金为 100 亿元人民币，属于省政府出资并授权经营的国有独资企业，归省财政厅和省国土资源厅直接管理。更名后的湖南铁路投资集团有限公司不再是湖南发展投资集团有限公司的全资子公司，而成为湖南省的一级投融资平台。由此，目前湖南省铁路建设分别由湖南发展投资集团有限公司和湖南铁路投资集团有限公司两个省级投融资平台承担。

湖南铁路建设投融资模式也充分体现了政府主导、多层次参与、市场化运作的特征。从国家层面上来看，铁道部代表国家与湖南省政府合作投资，湖南省政府通过财政拨款等方式注资，沿线地方政府参与，体现了政府主导和多层次参与。铁道部通过其所辖路局或集团公司出资，如“3+5”城市群城际铁路建设由广州铁路集团公司代表铁道部出资，衡茶吉铁路建设由南昌铁路局代表铁道部出资，荆岳铁路由武汉铁路局出资。湖南省通过设立湖南发展投资集团有限公司和湖南铁路投资集团有限公司两个省级投融资平台与铁道部各路局或集团公司合作，在公司层面上进行市场化运作。

“3+5”城市群城际铁路投融资主体见图8-2。

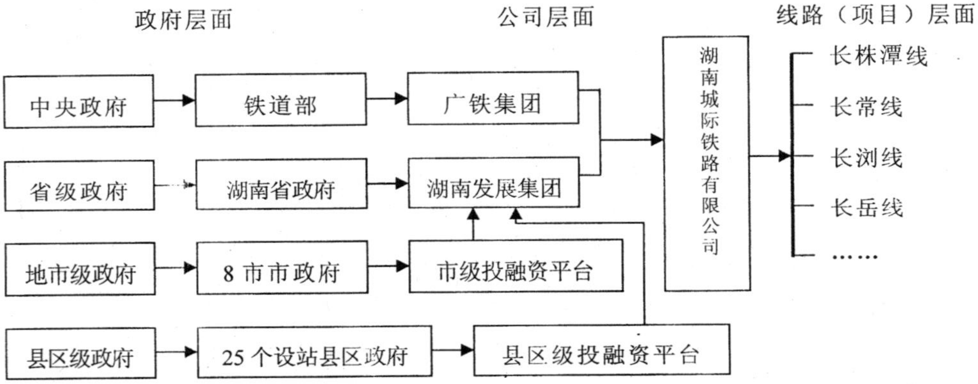

图8-2 “3+5”城市群城际铁路投融资主体关系图

8.4 湖南铁路投资集团有限公司运作及融资对策

湖南铁路投资集团有限公司作为湖南省铁路建设两个省级投融资平台之一，其主要工作任务为：负责省独资或合资铁路建设项目的投融资建设及建成后的经营管理工作，依法行使投资形成的国有资产收益权，开展铁路建设相关产业的投资、经营及资产管理工作。公司计划在“十一五”和“十二五”期间参与11条部省共建铁路的投融资和建设，总投资为1849.42亿元，代表湖南省政府出资约为324亿元，投资项目及出资情况见表8-3。

表 8-3　湘铁集团“十一五”和“十二五”期间拟参与的铁路建设项目

线路（项目）	湖南境内里程（公里）	湖南段投资总额（亿元）	湖南出资额（亿元）
湘桂复线扩改	187	100	15
衡茶吉铁路	162	53	12
娄邵铁路扩改	93	75	15
石长铁路复线	279	118	23
荆岳铁路	82	57.5	5
杭长昆客运专线	518	630	70
黔张常铁路	260	187	20
怀邵衡铁路	285	114	17
渝怀铁路复线	85	26	4
常岳九铁路	161	123	37
安张衡铁路	473	355	106
沪昆铁路湘潭车站改造		5.02	
沪昆铁路湘乡车站改造		2.1	
沪昆铁路冷水江车站改造		3.8	

资料来源：湖南铁路投资集团有限公司网站。

8.4.1　铁路投融资平台运作

8.4.1.1　投资形式

从已开工或已确定的铁路建设项目来看，湖南与铁道部合作方式有两种：第一是湖南省负责拟建铁路线路所有征地拆迁费用，不出资本金；第二是湖南省按约定的比例将资本金注入合资的项目公司，项目公司再将核算的征地拆迁费用支付给湖南省。相关项目合作方式见表 8-4。

具体投资包括两种形式（见图 8-3）。其一是根据线路成立项目公司，湘铁集团按合资比例出资或将征地拆迁费折算入股，如衡茶吉铁路由南昌铁路局、湘铁集团、江西地方铁路建设集团公司三方共同出资成立衡茶吉铁路有限公司，采取先注入协议比例的注册资本金，再返回征地拆迁费，湘铁集团已先期注入项目公司 1.75552 亿元资本金。其二，不成立项目公司，新建铁路由铁道部所辖路局所有并经营，湖南出资部分或征地拆迁费计入其他设立项目公司的铁路，如湘桂复线中湖南省征地拆迁费用出资部分计入沪昆客运专线项目（该项目设立项目公司），娄邵铁路中湖南省征地拆迁费用出资部分计入石长复线项目（石长铁路有限公司）。

表 8－4　已开工或已确定铁路建设项目部省合作方式

项目	部省合资比例	是否设立项目公司	建设期
武广铁路客运专线	负责征地拆迁	设立	已完成
湘桂复线（衡柳段）	负责征地拆迁	否	3.5
衡茶吉线	7:3	设立	3
石长铁路复线	6:4	设立	2.5
娄邵铁路扩能改造	6:4	否	2
杭长客运专线	负责征地拆迁	设立*	4
长昆客运专线	负责征地拆迁	设立	5
荆岳铁路	7:3	设立	4

注：杭长客运专线和长昆客运专线设立一个项目公司，即沪昆铁路客运专线湖南有限公司。

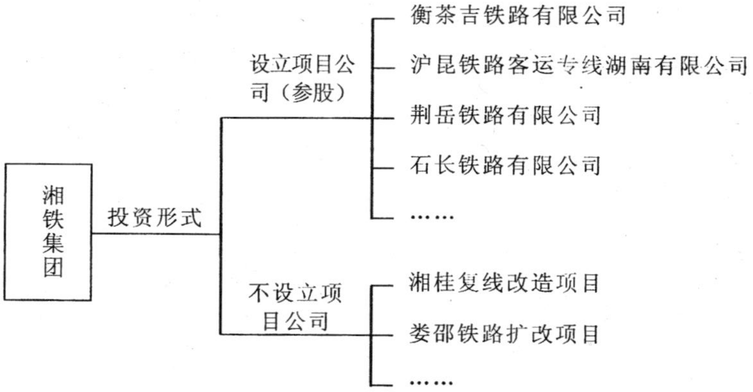

图 8－3　湘铁集团投资形式

8.4.1.2　融资方式及状况

湖南铁路建设项目投资规模大、回收期长、收益率低，有些项目像衡茶吉铁路预可研亏损。铁路行业的特殊性决定了湖南铁路建设当前暂时无法通过市场化运作取得投资资金。目前湘铁集团主要的融资方式是向银行贷款。2009 年湘铁集团主要融资事件见表 8－5。

表 8－5　2009 年湘铁集团融资主要事件

关系银行	事件主要内容
中国建设银行	元月，签订实际性战略合作协议 170 亿。 3 月 10 日，短期贷款额度 4.5 亿元，使用 2.5 亿元。 3 月 12 日，签订中长期贷款初步意见，额度 60 亿元。 3 月 23 日，拟授信总计 284 亿元，其中项目贷款 234 亿元（还贷时间初定 15～20 年），资本金贷款 50 亿元（还贷时间初定 5～8 年）。另外建行拟牵头组建银团贷款，自己将承担 170 亿元。 7 月，建设银行湖南省分行完成了对湘桂铁路扩能改造工程和衡茶吉铁路的项目评估。
中国工商银行	3 月 10 日，短期贷款额度 2.5 亿元。 3 月 12 日，签订中长期贷款初步意见，额度 86 亿元。 3 月 27 日，拟首期发放 86 亿元资本金搭桥贷款，还贷时间初定 5～8 年；二期发放项目贷款 111 亿元，还贷时间初定 15～20 年。
国家开发银行	3 月 12 日，签订中长期贷款初步意见，额度 75 亿元。 3 月 24 日，拟发放项目贷款 150 亿元，分 8 年放款，还贷时间初定 15～20 年。
其他银行	短期贷款，民生银行 3 亿，交通银行 5 亿。 中信银行签订中长期贷款 20 亿。 广发银行授信 23.6 亿元，期限 15 年。

资料来源：根据湖南省铁路建设投资有限公司《工作简报》（1－7 期）及网上资料整理。

8.4.2　投融资存在的问题及对策

由于湖南省铁路建设投资有限公司于 2008 年 7 月 30 日成立，而集团公司于 2010 年 5 月才成立，尽管集团公司的注册资本金由原来的 10 亿元调升为 100 亿元，公司项目尚未开始运作，未能形成盈利点，难以支持巨额的资金需求，需要向外大量融资。但存在以下问题：

一是自有资本中货币资本严重不足，且注册资本不能短期内到位，对铁路投资依赖对外借款。原湖南省铁路建设投资有限公司成立时，注册资本为 10 亿元，到位的只有货币资本 2.5 亿元，缺口达 7.5 亿元。更名为湖南省铁路投资集团有限公司时，注册资本调增为 100 亿元，新增的注册资本来源包括：省财政分年度安排资金，湖南省境内铁路建设期间施工单位需要缴纳省财政的建安营业税，湘铁集团（含下属子公司）应缴纳税收收入（除上缴中央部分外），土地、矿产资源收益，省人民政府划转给湘铁集团的其他企业股权或资产，等等。新增的注册资本中可用于项目启动投资的资金还是较少。相对于324亿元的出资额，大部分资金，特别是项目启动资金，须对外筹集。

二是融资方式单一，完全依靠银行贷款，还本付息压力巨大。目前公司刚刚起步，自身还无造血功能，参与铁路建设的资金来源主要是银行贷款。银行放贷除要求有项目配套资金外，还十分关注企业的还款来源、还款充足度、还款稳定性等。而铁路项目建设期长、投资收益率低，估计5年内很难见到盈利。公司还本付息将面临巨大的资金缺口。据测算（贷款期15年、宽限期5年，利率按5年以上中长期贷款现行基准利率5.94%），11条铁路2009—2028年间贷款利息总额约为177亿元，2014—2029年共需还本315亿元。[①] 还本付息高峰期（2012—2026年），平均每年还本付息缺口约为31亿元。即使11条铁路建设期间建安营业税及附加资金（约46亿元）全额返还，且用于付息，利息仍然缺口131亿元。

三是项目资金面临瓶颈，同时面临融资担保、抵押、质押难的问题。公司参与11条部省共建铁路的投资建设需融资约324亿元，如争取银行信贷支持，按金融监管机构现行关于“新增建设项目贷款的配套资本金达到35%、银行才能发放贷款”的规定，公司需配套项目资本金约113.4亿元，根据现有注册资本构成，配套项目资本金须大量向银行借款。一方面由于公司刚成立，没有形成资产和稳定的收益，向银行申请项目贷款没有资产可抵押、也没有投资收益可质押，且担保方式需要有经济实力的第三方企业作为担保人，而能为资金需求量大的铁路建设作担保的企业很少。另一方面，国务院下发的关于加强地方政府融资平台管理有关问题的通知规定，向银行业金融机构申请贷款须落实到项目，以项目法人公司作为承贷主体。而由前面的分析可知，湘铁集团的投资铁路建设的方式包括参股项目公司和不设项目公司两种。如果是设立项目公司，湘铁集团只是占较少的股份，对未来的资产没有控制权，以项目法人公司贷款不存在基础，没有设立项目公司，不能再向银行融资。这样只能变通方式，如湘桂复线建设项目没有设立项目公司，湘铁集团代表湖南省政府负责筹措征地拆迁资金，其通过向省发

① 数据来源：湖南省铁路建设投资有限公司《工作简报》，2009（2）：5.

改委把湘桂铁路扩能改造工程投资明确用于征地拆迁项目，以此设立征地拆迁项目公司，再对外借款。

铁路建设项目既有公益性又具有经营性，且投资规模巨大，投资回收期长，但能获得长期稳定的收益，因此，铁路建设的投融资问题既需要政府支持，又需要市场参与，才能有效地解决。

第一，积极争取政府投入和政策支持。一是及时足额拨付湘铁集团注册资本金。由于湘铁集团的注册资本金中相当大一部分是省财政分年度安排资金、湖南省境内铁路建设期间施工单位须要缴纳省财政的建安营业税等远期现金流，因此，到规定期限要及时拨付相关资金，以不断充实资本金。二是争取财政部（代为）发行的地方政府债券资金。大部分作为公司铁路建设项目配套资金来源，如浙江省将国家核定的浙江省 2009 年获得的发行地方政府债券 82 亿元，全部用于解决以“六线二枢纽”（杭宁客专、杭甬客专、沪杭客专、杭长客专、金温扩能改造、九景衢铁路、杭州东站枢纽、宁波枢纽）为重点的铁路项目建设资本金问题。三是积极争取国债资金投入湖南省铁路建设。湖南一些在建铁路所经过的区域有相当一部分是欠发达地区和革命老区，如衡茶吉铁路就经过井冈山、吉安地区，此类铁路具有明显公益性，主要应由政府投资建设，应积极向国家争取财政专项资金。四是借鉴江苏等省的经验。铁路沿线各市州政府委托出资者共同参股部省合建铁路项目，考虑到股权比较分散，可委托湘铁集团代管股权、统一持股。

第二，创新投资方式和贷款方式，解决向金融机构借款抵押问题和优化债务结构。抵押主要有两种方式，其一以现有符合要求的资产或股权进行抵押；其二是以预期现金流作抵押。湘铁集团由于成立时间较短，尚未形成有规模的资产和股权，利用资产和股权进行抵押不现实。但可利用预期现金流作抵押，具体方法为：铁路建设投资项目采取政府回购的形式，即政府明确项目借款主体，然后与借款主体签订项目的政府回购协议，由于政府负责回购建设项目，银行对项目建成后的现金流有一个合理的预期，银行对该预期的现金流贷款，从而解决铁路投资项目担保和抵押难的问题。另外，通过与贷款银行合作，设计合理的贷款期限结构、产品结构，如充分利用各种期限的银行贷款、委托贷款、信托计划、银行票据和银团贷款等方式，不仅能降低筹资成本，还能减轻还贷压力。

第三，明确赋予湘铁集团土地开发整理和储备职能，实现以地换资金。如江西省由铁路沿线市县合理提供铁路站场周边和沿线土地资产注入江西省地方铁路建设集团公司，由铁路集团公司负责建设和开发，所得土地资产收益用于江西省铁路建设。其一，在政府土地规划内，划给公司铁路沿线的部分土地及优质矿权，公司再负责土地一级开发后储备。土地通过市场招拍挂出让取得的土地综合收益扣除中央计提部分全额返还给公司作为省资本金的投入。其二，铁路沿线市县政府参与铁路建设，如果某些市县不能投入现金，则可提供等值的土地，由湘铁集团统一进行整理和开发。

第四，产业投资基金和股权转让融资。由于铁路建设项目投资额巨大，而民间资金较为分散，产业投资基金一方面可以把大量分散的社会资金集聚起来，另一方面相对于股票市场，产业投资基金设立的门槛较低。因此，可考虑设立湖南地方铁路产业投资基金，这将是铁路吸引社会投资进入的渠道之一。另外，借鉴陕西省和江西省的经验，在适当的时机，可通过向铁道部所辖路局和集团公司，以及铁路沿线收益大的企业等转让地方铁路股权筹集资金。

第五，充分利用金融市场，实行多渠道融资。利用中外公募、私募基金、保险基金、信托基金及在符合条件的情况下发行政府特定项目债券等方式融资。其中保险基金和信托基金融资是目前最具可行性的两种方式。2005 年 12 月，国务院正式批准保险资金可以间接投资基础设施项目。而在保监会于 2006 年 3 月发布的《保险资金间接投资基础设施项目的试点管理办法》中规定，保险机构可以将保险资金委托给受托人，采取债权或股权等方式间接投资国家级重点基础设施项目。2009 年 4 月 26 日，保监会主席助理陈文辉在第四届中国中部投资贸易博览会上表示，保监会要发挥保险的资金融通功能，支持中部地区经济建设，在风险线可控的前提下，稳步推进保险资金投资中部地区交通、通信、能源、电力等基础设施项目。在实践方面，由中国平安保险集团公司牵头组建的保险资金，以 160 亿元入股京沪高速铁路项目。因此，湖南省应积极与保监会沟通，争取保险资金投资基础设施在湖南进行试点。信托融资主要是针对投资额大的项目融资，尤其适合铁路建设项目，如江西省地方铁路建设集团公司和江西国际信托公司于 2008 年 10 月 31 日签署了《铁路建设信托融资协议》，筹措资金全部用于江西省铁路建设。因此，湖南也可以采用这种方式为铁路建设融资。

8.5　湖南“3 +5”城市群城际铁路投融资

根据《“3 +5”城市群城际轨道交通规划》，到 2030 年城市群城际轨道交通网最终形成“一核、主轴线、半圆、支线”网络。根据 2009 年 10 月的《国家发展改革委关于长株潭城市群城际轨道交通网规划（2009—2020 年）的批复》，湖南“3 +5”城市群城际铁路建设情况见表 8 –6。“3 +5”城市群城际铁路由湖南省和铁道部各出资 50%，共同建设。湖南省的出资方代表是湖南发展投资集团，铁道部的出资方代表为广铁集团，两者共同组建成湖南城际铁路有限公司，负责建设和经营总里程 760 公里的“3 +5”城市群城际铁路项目。

表 8 –6　长株潭城市群城际轨道交通网项目表（2009—2020）

建设时序	线路	里程（公里）	开工年份
1	长沙—株洲（湘潭）线	100	2009
2	长沙—益阳—常德线	150	2009
3	长沙—岳阳线	170	待研究
4	株洲—衡阳线	120	待研究
5	长沙西环线	45	待研究
6	长沙—浏阳线	65	待研究
7	湘潭—娄底线	110	待研究
合计		760	

城际铁路相对于其他铁路具有以下特点：第一，城际铁路发展目标是承担城市间或城市群内部旅客交流（不同于其他铁路线路），具有一定的封闭性，在运营和财务核算上具有独立性。如果项目财务上具有可持续性，比较容易吸引社会资本参与，即易于采取市场化的融资手段进行融资。第二，由于城际铁路是解决城市间或城市群内部人员的交流，城际铁路建设会对沿线设站城镇或城市群内的城市经济发展带来相当大的正向效应，沿线地方政府具有较高的积极性，比较容易吸引地方政府参与投资。因此，本部分主要研究两个方面的问题：首先，从微观层面上研究“3 +5”城市群城际铁路网中某一具体线路投融资方式。其次，研

究“3+5”城市群城际铁路建设中湖南省资本金筹集的分摊方式。

8.5.1 “3+5”城市群城际铁路项目运作与投融资方案设计

从现有的建设方案来看，“3+5”城市群城际铁路所有的线路被视为一个项目，湖南城际铁路有限公司为项目公司，但该项目是一个投资相当巨大（初步预算静态投资约为1500亿元）、建设期长达十多年的工程。因此，湖南城际铁路有限公司应是一个由广铁集团和湖南发展投资集团共同成立的主导“3+5”城市群城际铁路建设和经营的平台公司。这样，该公司被授权从事“3+5”城市群城际铁路建设和经营，可以采取自己投资建设和经营，也可以选择某一线路进行市场化运作，运用BOT、BT、PPP等基础设施现代投融资方式进行建设和经营。在国家发改委下发《国家发展改革委关于长株潭城市群城际轨道交通网规划（2009—2020年）的批复》中要求铁道部和湖南省在规划实施中“发挥社会各方面积极性，创造条件进行市场化融资、建设和运营”。

从目前项目线路的运量预测来看，城际铁路长株潭线作为一个单一的项目，应能够吸引社会资本参与建设和营运[①]。根据铁道部和湖南省政府批复的“关于新建长沙至株洲（湘潭）城际铁路可行性研究报告的批复”，长株潭线项目投资估算总额为233.2亿元。其中，静态投资193.85亿元，建设期贷款利息10.5亿元，动车组购置费28.8亿元，铺底流动资金0.1亿元。借鉴北京市地铁4号线和地铁奥运支线的市场化投融资方式，长株潭城际铁路可采取“BT+PPP”方式进行市场化投融资。

负责北京地铁奥运支线投资、建设和运营的单位是北京地铁10号线投资有限责任公司（以下简称10号线公司）。10号线公司将该项目分为BT工程和非BT工程，BT工程通过公开招标方式选择投资者负责投资和建设。10号线公司与中标者成立的项目公司签署《BT投资建设协议》（以下简称BT协议），项目公司按BT协议进行投资建设，项目竣工经验收合格后，10号线公司按协议价格回购工程。这就是所谓的“BT”模式。

北京地铁4号线的全部建设内容分为甲、乙两部分。甲部分主要为土建工程，由北京地铁4号线投资有限公司（以下简称4号线公司）负责投资建设，投

① 尽管长株潭城际铁路于2010年6月已经开工动建，如果可能的话，还可以进行市场化运作。如没有可能，本部分只是以城际铁路长株潭线建设投融资和运作的市场化作为一个案例进行研究，但在“3+5”城市群城际轨道交通网项目中，其他的线路也可以采用本部分的相关设计。

资额约为107亿元。乙部分主要包括车辆、信号灯机电设备等，由社会资本组建的北京地铁4号线特许经营公司（以下简称特许经营公司）负责投资建设，投资额约为46亿元。甲部分项目竣工验收后，特许经营公司根据与4号线公司签订的《资产租赁协议》，取得该部分资产使用权，并在特许经营期内负责地铁4号线的运营管理，获得相应的收益，向4号线公司支付租赁费。期满后，特许经营公司将乙部分项目所属设施完好、无偿地移交给北京市政府指定部门，并将甲部分项目设施归还给4号线公司。这就是所谓的“PPP”模式。

城际铁路长株潭线投融资方式可以将北京地铁奥运支线的“BT”模式和地铁4号线的“PPP”模式结合在一起，形成所谓的“BT + PPP”投融资方式，其具体运作见图8－4。“BT + PPP”运作模式将城际铁路长株潭线建设项目分为征地拆迁、土建工程、机电设备工程三部分。征地拆迁和土建工程投资估算为240.3亿元（包括静态投资193.8亿元和建设期利息10.5亿元），征地拆迁由长株潭三市政府负责。土建部分采用BT模式，采取公开招标方式选择投资者，由投资者成立BT项目公司，与湖南城际铁路有限公司签定《BT投资建设协议》，由BT项目公司负责土建工程投资建设。动车组购置费28.8亿元采用“PPP”模式，通过招标，确定特许经营公司，与湖南城际铁路有限公司签定《PPP特许经营协议》，由PPP公司负责动车组购置和提供铺底流动资金0.1亿元。土建部分完成后，由湖南城际铁路有限公司根据《BT投资建设协议》进行回购，并与特许经营公司签署《资产租赁协议》将土建部分设施租赁给特许经营公司。特许经营公司负责项目设施的运营及维护，通过票款收入及非票款收入收回投资并取得回报，并向湖南城际铁路有限公司支付租赁费，同时政府视运行效益酌情予以补贴。租赁期满，特许经营公司根据特许经营协议将设施（包括土建工程设施和动车组等设施）移交给湖南城际铁路有限公司。

8.5.2　“3 + 5”城市群城际铁路项目湖南省资本金筹集的分摊方式

根据《国家发展改革委关于长株潭城市群城际轨道交通网规划（2009—2020年）的批复》中批复的建设线路（见表8－6）和铁四院对各线路投资的估算（见表8－2），到2020年，“3 + 5”城市群城际铁路线投资总额将达1000亿元，湖南省约需筹集250亿元资本金。根据基础设施投融资模式多层次参与的要求和外省的实践经验，筹集办法可采用省、地市、区（县）共筹，有以下两种具体筹集办法：

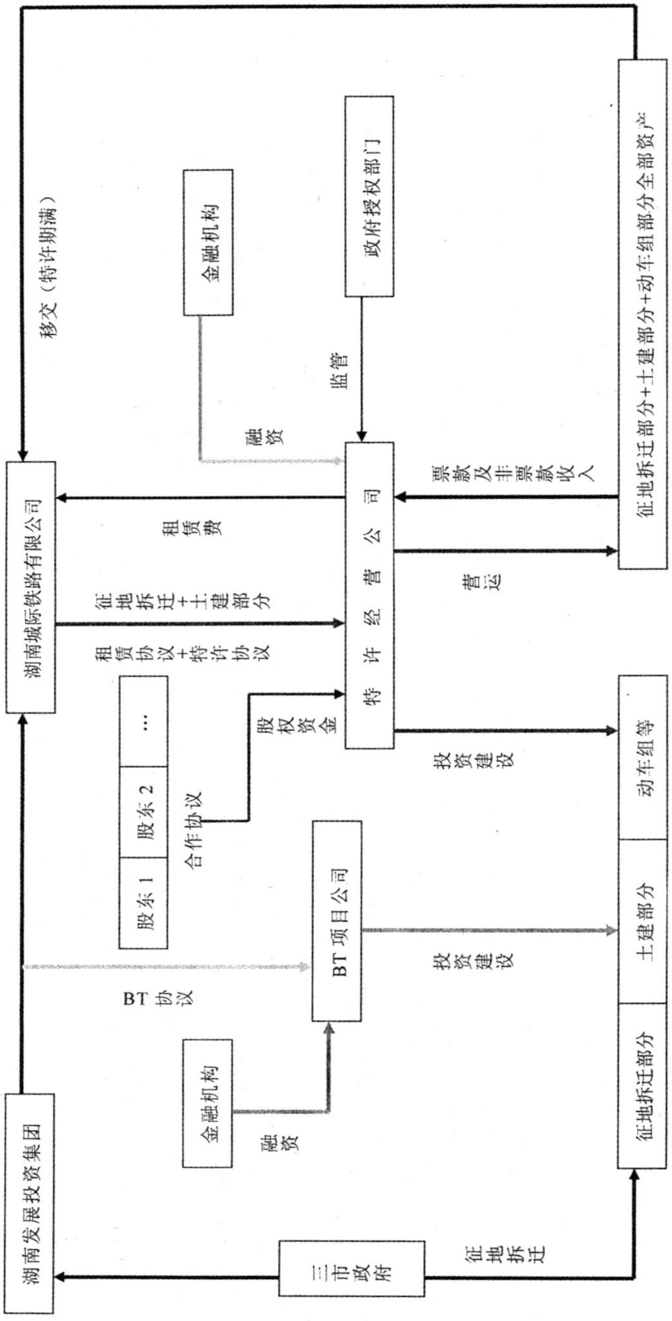

图 8－4　长株潭城际铁路“BT + PPP”方式运作图

（1）平均分摊方式

省政府每年安排财政预算资金 5 亿元，10 年建设期内筹集 50 亿元。同时，城际铁路项目建设过程中涉及的所有税费，如建安营业税等，加上湖南发展投资集团参股的武广客运专线正式运营后每年分得的利润等，10 年内可筹集约 40 亿元的资金。

城际铁路涉及的八个地级市，前 5 年内，每个地级市每年出资 0.8 亿元，后 5 年每个地级市每年出资 1.2 亿元，可筹资 80 亿元。另外，25 个设站的区县，前 5 年每年出资 2400 万元，后 5 年每年出资 4000 万元，可共筹集 80 亿元。

这种分摊方式不考虑相关地市和区县的财政能力和城际铁路在其境内的里程差异。

（2）里程分摊方式

省政府的出资与平均分摊方式相同，即 10 年内筹集约 90 亿元的资金。项目所经地市按境内长度分摊投资，并按项目实施进度出资，10 年内筹集 80 亿元资金；项目所经区（县）按境内长度分摊投资，并按项目实施进度出资，10 年内筹集 80 亿元。

无论是平均分摊还是里程分摊方式，三分之一的出资都由省政府负担，只是在市、区（县）上会有所差别。按平均分摊方式，10 年各市、区（县）的出资额，大体上与其财政实力相当。按里程分摊方式考虑了项目所经地市和区（县）的里程长度，相对合理，但可能在短期内加重线路所经地市的资金压力。

各方出资由省财政每年负责划缴给湖南发展投资集团公司，作为“3 +5”城市群城际铁路建设专项资金，以资本金的形式拨付给湖南城际铁路有限公司。规定地市政府和区县政府现金出资最低比例，其中区县比例要低于地市。在规定的比例内，任何一方可用“3 +5”城际铁路沿线土地等值出资，由湖南发展投资集团公司负责开发和整理，并依法对外拍卖，以此筹集相应的资本金。而且地市政府和区县政府也可以通过参与境内拆迁，用拆迁费冲抵出资额度。

结 论

本书旨在通过对我国投融资体制变革过程中投资效率的研究，以确定合理的投融资体制，在此框架内，研究我国基础设施投融资的合理边界、投融资模式的选择及运作等。在研究过程中，得出以下主要结论。

（1）基础设施与公共产品所包含的内容存在着交叉决定了政府既不能包揽所有基础设施建设，也不能将基础设施完全交由市场解决。公共选择理论认为政府在基础设施领域的身份存在着矛盾，一方面基础设施建设需要政府决策，另一方面政府在决策时存在偏离增进社会福利目标的倾向。如何确定政府在基础设施建设中的作用成为基础设施投融资体制的重要部分，项目区分理论和可销售理论主要从基础设施的经济属性和技术属性来确定民间和政府在基础设施投融资的分工，但都存在一定的局限性。

（2）建立与市场经济体制相适应的投资主体多元化、能有效界定政府投资边界的投资体制，可以提高基础设施资本的产出效率。根据我国投资体制在经济发展各个阶段所呈现的特征可以将我国的投资体制分为三个阶段，通过实证检验发现，第一个阶段对应的基础设施产出效率值为 0. 2384，第二阶段为 0. 2116，第三阶段为 0. 3805，可以得出在我国目前的投资体制下基础设施的产出效率最高，即我国现阶段的投资体制是一种较为有效率的制度，从而也肯定了我国当前投融资体制改革方向，表明在该体制框架下选择和形成的基础设施投融资模式具有稳定性。

（3）完整的基础设施投资边界包括政府投资的范围边界和基础设施投资的规模边界。政府投资范围边界的确定不仅要考虑基础设施的经济属性和技术属性，更要考虑基础设施的社会属性，公平与效率协调是确定政府投资范围边界的重要原则。相对于既定的非基础设施资本存量，基础设施资本存量和流量都存在最优规模，即规模边界。1982—2007 年间，我国经济基础设施资本存量规模与非基础设施资本存量规模的构成正向最优比率接近，即逐渐接近存量规模边界；在 1986—2007 年间，我国经济基础设施每年资本形成额也正逐年向最优方向接近。

（4）国外发达国家较为成熟的基础设施投融资模式存在一些共同的特征。通过比较分析发现，其基础设施投融资模式存在以下特征：第一，政府在基础设施投资中的边界清晰，各级政府分工明确；第二，严格控制各级地方政府基础设施投资的融资规模；第三，创立新型投融资方式，积极引导民间资金进入基础设施领域；第四，政府在基础设施投融资中起着积极作用。

（5）我国基础设施投融资模式应为：在合理确定政府投融资边界和各级政府合理分工的基础上，由政府或其授权的公共机构发起，用投资拨款等投资方提供全部或部分资本投入方式，广泛利用各市场经济主体的投资，进行市场化运作的多层次多元化投融资模式。基本特征为“政府主导、政策支持、多元参与、市场运作”。其中关键是“政府主导”，核心是“市场运作”。在此模式下形成政府主导下的负债型投融资和政府主导下的混合型投融资两种具体形式。

（6）基础设施投融资平台是我国基础设施投融资模式的实施者和运作者，也是我国政府基础设施投融资主体。不同类型的基础设施投融资平台决定了我国基础设施投融资具体形式的多样性。构建基础设施投融资平台的关键是使其达到市场认可的融资标准，包括企业法人制度建设、治理结构建设、企业信用建设和现金流建设。投融资平台可运用金融工程创新金融产品的分解与组合技术为基础设施项目开发设计合适的风险－收益分担机制。

（7）当控制 GDP 增长率为正后，地方政府通过投融资平台筹集基础设施建设资金而形成的债务存在一个收敛机制，使地方政府负债具有可持续的可能。如果给定一个保证地方政府债务可持续性的安全值后，地方政府每年通过投融资平台筹资存在一个上限。该上限取决于地方 GDP 的平均增长率，GDP 平均增长率越高，该上限越高；GDP 平均增长率越低（不能等于或小于零），该上限越低。

（8）为加快湖南铁路建设和提高投融资效率，可进一步对湖南铁路投资集团有限公司和湖南城际铁路有限公司两个投融资平台进行规范和壮大。湖南铁路投资集团有限公司可积极创新投资方式和融资方式，以筹集所承担铁路建设相应的资本金和其他建设资金。从城际铁路的特点和湖南城际铁路建设规模来看，湖南城际铁路有限公司承担的不仅是一个项目公司的职能，还应是一个由广铁集团和湖南发展投资集团共同成立的主导湖南城际铁路建设和经营的平台公司。这样，对某一线路，可以自己投资建设和经营，也可以进行市场化运作，如运用 BOT、BT、PPP 等现代投融资方式进行建设和经营。

此外，今后将结合本书的研究成果在基础设施投融资决策方面作进一步研究。

附录 A 我国政府投资体制的演变过程

选自《中国投资》（张长春，2005 年）

新中国成立以来，为了尽快把我国建成社会主义的强国，党和国家一直非常重视投资建设。50 多年以来，国家在建设领域投入了大量的资金（见表 1），对促进我国经济和社会的全面发展、壮大国家综合实力、提高人民生活水平起到了极其重要的作用。为了保证我国的有限资源发挥更大的作用，改革开放以来党中央和国务院非常重视政府投资体制的改革，在《国务院关于投资体制改革的决定》（以下简称决定）中专门设立了“完善政府投资体制，规范政府投资行为”篇章，将推动政府投资体制继续向适应社会主义市场经济的方向发展。

表 1 “一五”时期以来国有经济投资情况 （单位：亿元）

年份	国有投资					全社会投资
	国有合计	国家投资	国内贷款	利用外资	自筹和其他	
“一五”时期	611.00	58.00	543.48		68.10	
“二五”时期	1307.00	956.91			350.09	
1963—1965 年	499.45	424.80	3.30		71.35	
“三五”时期	1209.09	923.86	13.40		271.83	
“四五”时期	2276.37	1519.28	21.86		735.23	
1976	523.94	324.90	9.50		189.54	
1977	548.30	317.61	9.40	13.12	208.17	
1978	668.72	415.69	11.28	28.16	213.59	
1979	699.36	440.56	25.17	16.34	217.29	
1980	745.90	333.09	87.05	53.65	272.11	910.9
1981	667.51	257.50	90.62	36.09	283.30	961.0
1982	845.31	265.43	136.90	60.13	382.85	1230.4
1983	951.96	336.80	135.72	65.83	413.61	1430.1
1984	1185.18	417.95	182.49	69.82	514.92	1832.9
1985	1680.51	403.00	387.13	88.56	801.82	2543.2
1986	2079.40	461.62	472.05	135.17	1010.56	3120.6

年 份	国有投资					全社会投资
	国有合计	国家投资	国内贷款	利用外资	自筹和其他	
1987	2448.80	501.90	602.28	178.73	1165.89	3791.7
1988	3020.00	439.89	729.15	271.17	1579.79	4753.8
1989	2808.20	373.48	586.89	286.42	1561.41	4410.4
1990	2986.30	394.27	704.91	271.80	1615.32	4517.0
1991	3713.80	378.82	1043.60	308.25	1983.13	5594.5
1992	5498.70	346.44	1671.69	439.92	3040.65	8080.1
1993	7925.90	475.55	2013.18	483.48	4953.60	13072.3
1994	10054.49	492.67	2573.94	713.86	6274.02	17042.1
1995	11021.52	544.98	2578.19	859.38	7038.97	20019.3
1996	12092.99	556.95	2851.23	811.07	7873.74	22913.5
1997	13052.66	612.72	3008.12	663.11	8768.71	24941.1
1998	15236.73	1080.62	3578.07	665.89	9912.15	28406.2
1999	15587.49	1555.89	3737.61	612.24	9681.75	28954.7
2000	15934.24	1719.10	4160.24	398.69	9656.21	32917.7
2001	17606.97	2163.63	4073.12	346.14	10603.80	37213.5
2002	18877.35	2639.39	4520.09	407.43	10966.94	43499.9
2003	21661.00	2248.30	5547.35	338.72	13472.63	55566.6

注：无法查到1979年以前的全社会投资数据，故缺失。

数据来源：2000年以前的数据取自《中国固定资产投资统计数据》（1950—2000），（中国统计出版社，2002年5月）。2001年以后数据取自2002—2004年的《中国统计年鉴》（中国统计出版社）。

一、改革开放前的投资体制

新中国成立之后，面对国家一穷二白的状况和以美国为首的资本主义国家的经济封锁，缺乏建设经验的我国采取了向苏联学习经济建设的方针。随着苏联和东欧社会主义国家援助的156项工程建设的实施，苏联计划经济的投资管理制度搬到了我国。之后，虽然根据经济发展的实际需要，进行了一些调整，但政府投资体制一直是按计划经济的脉络发展的。

新中国成立初期的投资主体是中央政府、私人企业和农民。在对城市的工商业进行社会主义改造和农村公社化之后，投资主体只剩下中央政府和集体所有制的城市小企业和农村人民公社。其中中央政府的投资额占全社会投资的80%以上。

改革开放之前的30年间，投资体制的主要特点是：

国有单位的投资建设全部纳入国家计划，由中央政府主管全国的建设。税收、企业利润、固定资产折旧等可用于固定资产投资的各项费用全部上缴政府，1967 年国家曾决定把 50% 的折旧资金留给地方和企业，但实际上是由地方政府掌握，直到 1978 年，才确定把固定资产折旧的 50% 留给企业作为更新改造资金。用于投资建设的资金绝大部分是由中央政府根据计划拨付地方政府和企业使用，地方政府掌握有一部分自有资金，企业没有投资自主权。大型企业 800 元以上、中型企业 500 元以上、小型企业 200 元以上的固定资产购置和建设计划都要纳入年度的固定资产投资计划。

在投资体制方面也进行过一些调整，如在 1958 年“大跃进”时期和 1970 年前后，为了“发挥中央和地方的两个积极性”，中央政府曾把一部分投资权限下放到省级地方政府，但很快就收回了。在资金来源方面，国家在 20 世纪 50 年代曾发行了一些国债用于建设，并接受前苏联等社会主义国家的建设项目资金援助；从 60 年代初期开始，国有投资的来源绝大部分是中央预算性资金，当时的银行只为企业的流动资金贷款。投资方式是基本建设投资和少量的更新改造投资。

在改革开放之前的经济和社会环境下，政府投资管理中存在的主要问题是投资建设以领导意志为主，中央政府投资决策大多数是从政治的需要出发，经济的考虑往往放在第二位，不注意科学决策。特别是在“大跃进”和“三线建设”等时期，上了许多无效的项目，造成许多建设资金的浪费。

当时的项目建设都是采用行政办法进行管理，有较为严格的程序。经过“三反”、“五反”和“反贪污、反浪费”等运动，参与投资建设的人员基本都能“克己奉公”，极少出现腐败现象，建设管理中的资金浪费和流失现象不明显。

二、改革开放后的投资体制改革

改革开放以来，为了适应经济发展的需要，充分发挥投资在国民经济和社会发展中的作用，国家一直把包括政府投资在内的投资体制改革作为经济改革的重点之一。从 1979 年到 2004 年国务院颁布《决定》之前的 20 多年中，国家和政府有关部门在投资和与投资有关的体制方面颁布和推行的改革政策和措施超过 40 项，涉及投资领域的各个方面。

在 20 多年的改革历程中，投资体制的改革一直是伴随着经济体制的发展而不断向前推动，大体上可以分为 3 个阶段。

（一）探索阶段（1979—1983）

改革首先是以提高政府投资建设的效益为目标而开始的。1979 年 8 月为了提高基本建设项目的投资效益，国务院批准了《关于基本建设拨款改贷款的报告》，开始在基本建设领域进行“拨改贷”的试点，打破了长期以来基本建设由政府财政无偿拨款的计划经济模式，开创了利用银行信贷进行企业项目建设的先声，迈出了资金来源多渠道的第一步。这一年，在基本建设中还试行了合同制、设计单位实行企业化管理、改进国营企业折旧费使用办法、开征企业固定资产税等工作。其后，在 1980 年全国基本建设会议上提出了扩大施工企业经营管理自主权，实现利润留成制度；1981 年在国营施工企业试行经济责任制；1982 年试行工程招投标制度；1983 年国家计委颁布了《建设项目进行可行性研究的试行管理办法》，规定国家基本建设工程项目要进行可行性论证；同年开始对基本建设项目试行“包干经济责任制”，实施建设前期工作“项目经理制”，等等，都是为提高政府投资建设的效益而采取的措施。

在宏观调控方面，为了更加有效地管理国家的投资建设，1982 年将国家建委的投资管理职能并入国家计委，其他职能并入城乡建设环境保护部。1983 年，国务院决定把“技术改造作为扩大再生产主要手段”，并把基本建设和技术改造分别交由国家计委和国家经委管理；在地方财政不断扩大、基本建设项目数量不断增多之后，为了有效发挥地方政府投资建设的积极性，对投资建设实行两级（中央和省级）管理，大中型项目由国家部门审批，小型（1000 万元以下）项目下放给地方政府审批，1 亿元以上的项目由国家计委核报国务院审批。

在开辟资金来源方面，随着 1980 年开始的特区建设，开始让外资直接进入中国的项目建设；1983 年国家开始发行国债，部分用于基本建设；1982 年国家计委等部门颁发了《关于试行国内合资建设暂行办法》，1981 年开始征收国家能源重点建设基金和建筑税，用于国家能源等重点建设。

（二）扩大改革阶段（1984—1988）

随着国家把经济体制改革的重点转向城市，投资体制改革出现了一个高潮，除了前一阶段进行试点的改革措施在这一时期都被广泛推广外，又出台了许多改革措施。

1984 年，国务院在 9 月颁布了《关于改革建筑业和基本建设管理体制若干问题的暂行规定》，10 月批转了国家计委《关于改进计划体制的若干暂行规定》，这两个文件对政府投资的多方面进行了改革。包括预算内基本建设投资全部由拨款改为贷款（在1985年，考虑到公益性项目没有偿还能力，又把教育等方面的投资建设改为政府拨款），并对不同行业采取差别利率；简化基本建设审批程序，由原来的审批项目建议书、可行性研究报告、设计任务书、初步设计和开工报告等五道程序改为只批项目建议书和设计任务书（20世纪90年代初期改为项目建议书、可行性报告和开工报告）；进一步扩大地方的投资项目审批权限，由1000万元提高到3000万元，投资2亿元以上的项目由国家计委核报国务院审批；在施工建设领域全面推行"工程招标承包制"，建立工程承包公司，专门组织工业交通等生产性建设；建立城市综合开发公司，对城市土地、房屋进行综合开发；勘察设计全面推行技术经济承包责任制；建筑安装企业普遍推行百元产值工资含量包干；推行住宅商品化，等等。

1984年，将中国人民银行确定为中央银行，其一般业务交新成立的工商银行办理，主要承担各类存款和企业流动资金的贷款业务；将中国人民建设银行从财政部划出，主要承担基本建设贷款任务，兼有政策性银行的职能。在上海、北京等地开始股份制试点，为企业建设开辟了直接融资的渠道。

1985年，国务院决定成立中国国际工程咨询公司，并由其承担大中型项目可行性研究报告和大型工程设计的评估。国家计委、城乡建设和环境保护部联合颁发了《工程设计招标投标暂行办法》，招投标制度首先在政府投资建设领域全面推广。

1986年，开始进行"企业债"试点，为企业直接融资开辟了新渠道；国家计委批准一汽、二汽等大型企业集团建设项目在国家计划中单列户头。

1987年，国务院明确规定，限额以下的技术改造项目，在计划规模内，由企业自主确定；把基础设施和基础产业的地方项目审批权限扩大到5000万元。国务院颁布《企业债券管理暂行条例》并开始实施；同年，全国第一家住宅储蓄银行在烟台成立，全国第一个股份制企业集团——中国嘉陵工业股份有限公司（集团）建立。

1988年，国务院原则同意有关部门制定的《关于投资管理体制的近期改革方案》，该方案在加大地方的重点建设责任、扩大企业投资决策权、建立基本建设基金、成立国家和地方投资公司、改进投资计划管理、强化投资主体自我约束机制、充分发挥市场和竞争机制等7个方面提出了改革的思路，是改革开放之后第一个较为系统的改革方案。其中，国家基本建设基金在当年开始启动，建立投资公司的方案在当年实施，成立了国家农业、林业、能源、交通、原材料、机电轻纺六大投资公司，作为国家经营性项目投资主体，管理政府经营性项目投资，各地也纷纷成立隶属于地方政府的投资公司。由于从 1988 年第四季度开始治理整顿，其他的改革措施没有实施。

1988 年，国家建设部颁布《关于开展建设监理工作的通知》，我国政府投资项目建设监理试点工作由此起步。

1989 和 1990 年，在经济处于整顿的形势下，没有出台新的投资体制改革措施。

（三）深化改革阶段（1991—2003）

1991 年，随着经济形势的好转，投资体制的改革也开始启动。当年的一个重要措施是取消建筑税，开始征收“固定资产投资调节税”，指导思想是通过对不同产业投资项目的不同税率，达到调控投资结构的目的。

1992 年，在国家经济体制改革进入新阶段的形势下，国家计委开始研究制定能够适应经济和社会发展的系统的投资体制改革方案。当年，国家计委颁布了《关于建设项目实行业主责任制的暂行规定》，并确定在 64 个国有大中型项目中开始试点。

1993 年，党的十四届三中全会通过了《关于建立社会主义市场经济体制若干问题的决定》，确立了我国经济体制向社会主义市场经济体制转变，同时提出经济增长方式要从粗放型向集约型转变；在投资领域要实现市场对资源配置的基础性作用。为了改进投资管理体制，提出把投资项目分为公益性、基础性和竞争性三类；公益性项目由政府投资建设；基础性项目以政府投资为主，并广泛吸引企业和外资参与投资；竞争性项目由企业投资建设。

1994 年，国务院批准发布《90 年代国家产业政策纲要》，这是指导企业投资方向的重要政策文件，也是我国的第一部完整的产业政策文件；国家计委颁布了《工程咨询业管理暂行办法》，对工程咨询业的发展和管理进行了规范。根据国务院的决定，撤销六个国家投资公司，组建国家开发银行、中国农业发展银行和中国进出口银行，作为国家政策性金融机构，建设银行不再承担政策性金融机构的职能，实现了政策性投资贷款和商业性投资贷款分离。成立政策性银行的目的是运用政策性投融资引导社会投资方向，较好地满足社会重要基础设施和基础产业建设对资金的需求，扶持具有国际竞争力的支柱产业形成和发展。六个国家投资公司的自有资产合并组成国家开发投资公司。

1995 年，国家审计署发布《关于内部审计工作规定》，要求国家大型建设项目的建设单位要设立独立的内部审计机构。国务院批转国家计委、财政部、国家经贸委《关于将部分企业“拨改贷”资金本息余额转为国家资本金的意见》，结束了国家采用贷款建设企业的办法。国家计划委员会、国家经济贸易委员会、对外贸易经济合作部联合发布并施行《外商投资产业指导目录》。

1996 年，国务院公布了《关于固定资产投资项目试行资本金制度的通知》，对各种经营投资项目的资金进行规范；国家计委发布了《关于实行建设项目法人责任制的暂行规定》，对投资项目由项目法人全过程管理作了明确的规定。取代了 1992 年发布的《关于建设项目实行业主责任制的暂行规定》。

1997 年，国家计委颁布《关于基本建设大中型项目开工条件的规定》和《国家基本建设大中型项目实行招标投标的暂行规定》，前者对项目法人、资本金、设计、监理、开工准备工作等条件作了严格规定；后者则要求国有大中型项目要实现全过程招标，确立了项目法人在招标过程中的主导地位，并要求政府部门对招标过程进行检查和监督。国家计委与中国建设银行等 4 大专业银行联合发布《关于完善和规范商业银行基本建设贷款管理的若干规定》，允许建设项目业主和贷款的商业银行有互相自由选择的权力。

1998 年，国家计委将经过多次修改完成的《深化投资体制改革方案》上报国务院，并在国务院会议上征求各部门的意见。为了扩大内需，国务院决定增发 1000 亿元建设国债用于基础设施等方面的建设；国家计委发布《国家重点鼓励发展的产业、产品和技术目录》，指导企业投资。国家确定在国家计委设立“国家重大项目稽察特派员办公室”，对国债项目和国家大型项目进行稽察。

1999 年，财政部发布《关于加强基础设施建设资金管理和监督的通知》，强调要加强资金源头管理，确保建设资金及时、足额到位，凡使用国债资金或其他财政性资金建设的项目都要认真搞好工程概算审查。国家计委发布《重大项目违规问题举报办法》，要求各有关单位和广大群众发现重大项目在建设过程中有违反国家法规的问题时，向国家计委举报。

2000 年，《中华人民共和国招标投标法》从 1 月 1 日起执行。为贯彻该法，国家计委发布《工程建设项目招标范围和规模标准规定》和《招标公告发布暂行办法》。同年，国家计委还公布了《国家重大项目稽察办法》。

2001 年，国家计委宣布，对于不需要国家投资的城市基础设施等 5 大类投资项目，投资总额在国务院审批限额（2 亿元）以下的基本建设项目，不必报国家计委审批，按“谁投资、谁决策”的原则，地方政府出资的由地方计划部门审批，企业出资的由企业自主决策。在年底的全国计划会议上，国家计委将《深化投资体制改革方案》交各部门和各地区征求意见。为了充分调动和发挥民间投资者的积极性，国家计委发布《促进引导民间投资若干意见》，提出鼓励民间投资参与基础设施和公用事业建设，要改进政府对民间投资的管理，创造公平竞争的条件。依法保护民间投资者的合法权益，等等。同年，国家审计署发布《审计机关国家建设项目审计准则》，规定了审计机关对国家建设项目审计的内容及相关问题。

2002 年，国家计委颁布《国家重大建设项目招标投标监督暂行办法》，对重大建设项目的招投标监督作了具体规定；国务院转发建设部、国家计委和监察部联合制定的《关于健全和规范有形建筑市场若干意见》，针对建筑领域的不良倾向和存在的问题提出了规范措施。

2003 年，党的十六届三中全会审议通过的《中共中央关于完善社会主义市场经济体制若干问题的决定》指出，深化投资体制改革的方向是："进一步确立企业的投资主体地位，实行谁投资、谁决策、谁收益、谁承担风险"。国家只审批关系经济安全、影响环境资源、涉及整体布局的重大项目和政府投资项目及限制类项目，其他项目由审批制改为备案制，由投资主体自行决策，依法办理用地、资源、环保、安全等许可手续。对必须审批的项目，要合理划分中央和地方权限，扩大大型企业集团投资决策权，完善咨询论证制度、减少环节，提高效率，健全政府投资决策和项目法人约束机制。国家主要通过规划和政策指导、信息发布以及规范市场准入，引导社会投资方向，抑制无序竞争和盲目重复建设。12 月 31 日，国务院原则通过新组建的国家发展和改革委员会经过多次征求各方面的意见数易其稿完成的《深化投资体制改革方案》。

2004 年 7 月，经国务院批准的投资体制改革方案以《国务院关于投资体制改革的决定》名义颁布（具体内容见附录 B），我国投资体制进入新阶段。

（四）对《决定》颁布之前投融资体制改革的评价

在《决定》颁布之前的 20 多年，各项改革措施对投资领域实现投资主体多元化、投资方式多样化、资金来源多渠道、项目建设市场化的发展起到了重要的作用，调动了各类投资主体的积极性，促进了我国投资建设的蓬勃发展，对我国改革开放以来的经济和社会作出了重要贡献。在政府投资方面，建立了符合基本建设规律的建设程序和审批程序，对规范政府投资行为，进行科学决策起到了较好的作用；推行建设项目法人责任制、项目监理制和建设项目招投标制等措施有利于提高建设效率，防止建设资金浪费和流失。

改革取得了一定的成绩，但却一直没有解决投资资源由市场优化配置的问题，政府投资的效益情况也未见彻底好转，投资规模、投资结构一直难以得到有效控制和约束。因此，国家对投资的调控和管理丝毫不能放松，在缺乏有效的调控和管理手段的情况下，往往不得不仍然采用计划经济时代的控制贷款规模、强化审批手续等老一套做法去管理投资。

造成这种现象的原因是多方面的，既有宏观方面的，也有微观方面的。其中起决定性作用的是以下几点：

一是缺少一个整体的战略部署。改革开放以来，我们在投资体制改革方面开展了很多的工作，但给人的感觉是改革缺少目标明确的战略部署和认真的论证。有些改革措施缺乏整体的考虑，往往是就事论事地制定和推出，如部门投入产出包干，设计单位企业化管理；有些措施缺乏认真的论证，推出后又取消，如从“拨改贷”到“贷改投”；国家六大投资公司的建立和取消，以及取消后又要建立国家投资主体；建设项目业主责任制还没推广就被法人责任制取代，等等。

二是缺少相应的配套体制。投资活动与许多方面都有密切的联系，在政府投资的管理上，涉及政府多个部门、中央和地方政府以及企业之间的分工与合作关系；在资金的来源上，涉及政府财政和金融体制，以及企业和社会资金的管理；在项目的实施方面，要与建设、土地、环保、规划、城建、工商、金融、设计、施工、咨询部门或单位打交道。因此，投资体制改革所涉及的许多内容并不是投资领域本身的问题，国家的行政管理体制、计划体制、财政体制、金融体制、市场和价格体制、企业体制，乃至人事体制都直接影响投资体制的发展与变化。投资体制作为一种综合体制，它的改革进程要受其他体制改革进程的制约。投资体制改革多年以来虽然一直在探索之中，并且出台了众多的方案，却没有显著的成效，很重要的一个原因是各种体制的改革难以与投资体制改革配套。投资体制实际上是融合在上述各种体制之内，并受上述各种体制制约。

三是缺少适用的调控手段。虽然已出台的各项政策和措施大多数都是为宏观调控和政府投资管理而制定的，但国家有关管理部门却依然感到调控手段的缺乏。这里有认识问题，即在社会主义市场经济的条件下，究竟有哪些方面需要调控？哪些方面可以放开？政府管的面是否太宽了？同时也确实有些必须由政府管的事情，却因为缺乏有效的调控手段而束手无策。如对盲目建设、产业均衡、环境保护、各种资源和土地的合理利用等，虽然都有相关的法规和制度作出了规定，但却难以起到应有的作用，特别是近几年在政府投资项目建设过程中不断出现资金浪费和流失现象，政府建设项目成了腐败分子蚕食的对象。问题的关键是缺乏有效的落实手段，法规和制度不能有效地贯彻执行。

四是缺少有效的执行监督体系。如果认真执行，已出台的大多数改革措施都可能获得好的效果，如项目可行性研究制度、招投标制度、项目监理制度，等等，都是对提高投资效益能起到重要促进作用的政策和措施。但是，各项政策和措施的实际执行效果大多与预想的有较大的差距。在政府投资的许多项目中，可行性研究变成了“可批性研究”，招投标失去了公正性，成为行贿受贿的主要环节，项目监理起不到监理作用，等等。虽然大家都知道这些现象的存在，却不知道这些事情应该由谁来管，也不知道应该通过什么途径制止这些现象的发生。

五是缺少严格的约束机制。投资主体形成多元化是投资体制改革的一个重要标志。在多元化的格局下，中央的有关部门、地方政府和国有企业都是国有单位投资的主体，但却没有对这些国有投资主体行为起约束作用的风险和责任机制。作为投资主体的各级政府在对国有单位的投资管理中如何进行自我约束，如何处理“计划”与“市场”的关系，如何保证科学决策，有效防止项目决策中的“长官意志”，如何建立投资法制环境，依法规范各投资活动当事人（包括政府、企业、银行、中介机构）的行为等，虽然一直都在讨论，也推行了一些措施，但至今在国有单位的投资管理中仍无法建立起符合市场经济要求的责任约束机制。

三、《决定》对政府投资管理的影响

政府投资的管理一直是国家和各界人士关心的问题，在 2004 年 7 月公之于世的《国务院关于投资体制改革的决定》中，再一次把政府投资的改革作为投资体制改革的重点之一。《决定》的第三部分以“完善政府投资体制，规范政府投资行为”为题目，针对政府投资管理的上述问题，提出将通过合理界定投资范围，健全投资项目决策机制，规范投资资金管理，简化和规范投资项目的审批程序，加强投资项目管理，引入市场机制等方面对政府投资加以规范。严格贯彻执行这些规定，对于完善政府投资职能，提高政府投资的效率和效益，减少和杜绝政府投资活动中出现贪污、受贿等腐败现象，防止资金浪费和流失，都起到重要的促进作用。

在合理界定政府投资范围方面，根据“谁投资、谁决策、谁收益、谁承担风险”的原则：再次明确政府投资建设的项目，由政府进行审批；并把政府投资限定在“主要用于关系国家安全和市场不能有效配置资源的经济和社会领域，包括加强公益性和公共基础设施建设，保护和改善生态环境，促进欠发达地区的经济和社会发展，推进科技进步和高新技术产业化”；同时合理划分了中央政府与地方政府的投资事权。通过限定，明确了在投资领域，作为投资主体的政府该干什么，哪些应该交给企业和其他投资主体去投资，既明确了政府投资的职能所在，也体现了政府不与民争利的原则，是实现发挥“市场配置资源的基础性作用”的重要举措。

为了减少政府投资决策失误，《决定》在政府投资项目决策机制方面提出一系列的改进措施。除了要进一步完善和坚持科学的决策规则和程序，还要求政府投资项目一般都要经过符合资质要求的咨询中介机构的评估论证，咨询评估要引入竞争机制，并制定合理的竞争规则，特别重大的项目还应实行专家评议制度，逐步实行政府投资项目公示制度，广泛听取各方面的意见和建议，等等。这些办法的贯彻执行，无疑会提高政府投资项目决策的科学化、民主化水平。

在规范政府投资资金管理方面，政府将根据资金来源、项目性质和调控需要，分别采取直接投资、资本金注入、投资补助、转贷和贷款贴息等方式。对以资本金注入方式投入的资金，政府要确定出资人代表。并将针对不同的资金类型和资金运用方式，确定相应的管理办法，逐步实现政府资金管理的科学化、制度化和规范化。

在政府投资项目审批程序方面，提出合理划分审批权限。对于政府投资的项目，采用直接投资和资本金注入方式的从投资决策角度只审批项目建议书和可行性研究报告，除特殊情况外不再审批开工报告；采用投资补助、转贷和贷款贴息方式的，只审批资金申请报告。审批程序的简化，将提高政府投资的时间效率，使政府投资项目的建设较快地发挥效益，加快公益性和基础性项目建设的步伐，有利于经济和社会事业的发展。

在政府投资项目建设实施管理方面，提出规范政府投资项目的建设标准，并加强政府投资项目的中介服务管理，采取措施提高中介服务质量。对非经营性政府投资项目加快推行“代建制”，通过招标等方式，选择专业化的项目管理单位负责建设实施，严格控制项目投资、质量和工期，竣工验收后移交给使用单位。这些措施改进了对政府投资项目的实施管理，实现由有项目建设管理经验的机构为政府投资的项目建设把关，减少政府投资项目建设中的资金浪费和流失，对防止建设过程中出现政府官员的腐败现象有重要的作用。

为了充分发挥政府投资的效益，吸收更多的社会资金进入政府投资领域，《决定》要求各级政府要创造条件，利用特许经营、投资补助等多种方式，吸引社会资本参与有合理回报和一定投资回收能力的公益事业和公共基础设施项目建设。对于具有垄断性的项目，试行特许经营，通过业主招标制度，开展公平竞争，保护公众利益。已经建成的政府投资项目，具备条件的经过批准可以依法转让产权或经营权，以回收的资金滚动投资于社会公益等各类基础设施建设。这些鼓励社会资金进入政府的投资领域的办法，对于解决政府资金不足，扩大社会资金投资范围都具有重要的意义。

《决定》特别提出了要建立政府投资责任追究制度，对不遵守法律法规给国家造成重大损失的，要依法追究有关责任人的行政和法律责任。“问责制”是规范涉及政府投资部门和官员管理行为，提高他们的责任心，防止出现渎职和腐败行为的重要制度。如果能够认真贯彻执行，将大大减少目前政府投资建设中的决策失误和各类腐败现象的发生。

《决定》还提出要通过完善政府投资制衡机制，进一步加强对政府投资项目的审计监督，完善重大项目稽察制度，建立政府投资项目的后评价制度，建立政府投资项目的社会监督机制。鼓励公众和新闻媒体对政府投资项目进行监督，对政府投资进行多方面、多层次、全过程的监督，这些措施的认真贯彻执行，无疑会提高政府投资的管理水平和投资效益。

目前我国的经济体制还处于从计划经济向社会主义市场经济的转变过程中，国家经济体制中还存在许多需要改进和完善的地方，《决定》是针对我国的现状和今后一个发展时期的目标而制定的，所确定的投资体制可以说是一个阶段性体制。随着我国的经济和社会发展的需要，投资体制改革还要进一步深化。

附录 B　北京市基础设施投融资体制改革有关情况

全国投资工作会议发言材料 2005 年 9 月 25 日

为缓解 2008 年奥运会前基础设施建设资金供需矛盾，广泛吸引社会资本进入基础设施领域，提高市政公用事业运营效率和服务水平，北京市积极贯彻落实《国务院关于投资体制改革的决定》，不断深化基础设施投融资体制改革，并取得了初步成效。

一、北京市基础设施投融资体制改革的进展情况

（一）开放基础设施建设和运营市场，引入多元投资主体

在地铁建设中，北京市引入了特许经营模式。将洞体、轨道与车辆、信号等内容按 7：3 的基本比例分开，分为非经营性部分和可经营性部分。其中占投资总额 70% 的洞体、轨道等非经营性部分，由政府出资建设；占投资总额 30% 的车辆、自动售检票设备等可经营性部分，采取 BOT 模式，公开选择社会投资者出资建设，社会投资者通过租赁形式取得洞体、轨道的使用权，通过票款收入和站内广告、通信、商业设施的经营收入取得投资回报。

按照这个思路，北京市正大力推动地铁 4 号、5 号、9 号和 10 号线四条线路的市场化运作，预计可吸引社会资金 150 亿元。其中，地铁 4 号线已经确定了香港地铁公司与首都创业集团公司组成的联合体作为投资运营商，并签订了特许经营协议，引入社会资金 46 亿元。北京市还在奥运支线建设上尝试了 BT 模式，改变了以往采取委托建设的传统做法，引入了市场竞争机制，缓解了政府当期资金压力，而且通过公开竞标，节省了 20% 的政府投资。

除了轨道交通项目外，北京市还积极推进其他基础设施项目投融资建设的市场化。

在高速公路项目建设上，北京市也在推行市场化运作方式，对总投资 39.2 亿元的京承高速公路二期工程，进行了项目合作伙伴的招标，由中铁建和首发公

司通过组建项目公司共同投资建设。首发公司作为政府投资方，只以大约 4 亿元的股本金（10%），引进了其余 35 亿元的投资，大大减轻了政府投资压力。

在污水处理项目上，也采取 BOT 模式。通过推介招商，完成了北苑等 6 个污水处理厂的招标工作，全部引进社会资金进行项目建设和经营。

在垃圾处理行业，总投资 7.5 亿元的高安屯生活垃圾焚烧厂，在申请外国政府贷款和国内银行贷款的同时，以国有土地作价入股与国外公司和境内民营企业组建合资公司，进行项目投资建设和经营，引进社会资金约 2 亿元以及管理经验。

在燃气项目上，北京市也在尝试采取 BOT 方式，通过给予特许经营权，招标项目法人。总投资额 1.33 亿元的亦庄路东区燃气特许经营项目，通过公开招标方式选择了特许经营者，由中标人在特许经营期内负责该区域天然气设施的投资、建设和经营管理，并通过向用户收取燃气使用费取得投资回报。

据初步统计，截止到 2005 年二季度，北京市共有 18 个基础设施建设项目实施了市场化运作，累计吸引境内外各类社会资金 110 多亿元。

（二）整合基础设施资源，搭建基础设施投融资平台，推动政府投资的市场化运作

为解决现有法律体系下政府融资手段单一、重大项目资本金不足的问题，北京市对原北京地铁集团进行了改造，组建了北京市基础设施投资有限公司，作为北京市城市基础设施建设和发展的投融资平台，并首先推动轨道交通建设和运营的市场化运作。在政府注入增量资金与存量资产的支持下，该公司采取银行贷款、发行企业债券、吸引社会资金等多种方式，实现市场化融资，提高了轨道交通建设的融资能力。平台的搭建，不仅实现了轨道交通投资、建设、运营、监管的"四分开"，更重要的是提高了政府对重大基础设施项目建设的投融资能力，推动了政府投资的市场化运作，建立了一整套可经营性基础设施特许经营的新机制。

北京市对首都高速公路的投融资主体——首都公路发展有限公司进行了改制工作，通过引入另外三家股东，改变了首发公司独资公司的性质。目前，该公司的改制工作已完成，公司法人治理结构得到有效改善，公司资产负债率由改制前的 74.26% 下降为 52.13%，提高了该公司的持续投融资能力，大大缓解了高速公路建设中资本金严重不足的问题。

北京市还对排水行业进行了资产重组，组建了国内注册资本最大的北京京城

水务有限责任公司。该公司的成立，不但发挥了市排水集团专业化运营和首创股份资本运作的优势，而且为北京市排水设施建设搭建了一个良好的投融资平台，有利于加快首都排水设施的建设，提高现有排水设施的运营水平。

（三）推动政府投资体制改革，实行贷款银行招标制

北京市积极推动政府投资体制改革，提出了政府投资的“四个转变”，即转变政府资金管理模式，转变政府资金投入方式，转变政府投资项目管理模式，转变政府对社会投资的调控形式。按照“四个转变”的思路，北京市在加强政府资金集中统筹管理、创新政府资金使用方式、提高政府投资决策的科学化民主化程度、推广实施政府投资非经营性项目的代建制、加强重点投资项目的稽察等方面，做了许多创新性的工作。

2004 年，北京市在公主坟西延和车公庄西延热力工程项目中，进行了基础设施政府投资项目贷款银行招标制的试点。这两个项目投资总额 8.7 亿元，所需贷款由政府贴息。通过公开招标，经过对投标人的行业信誉和经验、贷款服务方案、贷款条件等方面的综合评价，最终选择了中国农业银行北京分行作为贷款银行。通过贷款银行招标，不但降低了项目业主的融资成本，节约财务费用约6100万元，而且使企业获得了较好的金融服务。更重要的是，通过建立政府投资项目的贷款银行招标制度，使项目融资过程更加公开、透明，为银行搭建了公平竞争的平台，规范了银行贷款行为，优化了金融发展环境，既提高了资金使用效率，又有利于政府、银行及社会对项目建设贷款实施监管和监督，提高国企债务管理水平，降低政府或有负债风险。

2005 年，又对郊区道路建设的 15 亿元贷款进行了贷款银行招标，全年计划再招标 140 亿元额度，当年用款 48 亿元。

（四）加大基础设施企业债券市场融资力度

北京市积极推动企业拓宽融资渠道，利用债券市场筹集基础设施建设资金。2004 年，北京基础设施投资公司发行了 20 亿元企业债券；目前，北京市能源投资（集团）公司 20 亿元企业债券已经国家发改委批准，将很快正式发行。另外，今年还争取在交通、能源等领域利用发行企业债券、公司上市等手段扩大直接融资比重。

（五）对加油站实行特许经营权招标

为体现市场经济公开、公平、公正的原则，打破垄断和暗箱操作，提高政府资源配置效率，多渠道募集城市建设资金，北京市提出改革加油站行政审批管理

模式，实行特许经营制度。在考虑运营商合理利润的基础上，面向社会对加油站特许经营权实行公开招标，特许经营者取得加油站的建设和经营权，并向政府缴纳特许经营费，特许经营费收入用于政府投资的基础设施项目建设，将政府资源转化为基础设施建设资金。目前市政府首先对六环路 10 个加油站作了试点，进行特许经营权招标工作，10 个加油站的经营权，政府获得特许经营权收益 6 个亿。

在国家发改委的指导和各方面的共同努力下，北京市新一轮基础设施投融资体制改革已经取得了较为明显的阶段性成果，改革意识已经深入人心，改革政策正在广泛实施，投融资环境得到较大改善，市场配置资源的基础性作用大大增强，市场开放、主体多元、投融资方式多样的局面已经初步形成。

二、下一步深化基础设施投融资体制改革的工作思路

今后，北京市将继续按照《国务院关于投资体制改革的决定》的要求，进一步加大基础设施投融资体制市场化改革的实施力度，力争在 2008 年左右，初步建立起适应社会主义市场经济体制要求的基础设施投融资体制。

（一）继续开放基础设施建设和运营市场

继续扩大市场开放，不仅要加大增量基础设施建设市场的开放力度，而且要稳步推进存量基础设施运营市场的开放，建立起以增量改革带动存量盘活、以存量盘活来促进增量建设、增量和存量相互促进的良性机制。

在增量建设方面，将继续采取 BOT 等投融资模式，通过重点项目的市场化运作来推动投融资体制改革的加快实施。这些重点项目主要包括四个轨道交通项目和四个高速公路项目；并在自来水、污水和垃圾处理、燃气等行业全面推行特许经营制度；在城市道路、乡村公路建设中，采取招标、代建制、BT 等手段规范政府投资管理，提高资金效率；在街道公共设施的投资建设和运营中实施特许经营制度，逐步减少政府投资；对城市道路和绿地、公共园林、公共厕所等非经营性市政公用设施，通过招标选择运营或养护主体。

在存量改革方面，计划对全长 39. 9 公里，总投资 34. 9 亿元的京沈高速公路项目，进行存量改革试点，采取股权转让方式运作。此外，还要选择合适的基础设施国有企业进行改制重组，引入战略投资者，积极推进其整体改制上市，或者剥离不良资产后上市，并在基础设施国有企业中逐步推行主辅业分离，对辅助业务实行社会化经营。

（二）进一步转变政府职能

坚持2004年提出的“两个放开”，即放开社会投资领域、放开非政府投资项目审批，推动政府从公共服务的生产者、提供者的角色转移到决策者、监管者以及市场环境创造者的位置，提高政府管理水平和决策效率。

2005年，打算在总结近两年来改革实践经验的基础上，对2003年下半年发布的《北京市城市基础设施特许经营办法》进行修改完善，争取制定完成并颁布实施《北京市城市基础设施特许经营条例》，以地方法规的形式明确基础设施市场化运作的制度框架，彻底改变社会投资者进入北京基础设施建设和运营市场无法可依，及有关政府部门引入市场机制、加强市场监管无章可循的状况。

另外，还进一步改革政府审批制度，按照“建立机制、科学管理、合法稽察、事后评估”的原则，努力从大量项目审批的具体事务中解脱出来，从重审批转变为重监管，并建立和完善具体操作政策。对非政府投资的管理，要注重通过产业政策调整、信息发布等方式进行引导，通过土地供应计划等手段进行调控，通过制定行业发展和准人标准进行市场规范。

附录 C 国务院关于投资体制改革的决定

国发［2004］20 号 2004 年 7 月 16 日

改革开放以来，国家对原有投资体制进行了一系列改革，打破了传统计划经济体制下高度集中的投资管理模式，初步形成了投资主体多元化、资金来源多渠道、投资方式多样化、项目建设市场化的新格局。但是，现行的投资体制还存在不少问题，特别是企业的投资决策权没有完全落实，市场配置资源的基础性作用尚未得到充分发挥，政府投资决策的科学化、民主化水平需要进一步提高，投资宏观调控和监管的有效性需要增强。为此，国务院决定进一步深化投资体制改革。

一、深化投资体制改革的指导思想和目标

（一）深化投资体制改革的指导思想是：按照完善社会主义市场经济体制的要求，在国家宏观调控下充分发挥市场配置资源的基础性作用，确立企业在投资活动中的主体地位，规范政府投资行为，保护投资者的合法权益，营造有利于各类投资主体公平、有序竞争的市场环境，促进生产要素的合理流动和有效配置，优化投资结构，提高投资效益，推动经济协调发展和社会全面进步。

（二）深化投资体制改革的目标是：改革政府对企业投资的管理制度，按照“谁投资、谁决策、谁收益、谁承担风险”的原则，落实企业投资自主权；合理界定政府投资职能，提高投资决策的科学化、民主化水平，建立投资决策责任追究制度；进一步拓宽项目融资渠道，发展多种融资方式；培育规范的投资中介服务组织，加强行业自律，促进公平竞争；健全投资宏观调控体系，改进调控方式，完善调控手段；加快投资领域的立法进程；加强投资监管，维护规范的投资和建设市场秩序。通过深化改革和扩大开放，最终建立起市场引导投资、企业自主决策、银行独立审贷、融资方式多样、中介服务规范、宏观调控有效的新型投资体制。

二、转变政府管理职能，确立企业的投资主体地位

（一）改革项目审批制度，落实企业投资自主权。彻底改革现行不分投资主体、不分资金来源、不分项目性质，一律按投资规模大小分别由各级政府及有关部门审批的企业投资管理办法。对于企业不使用政府投资建设的项目，一律不再实行审批制，区别不同情况实行核准制和备案制。其中，政府仅对重大项目和限制类项目从维护社会公共利益角度进行核准，其他项目无论规模大小，均改为备案制，项目的市场前景、经济效益、资金来源和产品技术方案等均由企业自主决策、自担风险，并依法办理环境保护、土地使用、资源利用、安全生产、城市规划等许可手续和减免税确认手续。对于企业使用政府补助、转贷、贴息投资建设的项目，政府只审批资金申请报告。各地区、各部门要相应改进管理办法，规范管理行为，不得以任何名义截留下放给企业的投资决策权力。

（二）规范政府核准制。要严格限定实行政府核准制的范围，并根据变化的情况适时调整。《政府核准的投资项目目录》（以下简称《目录》）由国务院投资主管部门会同有关部门研究提出，报国务院批准后实施。未经国务院批准，各地区、各部门不得擅自增减《目录》规定的范围。

企业投资建设实行核准制的项目，仅需向政府提交项目申请报告，不再经过批准项目建议书、可行性研究报告和开工报告的程序。政府对企业提交的项目申请报告，主要从维护经济安全、合理开发利用资源、保护生态环境、优化重大布局、保障公共利益、防止出现垄断等方面进行核准。对于外商投资项目，政府还要从市场准入、资本项目管理等方面进行核准。政府有关部门要制定严格规范的核准制度，明确核准的范围、内容、申报程序和办理时限，并向社会公布，提高办事效率，增强透明度。

（三）健全备案制。对于《目录》以外的企业投资项目，实行备案制，除国家另有规定外，由企业按照属地原则向地方政府投资主管部门备案。备案制的具体实施办法由省级人民政府自行制定。国务院投资主管部门要对备案工作加强指导和监督，防止以备案的名义变相审批。

（四）扩大大型企业集团的投资决策权。基本建立现代企业制度的特大型企业集团，投资建设《目录》内的项目，可以按项目单独申报核准，也可编制中长期发展建设规划，规划经国务院或国务院投资主管部门批准后，规划中属于《目录》内的项目不再另行申报核准，只须办理备案手续。企业集团要及时向国务院

有关部门报告规划执行和项目建设情况。

（五）鼓励社会投资。放宽社会资本的投资领域，允许社会资本进入法律法规未禁入的基础设施、公用事业及其他行业和领域。逐步理顺公共产品价格，通过注入资本金、贷款贴息、税收优惠等措施，鼓励和引导社会资本以独资、合资、合作、联营、项目融资等方式，参与经营性的公益事业、基础设施项目建设。对于涉及国家垄断资源开发利用、需要统一规划布局的项目，政府在确定建设规划后，可向社会公开招标选定项目业主。鼓励和支持有条件的各种所有制企业进行境外投资。

（六）进一步拓宽企业投资项目的融资渠道。允许各类企业以股权融资方式筹集投资资金，逐步建立起多种募集方式相互补充的多层次资本市场。经国务院投资主管部门和证券机构批准，选择一些收益稳定的基础设施项目进行试点，通过公开发行股票、可转换债券等方式筹集建设资金。在严格防范风险的前提下，改革企业债券发行管理制度，扩大企业债券发行规模，增加企业债券品种。按照市场化原则改进和完善银行的固定资产贷款审批和相应的风险管理制度，运用银行贷款、融资租赁、项目融资、财务顾问等多种业务方式，支持项目建设。允许各种所有制企业按照有关规定申请使用国外贷款。制定相关法规，组织建立中小企业融资和信用担保体系，鼓励银行和各类合格担保机构对项目融资的担保方式进行研究创新，采取多种形式增强担保机构资本实力，推动设立中小企业投资公司，建立和完善创业投资机制。规范发展各类投资基金。鼓励和促进保险资金间接投资基础设施和重点建设工程项目。

（七）规范企业投资行为。各类企业都应严格遵守国土资源、环境保护、安全生产、城市规划等法律法规，严格执行产业政策和行业准入标准，不得投资建设国家禁止发展的项目；应诚信守法，维护公共利益，确保工程质量，提高投资效益。国有和国有控股企业应按照国有资产管理体制改革和现代企业制度的要求，建立和完善国有资产出资人制度、投资风险约束机制、科学民主的投资决策制度和重大投资责任追究制度。严格执行投资项目的法人责任制、资本金制、招标投标制、工程监理制和合同管理制。

三、完善政府投资体制，规范政府投资行为

（一）合理界定政府投资范围。政府投资主要用于关系国家安全和市场不能有效配置资源的经济和社会领域，包括加强公益性和公共基础设施建设，保护和

改善生态环境，促进欠发达地区的经济和社会发展，推进科技进步和高新技术产业化。能够由社会投资建设的项目，尽可能利用社会资金建设。合理划分中央政府与地方政府的投资事权。中央政府投资除本级政权等建设外，主要安排跨地区、跨流域以及对经济和社会发展全局有重大影响的项目。

（二）健全政府投资项目决策机制。进一步完善和坚持科学的决策规则和程序，提高政府投资项目决策的科学化、民主化水平；政府投资项目一般都要经过符合资质要求的咨询中介机构的评估论证，咨询评估要引入竞争机制，并制定合理的竞争规则；特别重大的项目还应实行专家评议制度；逐步实行政府投资项目公示制度，广泛听取各方面的意见和建议。

（三）规范政府投资资金管理。编制政府投资的中长期规划和年度计划，统筹安排、合理使用各类政府投资资金，包括预算内投资、各类专项建设基金、统借国外贷款等。政府投资资金按项目安排，根据资金来源、项目性质和调控需要，可分别采取直接投资、资本金注入、投资补助、转贷和贷款贴息等方式。以资本金注入方式投入的，要确定出资人代表。要对不同的资金类型和资金运用方式，确定相应的管理办法，逐步实现政府投资的决策程序和资金管理的科学化、制度化和规范化。

（四）简化和规范政府投资项目审批程序，合理划分审批权限。按照项目性质、资金来源和事权划分，合理确定中央政府与地方政府之间、国务院投资主管部门与有关部门之间的项目审批权限。对于政府投资项目，采用直接投资和资本金注入方式的，从投资决策角度只审批项目建议书和可行性研究报告，除特殊情况外不再审批开工报告，同时应严格政府投资项目的初步设计、概算审批工作；采用投资补助、转贷和贷款贴息方式的，只审批资金申请报告。具体的权限划分和审批程序由国务院投资主管部门会同有关方面研究制定，报国务院批准后颁布实施。

（五）加强政府投资项目管理，改进建设实施方式。规范政府投资项目的建设标准，并根据情况变化及时修订完善。按项目建设进度下达投资资金计划。加强政府投资项目的中介服务管理，对咨询评估、招标代理等中介机构实行资质管理，提高中介服务质量。对非经营性政府投资项目加快推行“代建制”，即通过招标等方式，选择专业化的项目管理单位负责建设实施，严格控制项目投资、质量和工期，竣工验收后移交给使用单位。

增强投资风险意识，建立和完善政府投资项目的风险管理机制。

（六）引入市场机制，充分发挥政府投资的效益。各级政府要创造条件，利用特许经营、投资补助等多种方式，吸引社会资本参与有合理回报和一定投资回收能力的公益事业和公共基础设施项目建设。对于具有垄断性的项目，试行特许经营，通过业主招标制度，开展公平竞争，保护公众利益。已经建成的政府投资项目，具备条件的经过批准可以依法转让产权或经营权，以回收的资金滚动投资于社会公益等各类基础设施建设。

四、加强和改善投资的宏观调控

（一）完善投资宏观调控体系。国家发展和改革委员会要在国务院领导下会同有关部门，按照职责分工，密切配合、相互协作、有效运转、依法监督，调控全社会的投资活动，保持合理投资规模，优化投资结构，提高投资效益，促进国民经济持续快速协调健康发展和社会全面进步。

（二）改进投资宏观调控方式。综合运用经济的、法律的和必要的行政手段，对社会投资进行以间接调控方式为主的有效调控。国务院有关部门要依据国民经济和社会发展中长期规划，编制教育、科技、卫生、交通、能源、农业、林业、水利、生态建设、环境保护、战略资源开发等重要领域的发展建设规划，包括必要的专项发展建设规划，明确发展的指导思想、战略目标、总体布局和主要建设项目等。按照规定程序批准的发展建设规划是投资决策的重要依据。各级政府及其有关部门要努力提高政府投资效益，引导社会投资。制定并适时调整国家固定资产投资指导目录、外商投资产业指导目录，明确国家鼓励、限制和禁止投资的项目。建立投资信息发布制度，及时发布政府对投资的调控目标、主要调控政策、重点行业投资状况和发展趋势等信息，引导全社会投资活动。建立科学的行业准入制度，规范重点行业的环保标准、安全标准、能耗水耗标准和产品技术、质量标准，防止低水平重复建设。

（三）协调投资宏观调控手段。根据国民经济和社会发展要求以及宏观调控需要，合理确定政府投资规模，保持国家对全社会投资的积极引导和有效调控。灵活运用投资补助、贴息、价格、利率、税收等多种手段，引导社会投资，优化投资的产业结构和地区结构。适时制定和调整信贷政策，引导中长期贷款的总量和投向。严格和规范土地使用制度，充分发挥土地供应对社会投资的调控和引导作用。

（四）加强和改进投资信息、统计工作。加强投资统计工作，改革和完善投资统计制度，进一步及时、准确、全面地反映全社会固定资产存量和投资的运行态势，并建立各类信息共享机制，为投资宏观调控提供科学依据。建立投资风险预警和防范体系，加强对宏观经济和投资运行的监测分析。

五、加强和改进投资的监督管理

（一）建立和完善政府投资监管体系。建立政府投资责任追究制度，工程咨询、投资项目决策、设计、施工、监理等部门和单位，都应有相应的责任约束，对不遵守法律法规给国家造成重大损失的，要依法追究有关责任人的行政和法律责任。完善政府投资制衡机制，投资主管部门、财政主管部门以及有关部门，要依据职能分工，对政府投资的管理进行相互监督。审计机关要依法全面履行职责，进一步加强对政府投资项目的审计监督，提高政府投资管理水平和投资效益。完善重大项目稽察制度，建立政府投资项目后评价制度，对政府投资项目进行全过程监管。建立政府投资项目的社会监督机制，鼓励公众和新闻媒体对政府投资项目进行监督。

（二）建立健全协同配合的企业投资监管体系。国土资源、环境保护、城市规划、质量监督、银行监管、证券监管、外汇管理、工商管理、安全生产监管等部门，要依法加强对企业投资活动的监管，凡不符合法律法规和国家政策规定的，不得办理相关许可手续。在建设过程中不遵守有关法律法规的，有关部门要责令其及时改正，并依法严肃处理。各级政府投资主管部门要加强对企业投资项目的事中和事后监督检查，对于不符合产业政策和行业准入标准的项目，以及不按规定履行相应核准或许可手续而擅自开工建设的项目，要责令其停止建设，并依法追究有关企业和人员的责任。审计机关依法对国有企业的投资进行审计监督，促进国有资产保值增值。建立企业投资诚信制度，对于在项目申报和建设过程中提供虚假信息、违反法律法规的，要予以惩处，并公开披露，在一定时间内限制其投资建设活动。

（三）加强对投资中介服务机构的监管。各类投资中介服务机构均须与政府部门脱钩，坚持诚信原则，加强自我约束，为投资者提供高质量、多样化的中介服务。鼓励各种投资中介服务机构采取合伙制、股份制等多种形式改组改造。健全和完善投资中介服务机构的行业协会，确立法律规范、政府监督、行业自律的行业管理体制。打破地区封锁和行业垄断，建立公开、公平、公正的投资中介服务市场，强化投资中介服务机构的法律责任。

（四）完善法律法规，依法监督管理。建立健全与投资有关的法律法规，依法保护投资者的合法权益，维护投资主体公平、有序竞争，投资要素合理流动、市场发挥配置资源的基础性作用的市场环境，规范各类投资主体的投资行为和政府的投资管理活动。认真贯彻实施有关法律法规，严格财经纪律，堵塞管理漏洞，降低建设成本，提高投资效益。加强执法检查，培育和维护规范的建设市场秩序。

附件：政府核准的投资项目目录（2004 年本）

简要说明：

（一）本目录所列项目，是指企业不使用政府性资金投资建设的重大和限制类固定资产投资项目。

（二）企业不使用政府性资金投资建设本目录以外的项目，除国家法律法规和国务院专门规定禁止投资的项目以外，实行备案管理。

（三）国家法律法规和国务院有专门规定的项目的审批或核准，按有关规定执行。

（四）本目录对政府核准权限作出了规定。其中：

1. 目录规定"由国务院投资主管部门核准"的项目，由国务院投资主管部门会同行业主管部门核准，其中重要项目报国务院核准。

2. 目录规定"由地方政府投资主管部门核准"的项目，由地方政府投资主管部门会同同级行业主管部门核准。省级政府可根据当地情况和项目性质，具体划分各级地方政府投资主管部门的核准权限，但目录明确规定"由省级政府投资主管部门核准"的，其核准权限不得下放。

3. 根据促进经济发展的需要和不同行业的实际情况，可对特大型企业的投资决策权限特别授权。

（五）本目录为 2004 年本。根据情况变化，将适时调整。

一、农林水利

农业：涉及开荒的项目由省级政府投资主管部门核准。

水库：国际河流和跨省（区、市）河流上的水库项目由国务院投资主管部门核准，其余项目由地方政府投资主管部门核准。

其他水事工程：需中央政府协调的国际河流、涉及跨省（区、市）水资源配置调整的项目由国务院投资主管部门核准，其余项目由地方政府投资主管部门核准。

二、能源

（一）电力

水电站：在主要河流上建设的项目和总装机容量 25 万千瓦及以上项目由国务院投资主管部门核准，其余项目由地方政府投资主管部门核准。

抽水蓄能电站：由国务院投资主管部门核准。

火电站：由国务院投资主管部门核准。

热电站：燃煤项目由国务院投资主管部门核准，其余项目由地方政府投资主管部门核准。

风电站：总装机容量 5 万千瓦及以上项目由国务院投资主管部门核准，其余项目由地方政府投资主管部门核准。

核电站：由国务院核准。

电网工程：330 千伏及以上电压等级的电网工程由国务院投资主管部门核准，其余项目由地方政府投资主管部门核准。

（二）煤炭

煤矿：国家规划矿区内的煤炭开发项目由国务院投资主管部门核准，其余一般煤炭开发项目由地方政府投资主管部门核准。

煤炭液化：年产 50 万吨及以上项目由国务院投资主管部门核准，其他项目由地方政府投资主管部门核准。

（三）石油、天然气

原油：年产 100 万吨及以上的新油田开发项目由国务院投资主管部门核准，其他项目由具有石油开采权的企业自行决定，报国务院投资主管部门备案。

天然气：年产 20 亿立方米及以上新气田开发项目由国务院投资主管部门核准，其他项目由具有天然气开采权的企业自行决定，报国务院投资主管部门备案。

液化石油气接收、存储设施（不含油气田、炼油厂的配套项目）：由省级政府投资主管部门核准。

进口液化天然气接收、储运设施：由国务院投资主管部门核准。

国家原油存储设施：由国务院投资主管部门核准。

输油管网（不含油田集输管网）：跨省（区、市）干线管网项目由国务院投资主管部门核准。

输气管网（不含油气田集输管网）：跨省（区、市）或年输气能力5亿立方米及以上项目由国务院投资主管部门核准，其余项目由省级政府投资主管部门核准。

三、交通运输

（一）铁道

新建（含增建）铁路：跨省（区、市）或100公里及以上项目由国务院投资主管部门核准，其余项目按隶属关系分别由国务院行业主管部门或省级政府投资主管部门核准。

（二）公路

公路：国道主干线、西部开发公路干线、国家高速公路网、跨省（区、市）的项目由国务院投资主管部门核准，其余项目由地方政府投资主管部门核准。

独立公路桥梁、隧道：跨境、跨海湾、跨大江大河（通航段）的项目由国务院投资主管部门核准，其余项目由地方政府投资主管部门核准。

（三）水运

煤炭、矿石、油气专用泊位：新建港区和年吞吐能力200万吨及以上项目由国务院投资主管部门核准，其余项目由省级政府投资主管部门核准。

集装箱专用码头：由国务院投资主管部门核准。

内河航运：千吨级以上通航建筑物项目由国务院投资主管部门核准，其余项目由地方政府投资主管部门核准。

（四）民航

新建机场：由国务院核准。

扩建机场：总投资10亿元及以上项目由国务院投资主管部门核准，其余项目按隶属关系由国务院行业主管部门或地方政府投资主管部门核准。

扩建军民合用机场：由国务院投资主管部门会同军队有关部门核准。

四、信息产业

电信：国内干线传输网（含广播电视网）、国际电信传输电路、国际关口站、专用电信网的国际通信设施及其他涉及信息安全的电信基础设施项目由国务院投资主管部门核准。

邮政：国际关口站及其他涉及信息安全的邮政基础设施项目由国务院投资主管部门核准。

电子信息产品制造：卫星电视接收机及关键部件、国家特殊规定的移动通信系统及终端等生产项目由国务院投资主管部门核准。

五、原材料

钢铁：已探明工业储量5000万吨及以上规模的铁矿开发项目和新增生产能力的炼铁、炼钢、轧钢项目由国务院投资主管部门核准，其他铁矿开发项目由省级政府投资主管部门核准。

有色：新增生产能力的电解铝项目、新建氧化铝项目和总投资5亿元及以上的矿山开发项目由国务院投资主管部门核准，其他矿山开发项目由省级政府投资主管部门核准。

石化：新建炼油及扩建一次炼油项目、新建乙烯及改扩建新增能力超过年产20万吨乙烯项目，由国务院投资主管部门核准。

化工原料：新建PTA、PX、MDI、TDI项目，以及PTA、PX改造能力超过年产10万吨的项目，由国务院投资主管部门核准。

化肥：年产50万吨及以上钾矿肥项目由国务院投资主管部门核准，其他磷、钾矿肥项目由地方政府投资主管部门核准。

水泥：除禁止类项目外，由省级政府投资主管部门核准。

稀土：矿山开发、冶炼分离和总投资1亿元以上稀土深加工项目由国务院投资主管部门核准，其余稀土深加工项目由省级政府投资主管部门核准。

黄金：日采选矿石500吨及以上项目由国务院投资主管部门核准，其他采选矿项目由省级政府投资主管部门核准。

六、机械制造

汽车：按照国务院批准的专项规定执行。

船舶：新建10万吨级以上造船设施（船台、船坞）和民用船舶中、低速柴油机生产项目由国务院投资主管部门核准。

城市轨道交通：城市轨道交通车辆、信号系统和牵引传动控制系统制造项目由国务院投资主管部门核准。

七、轻工烟草

纸浆：年产 10 万吨及以上纸浆项目由国务院投资主管部门核准，年产 3.4（含）万吨～10（不含）万吨纸浆项目由省级政府投资主管部门核准，其他纸浆项目禁止建设。

变性燃料乙醇：由国务院投资主管部门核准。

聚酯：日产 300 吨及以上项目由国务院投资主管部门核准。

制盐：由国务院投资主管部门核准。

糖：日处理糖料 1500 吨及以上项目由省级政府投资主管部门核准，其他糖料项目禁止建设。

烟草：卷烟、烟用二醋酸纤维素及丝束项目由国务院投资主管部门核准。

八、高新技术

民用航空航天：民用飞机（含直升机）制造、民用卫星制造、民用遥感卫星地面站建设项目由国务院投资主管部门核准。

九、城建

城市快速轨道交通：由国务院核准。

城市供水：跨省（区、市）日调水 50 万吨及以上项目由国务院投资主管部门核准，其他城市供水项目由地方政府投资主管部门核准。

城市道路桥梁：跨越大江大河（通航段）、重要海湾的桥梁、隧道项目由国务院投资主管部门核准。

其他城建项目：由地方政府投资主管部门核准。

十、社会事业

教育、卫生、文化、广播电影电视：大学城、医学城及其他园区性建设项目由国务院投资主管部门核准。

旅游：国家重点风景名胜区、国家自然保护区、国家重点文物保护单位区域内总投资 5000 万元及以上旅游开发和资源保护设施，世界自然、文化遗产保护区内总投资 3000 万元及以上项目由国务院投资主管部门核准。

体育：F1 赛车场由国务院投资主管部门核准。

娱乐：大型主题公园由国务院核准。

其他社会事业项目：按隶属关系由国务院行业主管部门或地方政府投资主管部门核准。

十一、金融

印钞、造币、钞票纸项目由国务院投资主管部门核准。

十二、外商投资

《外商投资产业指导目录》中总投资（包括增资）1 亿美元及以上鼓励类、允许类项目由国家发展和改革委员会核准。

《外商投资产业指导目录》中总投资（包括增资）5000 万美元及以上限制类项目由国家发展和改革委员会核准。

国家规定的限额以上、限制投资和涉及配额、许可证管理的外商投资企业的设立及其变更事项；大型外商投资项目的合同、章程及法律特别规定的重大变更（增资减资、转股、合并）事项，由商务部核准。

上述项目之外的外商投资项目由地方政府按照有关法规办理核准。

十三、境外投资

中方投资 3000 万美元及以上资源开发类境外投资项目由国家发展和改革委员会核准。

中方投资用汇额 1000 万美元及以上的非资源类境外投资项目由国家发展和改革委员会核准。

上述项目之外的境外投资项目，中央管理企业投资的项目报国家发展和改革委员会、商务部备案；其他企业投资的项目由地方政府按照有关法规办理核准。

国内企业对外投资开办企业（金融企业除外）由商务部核准。

附录 D 原始数据

历年基础设施和非基础设施资本存量估算表 **（单位：亿元）**

年份	基础设施投资（当年价格）	隐含平减指数（1952为基期）	基础设施实际投资（1952年为基期）	基础设施资本存量（1952年为基期）	非基础设施投资（当年价格）	非基础设施实际投资（1952年为基期）	非基础设施资本存量（1952年为基期）
1952		1.00	0				
1953	20.09	0.99	20.29	64.29	70.35	71.06	220.90
1954	24.05	0.98	24.54	82.21	75.02	76.55	264.96
1955	29.61	0.94	31.50	105.25	70.75	75.27	301.25
1956	44.39	0.94	47.22	141.63	110.89	117.97	374.90
1957	41.66	0.90	46.29	173.36	101.66	112.95	432.71
1958	78.74	0.90	87.49	243.01	190.26	211.40	580.46
1959	110.17	0.98	112.42	330.42	239.55	244.44	739.51
1960	121.30	0.97	125.05	421.47	267.39	275.66	906.39
1961	33.64	0.96	35.04	413.15	93.78	97.69	870.75
1962	17.03	1.03	16.53	387.17	54.59	53.00	795.66
1963	24.20	1.07	22.62	369.94	73.96	69.12	747.74
1964	37.60	1.05	35.81	367.69	106.52	101.45	739.19
1965	58.08	1.02	56.94	386.79	121.53	119.15	749.61
1966		1.00		421.93			817.71
1967		1.00		438.93			850.66
1968		0.97		451.78			875.55
1969		0.95		484.50			938.97
1970		0.95		540.08			1046.67
1971		0.96		599.82			1162.45
1972		0.97		656.18			1271.67
1973		0.97		714.89			1385.46
1974		0.97		783.27			1517.99
1975	127.04	0.98	129.63	832.31	282.28	288.04	1582.73
1976	123.19	0.99	124.43	871.10	253.25	255.81	1605.72

年份	基础设施投资（当年价格）	隐含平减指数（1952为基期）	基础设施实际投资（1952年为基期）	基础设施资本存量（1952年为基期）	非基础设施投资（当年价格）	非基础设施实际投资（1952年为基期）	非基础设施资本存量（1952年为基期）
1977	117.58	1.00	117.58	899.04	264.79	264.79	1634.31
1978	165.28	1.01	163.64	970.17	335.71	332.39	1726.29
1979	157.44	1.03	152.85	1023.20	366.04	355.38	1827.73
1980	140.04	1.06	132.11	1050.02	418.85	395.14	1954.01
1981	96.24	1.10	87.49	1029.47	346.67	315.15	1981.73
1982	123.77	1.12	110.51	1034.04	431.76	385.50	2075.72
1983	159.95	1.15	139.09	1066.73	434.18	377.55	2147.93
1984	208.99	1.20	174.16	1131.12	534.16	445.13	2277.10
1985	242.55	1.28	189.49	1204.22	831.82	649.86	2592.00
1986	266.91	1.36	196.26	1276.57	909.20	668.53	2879.25
1987	313.89	1.43	219.50	1364.71	1029.21	719.73	3175.44
1988	378.48	1.63	232.20	1456.48	1195.83	733.64	3441.97
1989	350.33	1.77	197.93	1504.53	1201.41	678.76	3614.42
1990	429.93	1.86	231.15	1580.86	1273.88	684.88	3767.62
1991	555.21	2.02	274.86	1693.05	1560.59	772.57	3985.97
1992	707.81	2.29	309.09	1827.92	2304.84	1006.48	4406.11
1993	997.43	2.86	348.75	1988.58	3618.07	1265.06	5023.03
1994	1453.98	3.15	461.58	2245.53	4982.76	1581.83	5865.97
1995	2026.09	3.34	606.61	2621.08	5377.53	1610.04	6613.13
1996	2550.94	3.47	735.14	3086.51	6059.90	1746.37	7386.71
1997	3163.08	3.53	896.06	3664.97	6753.94	1913.30	8213.42
1998	3759.95	3.53	1065.14	4352.98	8156.47	2310.61	9315.84
1999	4118.76	3.52	1170.10	5075.16	8336.52	2368.33	10313.81
2000	5367.98	3.56	1507.86	6060.79	8059.29	2263.85	11060.49
2001	4633.30	3.57	1297.84	6734.98	5479.37	1534.84	10968.33
2002	5607.72	3.58	1566.40	7608.35	6381.97	1782.67	11137.56
2003	7981.97	3.66	2180.87	9006.32	20681.93	5650.80	15150.03
2004	9754.29	3.89	2507.53	10587.10	24977.09	6420.85	19342.31
2005	11733.36	3.95	2970.47	12468.16	33473.29	8474.25	24971.30
2006	14141.57	4.01	3526.58	14711.76	42149.33	10511.06	31809.08
2007	17070.07	5.53	3086.81	16284.73	50297.42	9095.37	36225.34

注：由于数据缺失，缺乏1966—1974年基础设施和非基础设施投资额，采用张军、章元（2003）估计出的该时期固定资本存量年度增长率作为基础设施资本存量和非基础设施资本存量的增长率。

参考文献

[1] 世界银行.1994年世界发展报告：为发展提供基础设施［M］.北京：中国财政经济出版社，1995.

[2] 莱斯特·C·梭罗.中国的基础设施建设问题［J］.经济研究，1997，(1)：59－65.

[3] 姜轶嵩，朱喜.中国的经济增长与基础设施建设［J］.管理评论，2006，16（9）：57－62.

[4] 郭劲光，高静美.我国基础设施建设投资的减贫效果研究：1987—2006［J］.农业经济问题，2009（9）：63－70.

[5] 魏新亚.中国基础设施建设投资构成的地区差异［J］.上海经济研究，2002（12）：20－25.

[6] 任锐.重庆市八大国有建设性投资集团的投融资观察［N］.重庆日报，2005－03－24.

[7] 谢世清.城市基础设施的投融资体制创新："重庆模式"［J］.国际经济评论，2009（7）：59－63.

[8] 黄奇帆.城市建设与融资新思维［N］.21世纪经济报道，2007－06－25.

[9] 王剑锋，刘丽.上海城市建设投融资体制改革浅析［N］.经济日报，2004－01－15.

[10] 廖庆轩.地方公共设施建设与投融资风险控制［J］.中国金融，2007(20)：22.

[11] Aschauer, D. A.. Does Public Capital Crowd Out Private Capital?［J］. Journal of Monetary Economics, 1989（a）, 24：178－235.

[12] Aschauer, D. A.. Is Public Expenditure Productive?［J］. Journal of Monetary Economics, 1989（b）, 23：177－200.

[13] Aschauer , D. A.. Public Investment and Productivity Growth in the Group of

Seven [R] . Economic Perspectives, Federal Reserve Bank of Chicago, 1989 (c), 3: 17 -25.

[14] Canning, D. , Bennathan, E. . The social rate of return on infrastructure investments [R] . World Bank Working Paper No. 2390, 2000.

[15] Justman, M. . Infrastructure, Growth and the Two Dimensions of Industrial Policy [J] . Review of Economic Studies, 1995, 62 (1): 57 -131.

[16] Fay, M. , Canning, D. . The effect of Transportation Networks on Economic Growth [R] . Columbia University, 1993, Discussion Paper Series.

[17] Duggal, V. G. . Infrastruture and Productivity: a Nonlinear Approach [J] . Journal of Econometics, 1999, 92: 47 -74.

[18] 张军，高远，傅勇，等 . 中国为什么拥有了良好的基础设施? [J] . 经济研究，2007 (3): 4 -19.

[19] 王任飞，王进杰 . 中国基础设施的产出弹性与最优规模——基于总量生产函数的研究 [J] . 经济科学，2006 (2): 99 -111.

[20] 踪家峰，李静 . 中国基础设施发展与经济增长的实证分析 [J] . 统计研究，2006 (7): 18 -22.

[21] 郭庆旺，贾俊雪 . 基础设施投资的经济增长效应 [J] . 经济理论与经济管理，2006 (3): 36 -41.

[22] 范久利，白暴力，潘泉 . 基础设施资本与经济增长关系的文献综述 [J] . 上海经济研究，2004 (2): 36 -43.

[23] 罗森斯坦·罗丹 . “大推进” 理论笔记 [A] . 载 H·S·埃利斯 . 拉丁美洲的经济发展 [C] . 纽约：圣马丁出版社，1966 .

[24] 赫希曼 . 经济发展战略 [M] . 北京：经济科学出版社，1991: 73 -74.

[25] 世界银行 . 1994 年世界发展报告 [M] . 北京：中国财政经济出版社，1994.

[26] 樊纲 . 论 “基础瓶颈” [J] . 财经科学，1990 (5): 8 -12.

[27] 魏礼群 . 加快计划和投资体制改革的契机、启示和思考 [J] . 宏观经济研究，1993 (9) : 1 -9.

[28] 谭崇台 . 发展经济学 [M] . 上海：上海人民出版社，1989: 160 -161.

[29] 王辰 . 基础产业融资论 [M] . 北京：中国人民大学出版社，1998.

[30] 亚当·斯密 . 国民财富的性质和原因的研究 [M] . 北京：商务印书馆，

1974：253.

[31] 迈克尔·泰勒. 合作的可能性［M］. 剑桥：剑桥大学出版社，1987.

[32] 徐曙娜. 政府与基础设施、基础产业［J］. 财经研究，2000（3）：54-59.

[33] 王俊豪. 我国自然垄断产业民营化改革的若干思考［J］. 商业经济与管理，2002（1）：11-14.

[34] Nevit, P. K.. Project Financing［M］. Sixth Edition. Euro money Publications PLC, 1995.

[35] 张欣，王丹忠. BOT 模式与我国基础设施建设［J］. 东北财经大学学报，2002（3）：47-48.

[36] 王灏. BT 方式在基础设施项目中的应用［J］. 宏观经济研究，2005（10）：49-63.

[37] 邹昱昙. 浅析我国基础设施建设中 PPP 模式应用问题［J］. 商业时代，2009（24）：79-80.

[38] 柯永建，王守清，陈炳泉. 私营资本参与基础设施 PPP 项目的政府激励措施［J］. 清华大学学报（自然科学版），2009，49（9）：1480-1483.

[39] 沈丽. 基础设施项目资产证券化研究［J］. 山东财政学院学报，2001（2）：30-34.

[40] 马永喜. ABS 项目融资与我国基础设施建设［J］. 国际经济合作，2002（8）：46-47.

[41] 戴晓凤. 我国基础设施资产证券化变通模式的分析与选择［J］. 财经理论与实践，2006（2）：11-15.

[42] 张理平. 论我国基础设施资产证券化方案的设计［J］. 经济体制改革，2009（4）：142-146.

[43] 冯泽驹. 基础设施资产证券化［J］. 农村金融研究，2006（2）：30-31.

[44] 张传明. 城市基础设施证券化融资的研究［J］. 当代经济，2009（1）：156-157.

[45] 陈元. 创建国际一流市场业绩的开发性金融［J］. 求是，2003（19）：32-34.

[46] 沈富荣. 信托方式与基础设施投融资体制改革［J］. 上海金融，2002（9）：18-20.

[47] 许摈，陈宇剑．投融资过程引入信托机制的若干思考［J］．上海工业，2003（8）：36－37.

[48] 宋波，梁远．透视信托投资：一种新的基础设施融资方式［J］．南京社会科学，2003（9）：22－27.

[49] 夏瑛．基础设施项目贷款证券化信托模式研究［J］．世界经济情况，2007（12）：61－64.

[50] 宋耀，秦正云．关于信托公司开展基础设施信托业务的思考［J］．上海金融，2009（10）：80－84.

[51] 周强，姜向阳．保险资金投资基础设施建设的模式分析［J］．生产力研究，2009（14）：44－45.

[52] 邓超，陈晓红．一种共赢的融资方式：重点项目集合委托贷款［J］．求索，2003（5）：21－23.

[53] 黄如宝，王奋伟．融资租赁在基础设施项目融资中的应用分析［J］．建设监理．2003（1）：66－67.

[54] 邱绪建，陈峰．论融资租赁在城市轨道交通建设中的应用前景［J］．铁道运输与经济，2003（4）：20－21.

[55] 张启智，初海英．城市公共基础设施投融资方式比较研究［J］．内蒙古财经学院学报，2006（5）：73－76.

[56] 上海财经大学投资研究所．2003 中国投资发展报告——转轨经济中的政府投资研究［M］．上海：上海财经大学出版社，2003：305.

[57] 建设部课题组．中国城市基础设施投融资体制改革研究报告［M］．北京：中国建筑工业出版社，2002.

[58] 胡家勇．论基础设施领域改革［J］．管理世界，2003（4）：60－68.

[59] Samuelson, P. A.. Pure Theory of Public Expenditure [J]. Review of Economics and Statistics, 1954, 36: 387－389.

[60] Anthony, B., Atkinson, J., Stigliz. E.. Lectures on Public Economics [M]. McGrow－Hill Book Company, NewYork, 1980.

[61] 詹姆斯·布坎南．公共财政［M］．北京：中国财政经济出版社，1991.

[62] Kessides Christine, K.. Institutional Options for the Provision of Infrastructure [R]. World Bank Discuss, Washington, D. C, 1993.

[63] Barro, R.. Economic Growth in Cross Sections of Countries [J]. Quarterly

Journal of Economics, 1991, 106: 407 -433.

[64] 吴秋艳，周国栋. 政府投资项目管理体制的形成和发展 [J]. 中国投资，2008 (5): 80 -83.

[65] 林森木. 改革开放早期的投资体制改革 [J]. 中国投资，2008 (11): 38 -40.

[66] 湖南省发展改革委投资处. 投资体制改革配套文件汇编（第一辑）[R]. 内部资料，2005.

[67] 张军. 资本形成、工业化与经济增长：中国的转轨特征 [J]. 经济研究，2002 (6): 3 -13.

[68] 马栓友. 中国公共资本与私人部门经济增长的实证分析 [J]. 经济科学，2000 (6): 21 -26.

[69] 娄洪. 公共基础设施投资与长期经济增长 [M]. 北京：中国财政经济出版社，2003.

[70] 张军，吴桂英，张吉鹏. 中国省际物质资本存量估算：1952—2000 [J]. 经济研究，2004 (10): 35 -44.

[71] 汪同三，李军. 对不同价格指数的比较分析 [J]. 数量经济技术经济研究，1996 (1): 16 -25.

[72] 张军扩. "七五"期间经济效益的综合分析——各要素对经济增长贡献率的测算 [J]. 经济研究，1991 (4): 10 -19.

[73] 贺菊煌. 我国资产的估算 [J]. 数量经济与技术经济研究，1992 (8): 24 -27.

[74] 王小鲁，樊纲. 中国经济增长的可持续性 [M]. 北京：经济科学出版社，2000.

[75] 黄勇峰，任若恩，刘晓生. 中国制造业资本存量永续盘存法估计 [J]. 经济学（季刊），2002, 1 (2): 377 -396.

[76] 王益煊，吴优. 中国国有经济固定资本存量初步测算 [J]. 统计研究，2003 (5): 40 -45.

[77] 张军，章元. 再论中国资本存量的估计方法 [J]. 经济研究，2003 (7): 35 -43.

[78] Chow, G. C.. Capital Formation and Economic Growth in China [J]. Quarterly Journal of Economics, 1993, 114: 243 -266.

［79］Hu, Zuliu, Mohsin S. Khan. Why is China Growing So Fast?［R］. IMF Staff Papers, The International Monetary Fund. Washington, D C., 1997.

［80］宋海岩，刘淄楠，蒋萍．改革时期中国总投资决定因素的分析［J］．世界经济文汇，2003（1）：44－56.

［81］Jefferson, G., Rawski, T., Zheng, Y.. Chinese Industrial Productivity: Trends, Measurement and Recent Development［J］. J. C. E., 1996, 23: 146－181.

［82］Young, A.. Gold into Base Metals: Productivity Growth in the People's Republic of China during the Reform Period［J］. Journal of Political Economy, 2003, 111（6）: 1220－1260.

［83］单豪杰．中国资本存量 K 的再估算：1952—2006 年［J］．数量经济与技术经济研究，2008（10）：17－31.

［84］白重恩，谢长泰，钱颖一．中国的资本回报率［M］．北京：中信出版社，2007.

［85］范九利，白暴力，潘泉．基础设施资本对经济增长贡献的研究进展——生产函数法综述［J］．当代经济科学，2004（2）：87－92.

［86］国家统计局国民经济核算司．中国国内生产总值核算历史资料（1952—2004）［M］．北京：中国统计出版社，2007.

［87］国家统计局固定资产投资统计司．中国固定资产投资统计数典（1950—2000）［M］．北京：中国统计出版社，2002.

［88］国家统计局．中国统计年鉴（1990—2007）［M］．北京：中国统计出版社，2008.

［89］沈山州．中国投资体制的变迁及其对投资效率的影响：政府的视角［D］．复旦大学博士学位论文，2003.

［90］李一花，骆永民．财政分权、地方基础设施建设与经济增长［J］．当代经济科学，2009（5）：66－71.

［91］樊丽明，石绍宾．公共品供给机制：作用边界变迁及影响因素［J］．当代经济科学，2006，28（1）：63－68.

［92］冯云廷，张素芬．公共设施与服务的供给：民营化及其有效边界［J］．东北财经大学学报，2000（1）：48－51.

［93］于国安．公共项目民营化及其有效边界的新认识［J］．经济问题，2005（7）：9－11.

[94] 徐菊仙．上海市政、公用基础设施投融资发展战略研究——总报告：确立项目区分理论，深化投融资体制机制改革［A］．上海城市发展信息研究中心．上海城市发展研究论集［C］．2000.

[95] 李胜．项目区分与上海城市基础设施投融资模式研究［J］．上海大学学报，2004.

[96] 朱丽杰．一些国家高速公路投融资体制［J］．中国公路，2004－09－06.

[97] Aschauer，D. A.. Public Investment and Private Sector Growth：The Economic Benefits of Reducing America's "Third Deficit"［R］. Economic Policy Institute，1730 Rhode Island Ave.，NW，Suite 200，Washington，DC 20036，1990.

[98] Aschauer，D. A.. Public Capital and Economic Growth：Issues of Quantity，Finance，and Efficiency［R］. Working Paper No. 233，April 1998.

[99] Karras，G.. Is Government Investment Underprovided in Europe? Evidence from a panel of fifteen countries［J］. Economic International，1997，50：223－235.

[100] Óscar，B. R.，Carmen，D. R.，Dolores，M. G.. Optimal Endowments of Public Investment：an Empirical Analysis for the Spanish Regions［DB］. http：//econpapers. repec. org/ paper/ wiwwiwrsa/ ersa02p214. htm，ERSA conference papers from European Regional Science Association.

[101] 刘阳，秦凤鸣．基础设施规模与经济增长：基于需求角度的分析［J］．世界经济，2009（5）：18－26.

[102] 王广起．公用事业市场运营与政府规制研究［D］：济南：山东农业大学，2006.

[103] 藏跃茹．英国基础设施的三种管理模式［J］．管理现代化，1996（3）：62－64.

[104] 尹竹，王德英．日本基础设施产业市场化改革的模式及绩效评价［J］．亚太经济，2006（6）：50－52.

[105] 刘志泉．对德国城市基础设施投资管理的研究［J］．德国研究，2000（2）：19－23.

[106] 胡振，刘华，刘佳力．英国 PFI 项目的政府管制体系研究［J］．建筑经济，2006（10）：25－27.

[107] 国家发展和改革委员会体制综合改革司考察团．德、匈、奥城市公用事业

发展和监管考察报告［R］.2000.
［108］徐宗威．法国城市公用事业特许经营制度及启示［J］．水工业市场，2007（9）：33－36.
［109］陈蓉．民营机场建设复杂的权衡［J］．中国投资，2007（2）：94－97.
［110］王守清，柯永健．特许经营项目融资（BOT、PFI 和 PPP）［M］．北京：清华大学出版社，2008.
［111］巴曙松．地方政府的高负债风险［N］．中国经济报告，2009－10－20.
［112］肖钢：地方融资平台贷款应有保有压［N］．人民日报，2009－11－02.
［113］马占芳，符晓波．现代信用简论［M］．北京：中国社会科学出版社，2004：4.
［114］李伟．企业信用系统的结构性研究［M］．上海：上海财经大学出版社，2007：55.
［115］国家开发银行，中国人民大学．开发性金融论纲［M］．北京：中国人民大学出版社，2006：102.
［116］马俊，刘亚平．中国地方政府财政风险研究："逆向软预算约束"理论的视角［J］．学术研究，2005（11）：77－84.
［117］Solow，R. M.．Sustainability：An Economist's Perspective［A］．In R. Dorfman and S. Dorfman，eds.，Economics of the Environment：Selected Readings［C］．3rd ed. New York：Norton，1993.
［118］Swan，T. W.．Economic Growth and Capital Accumulation［J］．Economic Record，1956，32：334－361.
［119］Kamien，M. I.，Schwartz，N. L.．Dynamic Optimization：The Calculus of Variations and Optimal Control in Economics and Management［M］．New York：North－Holland，1981.
［120］余永定．财政稳定问题研究一个理论框架［J］．世界经济，2000（6）：3－12.

后 记

2010 年 6 月，受组织委派，我作为湖南省新一轮对口援疆前方指挥部副指挥长先行踏上了新疆吐鲁番这片火热的土地。工作、生活在离家万里之遥的祖国西陲，已二年。新的工作、生活环境，给了我激情和坚强的意志，同时也给了我深深的感触和些许感悟。远离了繁华的都市，安然独自沉浸在这个亲切而又安静的西部小城，回首曾经走过的岁月，细细整理了一下工作上所得体会，在博士论文基础上将个人对我国基础设施投融资体制改革方面的认识和看法编辑成书。

47 年前，我出生在湖南湘乡市一个小镇。26 年前，从湖南师范大学数学系本科毕业，开始了 7 年的教学生涯。而在 16 年前，从原湖南财经学院国际经济系硕士研究生毕业后分配到湖南省政府投资主管部门工作。先后从事过宏观经济研究、固定资产投融资管理、政府投资项目管理以及 2010 年开始的全国新一轮对口援疆工作。从 2004 年 9 月起在湖南大学在职攻读金融学专业博士学位，并于 2011 年 6 月通过论文答辩，获经济学博士学位。

在省政府投资主管部门工作以来，切身感受、体会和领悟到了国家为应对 1998 年亚洲金融危机和 2008 年国际金融危机，在扩大内需、加强基础设施建设等方面所采取的积极财政政策和适度货币政策出台背景。在国家政策和精神的指导下，参与了湖南省加强基础设施建设政策制定研究、工作、综合、汇报和协调；参与了湖南省政府与国家开发银行的金融合作，如协议签订、平台搭建、项目筛选。具体从事过城市供水、垃圾无害处理、污水处理及城市地铁、高速铁路等项目前期工作或项目融资，并且参与了湖南省贯彻《国务院关于投资体制改革的决定》一系列政策法规出台。

此书能顺利出版，首先要感谢湖南大学金融学院的各位领导、老师。特别要感谢的是我的导师曾令华教授，曾教授渊博的学识、严谨的治学态度、严格的工作作风、授学不倦的良师品德，使我能顺利完成了论文的研究。感谢单位领导、同事及同学、朋友们在我进行论文研究遇到困难之时提供的关心和帮助。感谢我的家人的照顾和体贴，使我能静心、安心完成博士论文。

在此书即将出版之际，特申明书中所提及的看法和论点，仅限与同行间交流，存在的一些不足或不当之处，请多予谅解。

彭清辉

2012 年 5 月 16 日于吐鲁番

图书在版编目（CIP）数据

我国基础设施投融资研究／彭清辉著．—长沙：湖南师范大学出版社，2011．11

ISBN 978－7－5648－0569－2

Ⅰ．①我…　Ⅱ．①彭…　Ⅲ．①基础设施建设—基本建设投资—研究—中国②基础设施建设—融资—研究—中国　Ⅳ．①F299．24

中国版本图书馆 CIP 数据核字（2011）第 203371 号

我国基础设施投融资研究

彭清辉　著

◇责任编辑：陈海英　柳　丰
◇责任校对：胡亚兰
◇出版发行：湖南师范大学出版社
地址/长沙市岳麓山　邮编/410081
电话/0731．88853867　88872751　传真/0731．88872636
网址/http：//press．hunnu．edu．cn
◇经销：湖南省新华书店
◇印刷：国防科技大学印刷厂

◇开本：787 mm×1092 mm　1/16
◇印张：13．75
◇字数：246 千字
◇版次：2012 年 5 月第 1 版第 1 次印刷
◇书号：ISBN 978－7－5648－0569－2
◇定价：26．00 元